Erich Zenger

Gottes Bogen in den Wolken

Stuttgarter Bibelstudien 112

Herausgegeben von
Helmut Merklein und Erich Zenger

Erich Zenger

Gottes Bogen
in den Wolken

Untersuchungen zu Komposition
und Theologie der
priesterschriftlichen Urgeschichte

Verlag Katholisches Bibelwerk GmbH
Stuttgart

CIP-Kurztitelaufnahme der Deutschen Bibliothek

Zenger, Erich
Gottes Bogen in den Wolken: Untersuchung zu Komposition und
Theologie d. priesterschriftl. Urgeschichte / Erich Zenger. –
Stuttgart: Verlag Katholisches Bibelwerk, 1983
   (Stuttgarter Bibelstudien; 112)
   ISBN 3-460-04121-8

NE: GT

ISBN 3-460-04121-8
Gesamtherstellung: Wilhelm Röck GmbH, Weinsberg

Inhaltsverzeichnis

Vorwort

In der Diskussion um die Schöpfung und um das sogenannte christliche Menschenbild nimmt traditionell die priesterschriftliche Schöpfungsgeschichte (Gen 1,1–2,4a) einen wichtigen Platz ein. Daß dieser Text aber mit der Flutgeschichte (Gen 6–9*) eine untrennbare literarische und theologische Einheit bildet, wird meist wenig beachtet. Biblische Schöpfungstheologie und biblische Anthropologie müssen die gesamte Urgeschichte bedenken, weil nur so die dramatische Realität der gefährdeten Schöpfung in den Blick kommt. Die hier vorgelegte Studie will dazu beitragen, die exegetische und dogmatische Fixierung auf Gen 1 zu überwinden. Deshalb wird die Urgeschichte Gen 1,1–11,26* als Teil der priesterschriftlichen Geschichtsdarstellung vor dem Hintergrund der altorientalischen Bildwelt analysiert und interpretiert. Daß die exegetische Leidenschaft der Studie nicht zuletzt durch das Feuer der ökologischen Krise entfacht wurde, sei nicht verschwiegen.

Über viele exegetische Probleme habe ich mit meinem Bonner Kollegen Professor Frank-Lothar Hossfeld, vor allem während seiner Münsteraner Assistentenzeit, intensiv und weiterführend diskutieren können. Das Manuskript der Studie haben mit großer Sorgfalt Frau R. Koslowski und Herr H. J. Niehaus erstellt, die redaktionelle Endgestalt hat Herr G. Steins mit besonderem Einsatz und mit Sachkenntnis besorgt. Ihnen allen danke ich sehr herzlich.

Erich Zenger

I. Die priesterschriftliche Flutgeschichte – ein schwieriger Text biblischer Schöpfungstheologie

1. Zwei ungelöste exegetische Probleme in Gen 9

Den Anstoß zu der hier vorgelegten Studie gaben zwei semantische Probleme, in denen zugleich ökologisch-theologische Brisanz steckt. Das *erste Problem* wird durch den Titel dieser Studie angezeigt. Am Schluß der priesterschriftlichen Sintfluterzählung (vgl. Gen 9,8–15) verheißt Gott (Elohim), daß nie mehr eine Sintflut kommt, die die Erde und „alles Fleisch" auf ihr vernichten wird. Wenn solche Gefahr droht, wird Gottes Bogen in den Wolken sichtbar werden. Gott wird seiner Verheißungszusage (seines Bundes) gedenken – und die Erde wird überleben. Die exegetische Frage, die sich bei der raschen Durchsicht der Kommentare aufdrängt, betrifft den *Bogen in den Wolken*. Woran denkt der Erzähler hier eigentlich? Woher hat er das Bild? Daß hier nicht unbesehen mitteleuropäische Romantik, nicht die Regenbogenmetapher heutiger Ökologiebewegungen, auch nicht die eindrucksvollen Interpretationen Marc Chagalls das Problem lösen helfen, bestätigen die gegensätzlichen Antworten der Fachexegese.

Seit und mit *J. Wellhausen* wird oft gesagt: „Der Himmelsbogen ist ursprünglich das Werkzeug des pfeilschiessenden Gottes und darum Symbol seiner Feindschaft; er legt ihn aber aus der Hand zum Zeichen des abgelegten Zorns, der nunmehrigen Versöhnung und Huld. Wenn es gewettert hat, daß man vor einer abermaligen Sündflut in Angst sein könnte, erscheint der Regenbogen am Himmel, wenn die Sonne und die Gnade wieder durchbricht"[1]. „Das hebr. Wort, das wir mit Regenbogen übersetzen, bedeutet sonst im A.T. den Kriegsbogen. Damit ist eine Vorstellung von altertümlicher Schönheit gegeben: Gott zeigt der Welt, daß er seinen Bogen beiseitegestellt hat"[2]. Andere Kommentatoren betonen, daß in unserer Erzählung freilich „die alten mythologischen Farben ... schon ... sehr abgeblaßt"[3] oder P gar nicht mehr bewußt sind. „Aus Ez 1,28, wo unser Abschnitt anklingt, ergibt sich eher das Bild eines großen Fensters, in dem Gott erscheint. Der Gott des Lichts hat die Übermacht gegen die Gewalten der Finternis bekommen"[4]. Nach anderen

---

[1] *Wellhausen*, Prolegomena 317 Anm. 1.
[2] *von Rad*, Genesis 111.
[3] *Gunkel*, Genesis 151.
[4] *Procksch*, Genesis 479f.

Autoren hat P die ursprünglich mythische Vorstellung vom Kriegsbogen gezielt abgewiesen. „Man wird vermuten dürfen, daß P hier eine Entmythologisierung vornimmt: Jahwe ist nicht der mit seinem Bogen die feurigen Pfeile abschießende Wettergott, sondern er ist der gnädige, um seine Schöpfung besorgte Gott, der seinen ‚Bogen‘ als Versöhnungszeichen in die Gewitterwolken zeichnet, um dem Menschen und den Tieren den Schrecken vor dem schrecklichen Gotte zu nehmen"[5].

All diesen Varianten der Wellhausenschen These vom weggelegten Kriegsbogen als ‚Friedenssymbol in Regenbogenfarben‘ hält *P. A. H. de Boer* entgegen, daß der Regenbogen in Palästina ein außerordentlich seltenes Phänomen sei und daß der biblische Text gar nicht sage, daß der Bogen beiseitegestellt oder funktionsuntüchtig gemacht werde. Im Gegenteil: „Elohim zeigt seinen gespannten Bogen, sicherlich als ein Zeichen des Kampfes, nicht gegen die Menschen und das Leben auf der Erde, sondern gegen eine Macht, die dieses Leben bedroht, das der Menschen und der Tiere. Der Kampf Elohims bedeutet, daß er seine $b^e r\hat{\imath}t$ mit der Erde einhält"[6].

Daß der Kriegsbogen, in welcher Form immer, im Blickfeld unseres Erzählers oder der von ihm aufgegriffenen Tradition sei, wird von *C. Westermann* ausdrücklich abgelehnt und argumentativ zurückgewiesen. „Aus der Übersicht über die vielen Fluterzählungen auf der ganzen Erde läßt sich mit Sicherheit erschließen, daß er [= der Regenbogen: E. Z.] im Zusammenhang einer ätiologischen Schlußbemerkung stand; hier diente die Fluterzählung dazu, das Phänomen des Regenbogens zu erklären. Damit fällt endgültig die seit J. Wellhausen aufgenommene Erklärung, es sei der Kriegsbogen gemeint... Bevor P ihn als ‚Zeichen des Bundes‘ erklärte, hatte der Regenbogen, wo er am Ende einer Fluterzählung vorkam, den einfachen und sich selbst ergebenden Sinn einer Naturerscheinung am Ende eines Unwetters oder Gewitters. Diese natürliche Bedeutung genügt völlig dafür, daß bei P der Regenbogen zum ‚Bundeszeichen‘ wurde"[7]. Mit Ablauf und Charakter der biblischen Erzählung

---

[5] *Scharbert*, Genesis 98.
[6] *de Boer*, Remarques 111. Durch die vorschnelle Annahme eines ‚zugrundeliegenden‘ Mythos, der mit fragwürdigen Beobachtungen (u. a. Subjekt des Sehens in Gen 9,16 war ursprünglich nicht Gott, sondern die Chaosmacht *mabbūl* = Flut!) rekonstruiert wird, versperrt sich *de Boer* die sachgemäßen Folgerungen aus seinem richtigen Ansatz, daß das in Gen 9 gebrauchte hebräische Wort für Bogen (*qæšæt*) nicht ‚Regenbogen‘, sondern ‚Kriegsbogen‘ bedeutet. Zur Kritik an *de Boer* vgl. auch *Kloos*, Flood 639–642.
[7] *Westermann*, Genesis 634.

selbst argumentiert *B. Jacob:* „Von einem Kampf und mythologischen Hintergrund war in der Sintflut keine Spur, sie bestand aus ungeheuren langandauernden Wassergüssen, wozu das Bild von Bogen und Pfeilen nicht paßt, und geblitzt hat es auch nicht. Die Tora verrät auch keine absonderlichen oder naiven Gedanken über die Entstehung des Phänomens"[8], der Regenbogen ist vielmehr mit der in Gen 1 erzählten Schöpfung gegeben. „Der Bogen ist also nicht etwas, was erst geschaffen werden müßte, sondern war schon immer vorhanden, allerdings nur virtuell, ebenso wie die Wolken, die es bisher auch noch nicht gegeben hat, weil es bis zur Sintflut nicht geregnet hatte (2,5; 3,17; 5,29). Er ist aber in der Schöpfung miteingeschlossen, um als gelegentliches Phänomen in Erscheinung zu treten"[9] und als Zeichen des Bundes zu dienen. Als solches hat er „keine Parallele. Andere Zeichen werden von den Menschen hergestellt und mahnen deswegen an den Bund mit Gott, weil sie auf sein Geheiß zurückgehen, so die Beschneidung und die Sabbatheiligung... Den Regenbogen machen nicht die Menschen und nicht sie sollen ihn ansehen, um an eine Pflicht erinnert zu werden... Der Regenbogen ist ausschließlich ein Zeichen der Liebe und Treue Gottes gegen seine Schöpfung, das ihn ,erinnert'. Als Widerschein der Sonne in den Regenwolken spiegelt er die Gnade nach dem Gericht, er ist der durch Wolken und Himmelstränen hindurchschimmernde farbige Abglanz aus dem Hintergrund des göttlichen Wesens, das im letzten Grunde Liebe und Gnade ist, unter dunklen Brauen sein Gnadenblick. Es hat aufgehört zu regnen, es hat zum Segen geregnet. Nach der Sintflut ist er eingesetzt worden, damit die Menschen von der Macht der Elemente die verderbliche Seite gelernt haben, bevor sie die wohltätige erfahren. Der Regenbogen ist die Vollendung der Schöpfung und ihr abschließendes Siegel, der letzte zarte farbige Pinselstrich"[10].

Was also steht im Hintergrund der biblischen Erzählung von ,Gottes Bogen in den Wolken'? Ein Mythos vom Kriegsbogen? Ein Mythos über die Entstehung des Regenbogens? Eine „poetische und symbolische Naturbetrachtung"[11]? Dies ist keine bloß religionsgeschichtliche Frage. Die Antwort auf sie entscheidet vielmehr über die theologische Frage, die in der Erzählung steckt. Die Frage, die diese Geschichte aufwirft und die

---

[8] *Jacob*, Das erste Buch der Tora 257.
[9] *Jacob* aaO. 255.
[10] *Jacob* aaO. 257.
[11] *Junker*, Genesis 47.

von den Kommentatoren meist mit schwärmerischer Emphase[12] zugedeckt wird, lautet doch: Woran ‚erinnert' das Zeichen eigentlich Gott? Wozu treibt und bewegt es ihn? Was tut Gott nach Meinung von P, wenn er seines Bundes gedenkt? Mahnt ihn der Bogen als Bundeszeichen, großzügig und barmherzig über die Störungen der Schöpfung, woher immer sie kommen, hinwegzusehen? Gar in der Hoffnung, daß sich das drohende Weltchaos selbst reguliert? Ist der Bogen das Zeichen dafür, daß Gott selbst in der Flut ‚seine Lektion gelernt hat', und daß die Flut Gott verwandelt hat, weshalb er *nach* der Flut anders urteilt als *vor* der Flut (vgl. Gen 6,13)? Ist der Bogen Zeichen eines gütig-resignierenden Rückzugs des Schöpfungsgottes aus seiner Schöpfung? Ist der Bogen ein Freibrief für die Menschen, denen er, was immer geschehen mag, den ewigen Bestand ihrer Erde zusagt[13]?

Spätestens durch diese theologische Engführung der exegetischen Frage über die Bedeutung des ‚Bogens' als Bundeszeichen wird die ökologische Aktualität sichtbar. In der Fluchtlinie der skizzierten theologischen Fragen ergeben sich ja unterschiedliche Haltungen und Handlungsanweisungen angesichts der ökologischen Krise. Ist der Noachbund im Zeichen des Bogens der Hoffnungsappell zu einem Umgang mit der Erde nach der Devise: pecca fortiter, sed crede fortius („Sündige mächtig, aber glaube noch mächtiger!")? Oder deutet die Zusage Gottes an, daß zwar *er* die Erde nicht vernichtet, sie aber letztlich doch ihrem eigenen Schicksal überläßt, was angesichts der menschlichen Möglichkeiten heute ein makabrer ‚Friedensbund' wäre? Oder ist der Bogen eine Sinn-Vorgabe, die zum entschiedenen Kampf gegen die ökologische Verderbnis der Erde aufruft, „damit die Wasser nicht zur Flut werden" (Gen 9,15)?

Das *zweite exegetische Problem* erwächst aus der Rolle, die Gott der ‚nachflutlichen' Menschheit in Gen 9,2–3 zuspricht: *„Furcht und Schrecken vor euch* soll sich auf alle Tiere der Erde legen, auf alle Vögel des Himmels, auf alles, was sich auf Erden regt, und auf alle Fische des Meeres; euch sind sie übergeben. Alles Lebendige, das sich regt, soll euch zur Nahrung dienen. Alles übergebe ich euch wie die grünen Pflanzen." Daß hier ein Rückbezug zu Gen 1,28–30 vorliegt, betonen fast alle Kommentatoren. Doch was ist in Gen 9,2–3 eigentlich gemeint? Immerhin scheint dies eine Setzung des Schöpfergottes zu sein, die nicht so recht

---

[12] Vgl. die bei den Kommentatoren beliebten, aber nichtssagenden Vokabeln: altertümlich; wundervolle poetische Konzeption; Bild voll mächtiger Poesie; herrlicher, lebensvoller Ausdruck der großen Wahrheit u. ä.

[13] Vgl. beispielsweise die Polemik gegen das Bundeszeichen des Bogens bei *Amery*, Das Ende 17f.

mit der Friedensidylle zusammenstimmen will, die viele im ‚Regenbogen-motiv‘ sehen. Bedeutet Gen 9,2–3 im Verhältnis zu Gen 1,28–30 eine Revision der ursprünglichen Schöpfungsordnung, die auf friedliches Zusammenleben aller Lebewesen aus war, während jetzt die Gewalt legitimiert, gar sanktioniert wird? Ist dies also eine „Neudefinition der Ordnung dergestalt, daß der Mensch das Bild Gottes bleibt, seine Herr-schaft aber innerhalb der von Elohim gezogenen Grenzen zu eigenem Vorteil, als Schreckensherrschaft (Gen 9,2) ausübt"[14]? Noch schärfer: Ist gar, wie mit Hinweis auf die gebrauchten Formulierungen gesagt wird, von einem gottgewollten Kriegszustand die Rede, wie *N. Lohfink* in mehreren Veröffentlichungen ausgeführt hat: „Hier spricht Gott die Sprache, die in Israel bei Kriegen und in Kriegsorakeln gebraucht wurde. Wir kommen nicht daran vorbei, hier so zu interpretieren, daß Gott nach der Sintflut im Sinne der priesterlichen Geschichtserzählung eine Art Kriegszustand zwischen Mensch und Tier einsetzt"[15]. Sollte dies gemeint sein, läge die ökologisch-theologische Brisanz auf der Hand: Zwar nicht in der klassischen und allgemein bekannten Stelle vom Herrschaftsauftrag des Menschen Gen 1,28, wohl aber in der (dann glücklicherweise?) weniger bekannten Stelle Gen 9,2 „scheint damit . . . ein ausbeuterisches Verhältnis des Menschen zum Tier legitimiert zu werden. Man kann nicht leugnen, daß dort wirklich eine göttliche Setzung gemeint ist. Ist damit nicht doch das, was heute mit den Tieren gemacht wird, aus christlichen Wurzeln begründbar, auch wenn die an so etwas interessierten Theoreti-ker diese Stelle bisher übersehen haben und deshalb in ihrer Argumenta-tion noch nicht benutzten"[16]? *N. Lohfink* hat dieses Problem neuerdings im Rückgriff auf *R. Girards* Theorien zu Gewalt und primitiver Religion[17] so zu lösen versucht, daß er in Gen 9,2 die Freigabe der Tiere für jenes blutige Opferritual sieht, das unter den gewalttätigen Menschen Frieden schafft und ihn beständig macht. Denn nach *Girard* wird „der allgemeine Hang der Menschen zur Gewalttätigkeit präventiv gedämpft, indem im Rahmen des Rituals der Sündenbockmechanismus symbolisch durchge-spielt wird. Entscheidend ist dabei auch die Tötung des Opfers, sei es eines Menschen oder als Ersatz eines Tieres. Zwischen den Teilnehmern am Ritual entsteht auf diesem sakralen Weg Abbau der Aggressivität,

---

[14] *Groß W.*, Gottebenbildlichkeit 261.
[15] *Lohfink*, Unsere großen Wörter 169.
[16] *Lohfink* aaO. 170.
[17] Vgl. besonders *Girard*, La violence und *ders.*, Des choses cachées sowie die Literaturzusammenstellung in *Lohfink*, Gewalt und Gewaltlosigkeit 245–247.

Versöhnung und Befriedung"[18]. Genau dies sei in der Priesterschrift durch Gen 9,2–3 angesichts des von Gott selbst in Gen 6,13 festgestellten allgemeinen Hangs von Mensch und Tier zur Gewalt angestrebt, wenn auch unbewußt. Die Deuteansätze, die P selbst erkennen läßt, laufen nach *Lohfink* zwar „in eine andere Richtung. Doch gehört es zur Theorie *Girards*, daß der eigentliche gewaltmindernde Mechanismus verborgen bleiben muß, um wirksam zu werden"[19]. Mit diesem Vorschlag, über dessen durch P nicht gedeckte Argumentationsbasis weiter unten[20] zu sprechen sein wird, ist angesichts der weitgehenden Abschaffung von Tieropfern heute die ökologische Brisanz gemildert, doch ist die theologische Brisanz verschärft: Will P an die Stelle sozialer Weltgestaltung also ein archaisches Modell kultischer Weltflucht setzen? Wirbt P für den Traum eines „Heiligen Krieges zwischen Tier und Mensch", der die schreckliche Realität menschlicher Kriege abwehren, gar ersetzen soll?

Nicht an „Krieg", sondern an Strafe denkt *W. Zimmerli*, wenn Gott „Furcht und Schrecken" vor den Menschen auf die Tiere legt. Wie der jahwistische Erzähler am Phänomen der Nacktheit, in der die Menschen nach der Ur-Sünde sich voreinander schämen, das durch die Sünde veränderte „neue Wesen" darstellt, so P an der gestörten Beziehung von Mensch und Tier. Der priesterliche Erzähler meint mit „diesem Einzelzug ein größeres Ganzes. Nicht nur zwischen Mensch und Tier hat der Friede ein Ende. Auch zwischen Mensch und Mensch beginnt jetzt das Blutvergießen . . . Wir legen also nicht zuviel hinein, wenn wir sagen: Es beginnt ein veränderter Weltabschnitt . . . Der Streit ist über die nachsintflutliche Welt verhängt. Was der Mensch und mit ihm die ganze Kreatur sich in einem rätselhaften Ausbruch sündhaften Wesens vor der Flut selber genommen hatten (‚die Erde war voll von Gewalttat', 6,11), das wird nun von Gott als Dauerverhältnis verordnet. So wie nach der jahwistischen Darstellung des Sündenfalls der Mensch nach der Erkenntnis gegriffen hatte und ihm in der Folge die ‚gesetzliche' Erkenntnis von gut und böse als Fluchverhängnis geblieben war (vgl. dazu Röm. 7), so straft Gott nach dem priesterlichen Bericht den Menschen dadurch, daß er ihm zur bleibenden Ordnung setzt, wonach der Mensch mit frevler Hand eigenmächtig gegriffen hatte. Es wird hier wie dort sichtbar, daß Gott den Menschen nicht härter strafen kann, als wenn er ihn seinem eigenen Willen überläßt . . . Beide Zeugen bestätigen uns, daß der Unfriede der

---

[18] *Lohfink*, Gewalt und Gewaltlosigkeit 90.
[19] *Lohfink* aaO. 91.
[20] Vgl. S. 117f.

Welt durch eine göttliche Ordnung verhängt ist"[21]. Daß diese „Krankheitsordnung der Welt"[22] nicht in die totale Destruktion führen wird, deutet P nach *Zimmerli* durch das rahmende Segenswort Gen 9,1.7 an. Eine Begrenzung der als Strafe verhängten „Krankheit" soll die zweifache „Blut-Gesetzgebung" Gen 9,4–5 schaffen. Und als Hoffnungszeichen, nicht auf „Wiederherstellung der alten Schöpfungsordnung", wohl aber zur Unterstreichung des grundsätzlichen Ja Gottes auch zu seiner sündigen Welt dient der ‚Bogen in den Wolken'. Er ist sozusagen ein ‚Gegenzeichen' zu Gen 9,2–3. Diesem Ja Gottes zur sündig gewordenen Welt, in der sich heute „jene Feindfront, die sich schon in Gen 9 abzeichnete, gefährlich geweitet hat", weil sich die in Gen 9 gesetzte Feindschaft zwischen Mensch und Tier heute zur Feindschaft zwischen Mensch und Natur überhaupt aufgetan hat[23], kommt ökologisch-theologisch der entscheidende Handlungsimpuls zu. Es mahnt und verpflichtet den Menschen, seinen Herrschaftsauftrag als „Herrschaft im Auftrag" zu erfüllen, „verantwortlich vor dem Gott, der die Erde nicht zum Chaos, sondern zur Bewohnbarkeit geschaffen hat. Und das nicht nur für unsere, sondern auch die kommenden Generationen"[24].

Im Rückgriff auf Theorien der modernen Konfliktforschung deutet *G. Liedke* das in Gen 9,1–7 formulierte Verhältnis Mensch – Natur als Beschreibung eines asymmetrischen Konfliktes (Konflikt zwischen ungleichen Partnern), zu dessen „Regelung" (nicht „Lösung"!) eine „dissoziative Strategie" (das Auseinanderhalten der Konfliktpartner, um den ausgebrochenen Konflikt nicht eskalieren zu lassen) von Gott verfügt wird. Gen 9,2 spricht „die Sprache des Jahwekrieges. ‚Furcht und Schrecken vor euch...' ist die Formel, mit der Jahwe die Feinde Israels entmutigt (vgl. 5. Mose 11,25; 2,25 u.a.), um Israel den Sieg zu schenken. ‚In eure Hand gebe ich', das ist die Übergabeformel (Josua 6,2; 8,1; 10,8), mit der Jahwe auf Israels Frage nach dem Ausgang des Krieges positiven Bescheid gibt... Hier nach der Flut ist der *Konflikt* nun voll zum Ausdruck gekommen und wird als Krieg zwischen Mensch und Natur beschrieben. So sieht das dominium unter den Bedingungen von ‚Gewalttat' aus"[25]. Während Gen 1,28 das Idealbild der ‚sorgsamen Erdherrschaft des Menschen' entwirft, bei der der Konflikt zwischen Mensch und Natur nur als möglicher, aber verhinderbarer im Blick ist („wie es eigentlich sein

---

[21] *Zimmerli*, Die Urgeschichte 323f.
[22] *Zimmerli* aaO. 325.
[23] *Zimmerli*, Der Mensch im Rahmen der Natur 157.
[24] *Zimmerli* aaO. 158.
[25] *Liedke*, Im Bauch des Fisches 142f.

sollte"!), zeigt Gen 9,2–3, wie es *tatsächlich* ist: der ökologische Konflikt ist die Realität, ja er impliziert sogar den sozialen Konflikt (Gen 9,5–6). Wie dieser Konflikt auszuhalten ist (damals und heute!), wird nach Meinung *Liedkes* in Gen 9,2–6 entworfen: „Daß die Tiere jetzt ‚Furcht und Schrecken' vor den Menschen haben, kann als *wechselseitige Schutz-maßnahme* verstanden werden. Eine Distanz wird hier gesetzt, die zu vertrauensvolle Annäherung wird unterbunden"[26]. Ebenso sind die ‚Blut-gebote' in Gen 9,4–6 als Schutzmaßnahmen vor allem für den schwäche-ren Partner (Natur) zu verstehen, der aber immer noch stark genug ist, „auch den Menschen zu gefährden (Gott will von Tieren vergossenes Menschenblut einfordern), ohne selbst daran zugrunde zu gehen"[27]. Von diesem Ansatz her wird Gen 9,1–7 sogar zum Programmtext für die Suche „nach einem neuen Umgang mit der alten Erde": „Sucht man nach einer biblischen Begründung für die Umweltethik, so ist sie hier in den ‚wechselseitigen Schutzmaßnahmen' gegeben. Natürlich würde es nicht viel bringen, die Schächtung zu übernehmen. Wir teilen die biologischen Anschauungen über das Blut als Sitz des Lebens nicht mehr. Aber die Tendenz der Aussage ist klar, und wir sprechen von ihr her mit Recht von *Umweltschutz, Lebensschutz, Tierschutz, Naturschutz*"[28]. Die Konflikt-strategie von Gen 9,1–7 verlangt *heute* folgende drei konkrete Schritte, um die Katastrophe zu verhindern: (1) Der Mensch muß die Natur (wieder) als Konfliktpartner anerkennen. (2) Der in der Neuzeit extrem asymmetrisch gewordene Konflikt muß (wieder) auf das Konfliktmaß von Gen 9 gebracht werden. (3) Die Position der Natur muß auf jeden Fall gestärkt werden, indem „die Manipulation der Natur zwar nicht aufgeho-ben, aber *reduziert* wird"[29].

Die Mehrheit der Exegeten greift bei der Deutung von Gen 9,2–3 weder theologisch so ‚hoch' wie *Lohfink* und *Zimmerli* noch ökologisch so weit wie *Liedke*. Meist wird die scharfe Formulierung „Furcht und Schrecken" wenig beachtet und die Gottesrede als ‚natürliche' Beschreibung der faktischen Verhältnisse genommen. So auch *J. Scharbert* im derzeit jüngs-ten Genesiskommentar: „In 1,28 war nur allgemein die Herrschaft über die Tiere den Menschen übergeben worden; jetzt erhält der Mensch freie Hand über die Tiere. Wenn P sagt, Schrecken und Furcht vor dem Menschen habe Gott auf die Tiere gelegt, dann denkt P wohl an die

---

[26] *Liedke* aaO. 145.
[27] *Liedke* aaO. 172.
[28] *Liedke* aaO. 145.
[29] *Liedke* aaO. 177.

Zähmung der Tiere, die dann dem Menschen auf einen Wink hin gehorchen müssen, wenn sie nicht gezüchtigt werden wollen, aber auch an die Jagd und an die unbarmherzige Ausrottung solcher Tiere, die dem Menschen, den Haustieren und den Feldfrüchten Schaden zufügen ... Die freie Verfügungsgewalt über die Tiere geht nun so weit, daß der Mensch die Tiere auch für seine Ernährung einsetzen darf ... Das Töten der Tiere bringt aber für den Menschen auch eine Gefahr mit sich. Die Jagd und das Schlachten von Tieren gehört zwar zu den Errungenschaften des menschlichen Fortschritts, mit denen der Mensch sich das Leben erleichtert; das Vergießen von Blut kann aber auch die Grausamkeit provozieren, die bis zum Blutrausch geht. Darum erläßt nun Gott die sogenannten noachitischen Gebote ...: das Verbot des Blutgenusses, das Verbot, Menschenblut zu vergießen, und das Gebot, einen Mörder zu töten"[30]. Nicht Hinordnung auf den Kult, nicht Indikator der gestörten Schöpfungsordnung, sondern göttliche Freigabe „menschlichen Fortschritts" und Ermöglichung gehobenen Lebensstandards wird hier also in Gen 9,2–3 gesehen. In der Konsequenz dienen die noachitischen Gebote dann ebenfalls wieder nur dem Menschen. Ökologisch-theologisch ist diese Position weitgehend im Banne der traditionellen Anthropozentrik, wonach die Schöpfungsordnung auf die Menschen als Sinnmitte hin entworfen ist und nur den Menschen Rechte zukommen, den Tieren aber keine: Der Mensch ist König – und die Tiere sind ein ‚Stück Vieh', nützlich oder schädlich, zahm oder wild; über ihren Wert befindet der Mensch!

Einen fünften Denkansatz zu Gen 9,2–3 findet *B. Jacob*. Unter Hinweis auf den engen syntaktischen Anschluß von Gen 9,2 an Gen 9,1 (die beiden Sätze sind im Urtext mit „und" verbunden!) sowie auf Gen 35,5, wo der Gottesschrecken die Jakob-Söhne vor der Verfolgung durch die Kanaanäerstädte schützt, sieht er in der Furcht und in dem Schrecken der Tiere vor den Menschen eine Folge der Gottebenbildlichkeit, von der in Gen 9,6 die Rede sei. „Die Tiere sollen sich zum Menschen verhalten wie dieser zu einem Elohim ... Er [der Mensch: E.Z.] braucht nicht zu fürchten, daß seine von Gott gewollte Vermehrung, durch die er die Erde füllen soll, von dem Tiere aufgehalten werde, es wird respektvoll und scheu vor ihm zurückweichen. Darum ist dieser Satz mit dem vorhergehenden durch w^e [und] verbunden ... In keinem Bereich soll ein anderes Wesen dem Menschen widerstehen können"[31]. Eine Bestätigung dieser

---

[30] *Scharbert*, Genesis 95.
[31] *Jacob*, Das erste Buch der Tora 242.

Interpretation findet *Jacob* in Gen 9,7: „So seid denn fruchtbar und mehret euch, wimmelt auf der Erde und mehret euch auf ihr. Ihr braucht nicht zu fürchten, daß reißende Tiere ... euch straflos dezimieren dürfen ... Diese Worte sind nicht bloß wie V. 1 ein Segen, sondern eine Aufforderung und Ermutigung: auf, schließet Ehen und zeuget Kinder! Laßt mich die Erde von Menschen wimmeln sehen wie das Meer von Fischen"[32]. Dem Ziel, menschliches Leben zu entfalten und dieses als solches zu sichern, dient auch die Freigabe der Tiere zur Nahrung der Menschen: „Der Mensch war entgegen seinem besseren Instinkt (2,20) mit dem Tiere zu vertraut geworden, von der Schlange hatte er sich zum Ungehorsam gegen Gottes Gebot verführen lassen, und schließlich war in fluchwürdiger Gemeinschaft ‚alles Fleisch verderbt'[33]. So soll denn jetzt eine Scheidung zwischen Mensch und Tier sein, und durch nichts kann sie schärfer gezogen werden, als dadurch, daß das Tier gleich dem Kraut des Feldes zur Nahrung des Menschen herabgesetzt wird"[34]. Ökologisch-theologisch zieht diese Interpretation eine gefährliche Trennlinie zwischen Gott + Mensch einerseits und Tierwelt + Pflanzenwelt andererseits. Damit der Mensch Mensch bleibt, muß das Tier zum ‚Vieh' gemacht werden. Damit der Mensch seine „Hoheit und Würde" erlebt und am Leben hält, darf er die Tiere töten. „Die Erlaubnis, Tiere zu töten, um ihr Fleisch zu essen, ist ... nach obenhin eine Schranke gegen Kannibalismus. Was heilig geachtet werden soll, ist das Menschenleben. So hält die Tora die Mitte zwischen Kannibalismus und Hinduismus, für den das Tierleben noch heiliger ist als das Menschenleben"[35].

Die skizzierte Meinungsbörse der Fachwissenschaft über den Sinn von Gen 9,2–3 ist verwirrend. Man sieht eine verborgene Opfertheorie (z.B. *Lohfink*), eine Ursündentheologie (z.B. *Zimmerli*), eine Konfliktregelungstheorie (z.B. *Liedke*), eine anthropozentrische Kulturtheorie (z.B. *Scharbert*) oder eine elementare Anthropologie (z.B. *Jacob*). Was also ist gemeint?

Die beiden exegetischen Einzelprobleme implizieren, wie im Vorangehenden teilweise schon notiert wurde, zugleich Vorentscheidungen über

---

[32] *Jacob* aaO. 247.

[33] *Jacob* aaO. 185 deutet im Anschluß an eine alte jüdische Auslegung die Verderbnis ‚allen Fleisches', die Gen 6,12 als Auslöser der Flut nennt, als „widernatürliche Geschlechtslaster": „alles ging wider die von Gott verordnete Natur, war ‚entartet'. Die allgemeine Verderbnis bestand darin, daß die Scheidewand zwischen Tier und Mensch aufgehoben war."

[34] *Jacob* aaO. 248.

[35] *Jacob* aaO. 248.

die theologische Gesamtinterpretation der Flutgeschichte. Ihre Klärung, die hier versucht wird, bereitet deshalb auch den Weg zu einem tieferen Verständnis der Urgeschichte. Beide Probleme berühren darüber hinaus die ökologische Aktualität der Urgeschichte.

2. Die ökologische Brisanz unserer Fragestellung

Insofern die ökologische Fragestellung die Wechselbeziehungen zwischen allem innerhalb der Welt bedenkt, kommt sie der Gesamtsicht von P nahe, die die Schöpfung als Erstellung eines ‚Lebenshauses für alle‘ deutet. Gerade die in Gen 9,2–3 metaphorisch (s. u.) entworfene Relation Tiere – Menschen ist eine ökologische Figur, denn in diesem ‚Musterfall‘ geht es sowohl um die Stellung des Menschen in der Schöpfung als auch um seine Rolle, damit das ‚Haus des Lebens‘ nicht in ein ‚Haus des Todes‘ pervertiert wird.

Nun ist aber gerade Gen 9 durch die moderne Ökologie-Bewegung ins Gerede gekommen. Die Vorwürfe, die gegen das angeblich triumphalistisch-ausbeuterische Menschenbild der Bibel erhoben werden, richten sich besonders gegen die beiden Textstellen, deren exegetische Klärung wir vorantreiben wollen. Der Vorwurf ist massiv: Die in Gen 9 ausgesprochene Verbindung von Herrschaftsauftrag (Gen 9,1–7) und Schöpfungsgarantie (Gen 9,8–15) habe die neuzeitliche ökologische Krise wesentlich ausgelöst und beschleunigt, nicht zuletzt deshalb, weil dieser bildreiche Text „unser gesamtes Gefühls- und Geistesleben" verdorben habe, weil hier dem Menschen nicht nur die Schöpfung freigegeben sei, sondern zugleich alle seine Verbrechen gegen die Schöpfung von Gott selbst gedeckt würden, „und zwar durch das Bundeszeichen des Regenbogens . . . Der Mensch, der in solchem Bund steht, braucht nicht vor der undurchsichtigen Macht anderer Geschöpfe zu zittern, er braucht sich keiner zusätzlichen magischen Potenz zu bemächtigen, er braucht sich auch nicht, wie der Jäger der Steppe, beim toten Bären oder Bison zu entschuldigen. Furcht und Zittern aller anderen Kreaturen sind nicht nur zugelassen, sondern Teil der Ordnung, die der Pakt begründet und bekräftigt. Niemals wird es an Ackerland mangeln, nie wird sich der Boden erschöpfen, irgendwo in der Biosphäre wartet die jungfräuliche Krume, Saat und Ernte werden weitergehen. (Jahrtausende später, anno 1492, wird diese Garantie ihre folgenschwerste Bestätigung finden.) Damit ist das jüdische ‚Programm‘ umschrieben, soweit es den Zustand der heutigen Welt betrifft"[36]. Eine exegetische Klärung von Gen 9 ist vor

---

[36] *Amery,* Das Ende 21f.

diesem Hintergrund zugleich ein sachlicher Beitrag zum geistesgeschicht-
lichen Kontext der ökologischen Krise.

3. Methodischer Ansatz und theologische Absicht unserer Studie

Unser Gang durch die exegetische Landschaft hat auch eine breitere
fachtheologische Problematik aufgeworfen. In den systematischen und
religionspädagogischen Publikationen über die Schöpfung und über das
sog. christliche Menschenbild spielt Gen 1 die Hauptrolle, während
Gen 9 kaum oder überhaupt nicht vorkommt[37]. Bei allen Unterschieden
im Detail stimmen die skizzierten Positionen in einem überein: Gen 1
zeigt zwar, wie der Mensch ‚eigentlich‘ von Gott her sein sollte, aber
Gen 9 zeigt, wie er *tatsächlich* und *als solcher* von Gott *angenommen* ist.
Gen 1 entwirft eine ideale Weltordnung, Gen 9 formuliert die nach einer
‚Revision‘ festgelegte faktische Weltordnung. Am Ende von Gen 1,1–2,4a
„wissen wir, wie Gott unsere Welt und das Leben in ihr eigentlich
gemeint hat (und wir wissen zugleich, daß es so nicht ist)"; am Ende von
Gen 9,1–17 „wissen wir, wie die Welt und das Leben in ihr *faktisch* ist,
nachdem Gott beschlossen hat, Welt und Leben zu vernichten, dann
diesen Beschluß revidiert hat und verheißen hat, die Flut nicht wieder zu
senden, ‚solange die Erde steht‘ "[38]. Schöpfungstheologie muß sich deshalb vor allem mit Gen 6–9 beschäftigen, denn sie soll nicht Theologie der
gewollten, sondern der faktischen und als solcher von Gott angenommenen Schöpfung sein. Unsere Studie will deshalb dazu beitragen, die
theologische Engführung auf Gen 1 abzubauen, um so vielleicht insgesamt neue theologische Gesichtspunkte einbringen zu können. Um die
von P entworfene ‚Schöpfungstheologie‘ aus der üblichen Engführung auf
Gen 1 zu lösen und zugleich ein breiteres theologisches Gespräch vorzu-
bereiten, sollen in dieser Studie drei Fragestellungen stärker bedacht
werden, als dies bislang[39] geschehen ist.

---

[37] Als Belege für diese verbreitete Engführung vgl. die Berichte zum Thema
Schöpfungstheologie: *Kasper*, Die Schöpfungslehre und zum Thema Gottteben-
bildlichkeit ebenfalls *Kasper* aaO. sowie *Scheffczyk*, Der Mensch als Bild Gottes.
Das Defizit in den Katechismen zeigen beispielsweise: Grundriß des Glaubens.
Katholischer Katechismus zum Unterrichtswerk Zielfeder ru, München 1980,
66–72; Zeichen der Hoffnung. Unterrichtswerk für den katholischen Religions-
unterricht der Sekundarstufe I, Düsseldorf 1978, 229–250.

[38] *Liedke*, Im Bauch des Fisches 144.

[39] Unsere Studie möchte wichtige Beobachtungen und Anstöße aufgreifen und
weitertreiben, die von *N. Lohfink* und *O. H. Steck* zur Urgeschichte von P

(1) Die priesterschriftliche Urgeschichte muß als *ein* zusammenhängender Geschehensbogen analysiert und interpretiert werden. Schon die Komposition der jahwistischen Urgeschichte ist wesentlich von dem Spannungsbogen Schöpfung – Flut bestimmt[40]. Und seit der Entschlüsselung des Atramḫasis-Mythos drängt es sich auf, die Flutgeschichte als Abschluß einer Kosmogonie zu begreifen, die die Weltschöpfung als dramatischen Prozeß der Suche nach Stabilität einer praktikablen Weltordnung erzählt[41]. Daß das Flutgeschehen als weiterer Akt des Schöpfungsgeschehens verstanden werden kann, illustriert auch der sumerische ‚Flutmythos' und auf seine Weise auch der ägyptische Mythos von der Himmelskuh. Ein kurzer vergleichender Blick auf diese zwei Mythen der Umwelt Israels soll in unserer Studie[42] deshalb auch das Profil der priesterschriftlichen Konzeption verdeutlichen.

(2) Da die priesterschriftliche Urgeschichte innerhalb des Gesamtentwurfs von P eine pointierte Position einnimmt, muß sie als ‚Teil' dieses Gesamttextes interpretiert werden. Dies ist besonders dann erforderlich, wenn P^g, wie wir annehmen, nicht das Resultat eines jahrhundertelangen Überlieferungsprozesses, sondern eine planvolle Komposition ist. In diesem methodischen Ansatz liegt ein Proprium unserer Studie, insofern sich

---

gegeben wurden; vgl. besonders *Lohfink,* Die Priesterschrift und die Geschichte; *ders.,* Gewalt und Gewaltlosigkeit 75–93; *Steck,* Der Schöpfungsbericht; *ders.,* Welt und Umwelt.

[40] Eine kritische Darstellung verschiedener exegetischer Positionen über die Funktion der jahwistischen Flutgeschichte gibt *Zenger,* Beobachtungen 35–54; vgl. auch *Fritz,* „Solange die Erde steht" 599–614.

[41] Eine beinahe vollständige deutsche Übersetzung, soweit es angesichts der fragmentarischen Textzeugnisse möglich ist, liegt nun, nachdem 1969 *W. G. Lambert* und *A. R. Millard* erstmals eine (englische) Übersetzung publiziert hatten, vor durch *W. von Soden* (vgl. *ders.,* Konflikte 18–32). Die Diskussion um das Gesamtverständnis des Mythos geht bislang in drei Richtungen: (1) der Mythos ist eine Rechtfertigung der Götter angesichts der menschlichen Grenzüberschreitungen, so besonders: *Pettinato,* Die Bestrafung 165–200; (2) der Mythos setzt sich mit der Angst drohender Überbevölkerung des menschlichen Lebensraumes auseinander, so besonders: *Draffkorn-Kilmer,* The Mesopotamian Concept 160–177, aber auch teilweise *Lohfink,* Unsere großen Wörter 172–189; (3) der Mythos erzählt den zweiten Akt der Schöpfung, insofern die in der Flut aufgebrochenen kosmischen Konflikte nach der Flut geregelt, ja gebannt werden, so besonders: *Moran,* Atrahasis 51–61, teilweise auch *von Soden,* Konflikte 1–17; im Vergleich der Fluterzählungen aus dem Gilgameschepos, des Atramḫasis-Mythos und des sumerischen Flutmythos (s. u. IV 4.2 „die Eridu-Genesis"!) wird die kosmogonische Deutung der Flutgeschichten eindrucksvoll entfaltet von *Simoons-Vermeer,* The Mesopotamian Floodstories 17–34.

[42] Vgl. die Abschnitte IV.4.1 und IV.4.2.

zeigen wird, daß wesentliche theologische Aussagen der Urgeschichte von P erst in weiteren Abschnitten des Gesamtwerks aufgedeckt und angezielt werden. Vor allem der von vielen Autoren immer wieder hervorgehobene Zusammenhang von Schöpfung und Heiligtum muß dabei näher untersucht werden[43]. Unsere Studie ist somit ein Beitrag zur Diskussion über Komposition und Theologie der Priesterschrift überhaupt.

(3) Schon *J. Wellhausen* hat als eine methodische Leitfrage bei seiner P-Rekonstruktion die (freilich nicht immer ausgesprochene!) Mutmaßung verfolgt, daß „trotz allem historischen Bestreben und allem archaischen Schein ... die Gegenwart des Erzählers ... in der Schilderung ... zum Ausdruck gelangen"[44] würde. Bei unserer Interpretation soll diese Frage konsequent bedacht werden[45]. Zwar sind in neuerer Zeit einige beachtliche Versuche unternommen worden, das Kerygma der Priesterschrift insgesamt, aber auch einzelner P-Erzählungen von dem angenommenen Exilshorizont her zu begreifen. So hat *W. Brueggemann* die Schöpfungstheologie von Gen 1 als Verheißung erneuter Landnahme interpretiert[46]. Und *J. Blenkinsopp* hat den Vorschlag gemacht, die Flutgeschichte als Metapher für Israels Überschwemmung durch die Völker zu deuten[47]. Beide Versuche laufen freilich, unabhängig von der Frage, ob ihre Argumente die vorgetragene These hinreichend stützen, Gefahr, über dem intendierten zeitgeschichtlichen Bezug den semantischen Eigenanspruch der Texte als ‚Schöpfungstheologie‘ zu verdecken. Trotzdem muß auch für die Urgeschichte von P nach ihrer zeitgeschichtlichen Transparenz gefragt werden.

Gewiß: alle drei Postulate sind Eckpfeiler jeder historischen und literaturwissenschaftlichen Textinterpretation. Im Falle von Gen 1, aber auch von Gen 6–9 sind sie weniger beachtet worden als es für andere Texte selbstverständlich ist. Dies hängt teilweise mit dem theologischen Sonderstatus zusammen, den Gen 1 in der christlichen Tradition genossen hat.

---

[43] Vgl. zu diesem Postulat besonders *Steck*, Der Schöpfungsbericht 199 Anm. 837; dieser Ansatz wird aufgenommen, wenn auch mit teilweise anderen Beobachtungen und Schlußfolgerungen, die ihr wesentliches Defizit in der kaum durchgeführten Unterscheidung zwischen P^g und P^s haben, von *Janowski*, Sühne als Heilsgeschehen 309–312 (Lit.).

[44] *Wellhausen*, Prolegomena 44.

[45] Auf dieses methodische Postulat hat jüngst wieder *Smend*, Das Ende 71 hingewiesen: „Die Priesterschrift zielt viel stärker auf ihre Gegenwart als ihr Wortlaut, für sich betrachtet, zunächst zu erkennen gibt."

[46] *Brueggemann*, The Kerygma 391–413.

[47] *Blenkinsopp*, Prophecy and Canon 65.

Teilweise geht dieses Defizit aber auch auf das Konto von Hypothesen, die gerade Gen 1 als Text sui generis betrachten. Diese Hypothesen will das nächste Kapitel kurz vorstellen. Zugleich soll dabei unsere eigene Position, die der Studie insgesamt zugrunde liegt, erläutert und begründet werden.

II. Die neuere Diskussion um die Priesterschrift

Da unsere Studie die priesterschriftliche Urgeschichte als Teil des Gesamtwerkes von P interpretieren will, müssen vor der Einzelanalyse wenigstens grob die Konturen dieses ‚Gesamtwerkes' in den Blick genommen werden. Dies ist erforderlich, weil im Kontext der in den vergangenen Jahren aufgebrochenen Krise der traditionellen Pentateuchtheorien auch die Forschungsmeinungen über die Priesterschrift immer weiter auseinanderdriften. Das folgende Kapitel muß deshalb in der gebotenen Kürze die Kernpunkte der Diskussion darstellen und die unserer Studie zugrundeliegende Position[1] beschreiben und begründen.

1. Das Problem der literarischen Einheitlichkeit der Priesterschrift

Seit *Th. Nöldeke* im Jahre 1869 als literarisches Skelett des Pentateuchs seine sogenannte „Grundschrift" detailliert beschrieben[2] und *J. Wellhausen* diese von 1876 ab in mehreren streitbaren Publikationen[3] als jüngste ‚Quelle' diagnostiziert und interpretiert hat, entstand in der kritischen Exegese bald ein derart breiter Konsens über den postulierten Textbestand der Priesterschrift, wie er über die anderen Pentateuchquellen nie erreicht wurde. In der Tat ließen sich auf Grund ihrer sprachlichen Eigenart und ihres Interesses an kultisch-rituellen Vollzügen viele offensichtlich ‚priesterliche' Texte relativ leicht und konsensfähig aus dem Pentateuch ausgrenzen. Allerdings wurde bald erkannt, daß sich die ausgegrenzten P-Texte nur mühsam zu einem literarisch und theologisch stimmigen Werk zusammenfügen. Diese Erkenntnis führte zu der wichtigen Hypothese, daß innerhalb der P-Texte mindestens zwei Gruppen zu unterscheiden sind, deren Zusammenbindung in einer Art Ergänzungshypothese erklärt wurde: „Einer mehr oder weniger eindeutig abgrenzbaren priester(schrift)lichen G r u n d s c h r i f t, P^G genannt, wuchs im Laufe der Zeit allerlei Material zu, das man zusammenfassend als P^s, d. h. s e k u n d ä r e n Zuwachs zur Priesterschrift, bezeichnet"[4]. Dieser Unter-

---

[1] Vgl. die Diskussionsbeiträge: *Zenger,* Wo steht die Pentateuchforschung 101–116; *ders.,* Auf der Suche 353–362; *ders.,* Israel am Sinai 16–24.
[2] *Nöldeke,* Untersuchungen 1–144.
[3] Zum biographischen und theologiegeschichtlichen Kontext der Arbeit *Wellhausens* am Pentateuch vgl. *Smend,* Wellhausen in Greifswald 141–176.
[4] *Schmidt,* Einführung 94.

scheidung liegt das Bemühen zugrunde, eine möglichst widerspruchsfreie ‚Quelle' zu rekonstruieren. Als solche schälte sich ein Text heraus, der schließlich nur noch wenig spezifisch ‚priesterliches' Kolorit aufwies. Er näherte sich in seiner Grundstruktur mehr und mehr dem nicht- bzw. vorpriesterschriftlichen Geschichtswerk. Während *J. Wellhausen* P noch als eine Gesetzes- und Kultsammlung mit historischem Rahmen definierte[5], wandelte sich P^g in der neueren Forschung in ein Geschichtswerk[6], dem erst ‚priesterliche' Bearbeiter (= P^s) das typisch priesterliche Profil gegeben hätten. Die prinzipielle Unterscheidung zwischen P^g und P^s ist heute weitgehend akzeptiert. Im einzelnen wird sie freilich unterschiedlich durchgeführt[7].

Doch selbst die rigoroseste Durchführung der P^s-Hypothese konnte keinen P^g-Bestand erbringen, der als in jeder Hinsicht literarisch einheitlich gekennzeichnet werden kann. Andererseits läßt sich das Problem nicht dadurch beheben, daß noch mehr Texte P^s zugewiesen werden, da sonst kein größerer Textzusammenhang mehr bleibt, der ein sinnvolles Gesamtwerk P^g abgibt. Um das bleibende Problem der beobachteten ‚Uneinheitlichkeit' von P^g, wie immer im Detail abgegrenzt wird, zu erklären, wurden und werden in der Forschung folgende vier Wege beschritten:

(1) P^g wurde nochmals in zwei parallel laufende Erzählstränge (P^A und P^B) zerlegt[8]; „doch fand diese These wenig Gefolgschaft"[9] und wird heute praktisch von niemand mehr vertreten.

(2) Mehr Anhänger findet die Hypothese, die Uneinheitlichkeit von P^g

---

[5] Vgl. den klassisch gewordenen Satz *Wellhausens:* „Historisch ist nur die Form, sie dient dem gesetzlichen Stoff als Rahmen, um ihn anzuordnen, oder als Maske, um ihn zu verkleiden", in: Prolegomena 7.

[6] Vgl. den diesbezüglich instruktiven Forschungsüberblick bei *Lohfink,* Die Priesterschrift 189–197. Die Tendenz, die Priesterschrift wieder stärker unter das Stichwort Kult-Gesetz zu stellen und das Stichwort Geschichte zurücktreten zu lassen, wurde neuerdings programmatisch von *Saebø,* Priestertheologie 357–374 vertreten; da er die Unterschiede zwischen P^g und P^s nivelliert, gilt vieles von seinen Ausführungen zwar von P^s, aber nicht von P^g.

[7] Vgl. die unterschiedlichen Zuweisungen, die sich aber insgesamt als orientierender Enstieg empfehlen, bei *Lohfink,* Die Priesterschrift 198, der seine Ausgrenzung aaO. als Weiterentfaltung und Präzisierung der von *K. Elliger* erstmals 1952 (ZThK 49 [1952] 121–143) publizierten Textzuweisung bezeichnet; vgl. *Elliger,* Sinn und Ursprung 174–198.

[8] So im Jahre 1934 *von Rad,* Die Priesterschrift; von ihm selbst in seinen späteren großen Arbeiten nicht mehr beibehalten.

[9] *Schmidt,* Einführung 95.

gehe darauf zurück, daß P^g eine oder mehrere bereits schriftlich fixierte Vorlagen ihrem Text integriert habe[10].

(3) Meist werden die bleibenden Spannungen im Textbestand von P^g traditionsgeschichtlich erklärt, d. h. sie werden darauf zurückgeführt, daß P^g das Produkt eines jahrhundertelangen lebendigen Überlieferungsvorgangs ist, in dem die einzelnen Erzählstoffe, erst recht aber die Listen und kultischen Materialien eine derart geprägte Gestalt annahmen, daß der Verfasser von P^g nur noch wenig Spielraum besaß, seine eigenen Konturen einzutragen[11].

(4) Am Beispiel von Gen 1,1–2,4a, aber auch zugleich mit Blick auf P^g insgesamt, hat jüngst O. H. *Steck*[12] energisch bestritten, daß die beobachteten Spannungen ausreichen, um in P^g Einbau- oder Bearbeitungsspuren zu erkennen, die auf eine sukzessive Wachstumsgeschichte *des Textes* hinweisen. Sie lassen vielmehr nur erkennen, was ohnedies für einen Autor des 6. Jh. v. Chr. anzunehmen ist: er formuliert weder sprachlich noch motivlich völlig neu und originär, sondern arbeitet mit einer Vielzahl von Wissensmaterialien und geprägten Vorstellungsmustern, die sich in dem mit ihnen formulierten Text nicht völlig spannungsfrei „unterbringen" lassen.

In unserem Zusammenhang braucht nur die Frage geklärt zu werden, ob P^g als ein sich von einer schriftlichen oder mündlichen ‚Vorlage' bewußt absetzender Neuentwurf verstanden werden muß. In diesem Fall käme die besondere theologische Absicht von P^g gerade in der Spannung ‚Vorlage'–‚Bearbeitung durch P^g' zum Vorschein. Genau dies scheint mir aber nicht der Fall zu sein, was durch folgende Erwägungen begründet werden kann:

(1) Es gibt eine Reihe von Indizien, die es wahrscheinlich machen, daß P^g

---

[10] Beispiele dieses Modells: (1) die immer wieder geäußerte und sich an Gen 5,1 inspirierende Vermutung, P^g habe als (eine ihrer) Vorlage(n) ein ‚Toledot-Buch' benutzt; vgl. das kurze (kritische) Referat bei *Westermann*, Genesis 481f; (2) die von *P. Weimar* teilweise rekonstruierte, von Gen 5 bis Ex 14 reichende, im Exil entstandene Geschichtsdarstellung, die P^g aufgenommen, bearbeitet und (durch weitere Vorlagen?) erweitert habe; vgl. *Weimar*, Exodusgeschichte 248f; *ders.*, Toledot-Formel 86f; (3) die sukzessive Entstehungsgeschichte in zwei Schüben bei *Friedman*, The Exile (1. Schub: vorexilischer Protest gegen die joschijanische Reform; 2. Schub: exilischer Kompromiß).

[11] Für Gen 1,1–2,4a ist dieses Modell detailliert durchgeführt bei *Schmidt*, Schöpfungsgeschichte.

[12] Vgl. besonders die entschiedene Auseinandersetzung *Stecks* in der 2. Auflage von „Der Schöpfungsbericht" (aaO. 273–276) mit der Rezension seines Opus durch W. H. *Schmidt* (ThLZ 104 [1979] 801–803).

29

in der Urgeschichte eine schriftlich fixierte Vorlage aufgriff, während eine solche in anderen Bereichen des Werkes nicht erkennbar ist[13].

(2) Die aufgegriffenen Vorlagen lassen sich nicht mehr als ‚Texte' rekon-

---

[13] Zu Rekonstruktionsversuchen einer oder mehrerer Vorlagen der P^g haben sich neuerdings allgemein kritisch geäußert *Schmidt*, Einführung 95; *Smend*, Entstehung 52f. Daß P^g bei ihren Lesern Bekanntschaft mit JE und Dtn/Dtr voraussetzt und sich an der Gesamtstruktur von JE orientiert, freilich sich weitgehend kritisch davon absetzend (s. u. II.4), ist etwas anderes als die Aufnahme von ausformulierten Sätzen oder geprägten Wissensstoffkomplexen; nur in diesen Fällen kann man von der Aufnahme einer ‚Vorlage' sprechen. Eine (oder mehrere) solche(r) Vorlage(n) hat P^g in der Urgeschichte aufgenommen und bearbeitet. In der Schöpfungsgeschichte 1,1–2,4a*, in der Genealogie 5,1–32* und in der Flutgeschichte 6,9–9,29* gibt es Indizien dafür, daß P^g hier vorgegebene Formulierungen bzw. Texte verwendet hat. Beobachtungen, die diese Annahme fordern, sind unter anderem: (1) In der *Schöpfungsgeschichte* gibt es semantische und strukturelle Unausgewogenheiten, deren jeweilige Konsequenz sich nur durch zwei Hände verständlich machen lassen: a) einerseits ist die Aufteilung der acht Schöpfungswerke auf sechs Schöpfungstage nicht ohne Plan durchgeführt, wobei der siebte Tag als Strukturelement eine wesentliche Rolle spielt (s. u. III.2–5), andererseits sind die Verdoppelung der Werke auf die Tage 3 und 6, aber auch das Problem des Zusammenhangs von Tag 1 und Tag 4 von der Gesamtstruktur nicht *so* unbedingt gefordert, daß man sie einem Verfasser, der so überlegt durchplant, zutrauen möchte – außer eben, er war hier durch einen ihm vorgegebenen Text festgelegt; b) der Text ist einerseits konsequent mit paronomastischen Wendungen gestaltet (1,9: „es seien *gesammelt* . . . zu einer *Ansammlung*"; 1,11: „es lasse . . . *Grünes grünen*"; 1,14: „es seien *Leuchten* . . . um zu *leuchten*"; 1,20: „es sollen *Gewimmel wimmeln* . . . es soll *Fluggetier fliegen*"), während andererseits diese Technik fehlt, obwohl sie vom Hebräischen her denkbar gewesen wäre (z. B. 1,24: „es soll *lebendig* erhalten *lebendige* Wesen"), ja diese paronomastische Technik wird bei dem Element ‚Ausführung' der Schöpfungswerke nicht einmal aufgegriffen; auch diese Diskrepanz läßt sich am plausibelsten durch einen P^g vorgegebenen Text plausibel machen; c) die Formulierungen und die Konzeptionen der Tage 1, 4, 7 weichen so stark von den übrigen Tagen ab, daß diese Abweichungen nicht ausschließlich durch ihre besondere Funktion innerhalb der P^g-Komposition (vgl. III.5) erklärt werden können (Tag 1: einziger Fall von ‚Schöpfung durch Wort', s. III.1; Tag 4: extrem entfaltet, teilweise verdoppelnd; Tag 7: semantisches und strukturelles Eigenprofil); d) die in der Forschung immer wieder diskutierten syntaktischen und semantischen Probleme von Gen 1,1–3 sind vermutlich dadurch ausgelöst, daß P^g hier nicht frei formulieren konnte; e) möglicherweise ist die bei *Loretz*, Wortbericht-Vorlage und bei *Kselman*, The Recovery versuchte Unterscheidung von poetischen und prosaischen Elementen in Gen 1,1–2,4a ein weiterer Ansatz, den Bestand einer ‚Vorlage' einzugrenzen; allerdings darf dies nicht zum ausschließlichen Kriterium wie bei *Loretz* und *Kselman* werden, deren im Detail sich widersprechende ‚poetische Zuweisungen' ohnedies die Frage aufwerfen, wie sich die Poesie in einem Text abheben läßt, der zur Prosa geworden ist; f) wahrscheinlich ist auch der mehrmalige semantische Wechsel zur Bezeichnung des Schöpferhandelns Gottes „machen" (*'ŚH*) und „schaffen" (*BR'*) auszuwer-

struieren, weil P^g sie nicht als solche integriert hat. Von daher ist es wenig wahrscheinlich, daß P^g primär an einer gezielten Neuausgabe oder gar an einer korrigierenden Interpretation seiner Vorlagen interessiert war[14].

ten, dies um so mehr, als Gen 1,26 das Verbum „machen" in dem rätselhaften Kohortativ Plural steht. (2) In der *Genealogie* 5,1–32* deutet die Gestalt der Überschrift 5,1, was ja die meisten Exegeten immer wieder betont haben, darauf hin, daß P^g hier einen Text aufgreift; gegenüber der Schöpfungsgeschichte, aber auch gegenüber 5,1b–2 ist darüber hinaus *ʾādām* in 5,1a.3 Eigenname (also Adam), während das Wort in Gen 1,26–28 und in 5,1b–2 die Gattungsbezeichnung (also ‚Mensch‘, ‚Menschen‘) ist; auch der in der Genealogie aus der konsequenten Struktur herausfallende Abschnitt über Henoch (5,21–24) müßte daraufhin literarkritisch diskutiert werden, daß hier Wendungen auftauchen, die bei P^g eine wichtige Rolle spielen, obwohl doch die Genealogie selbst eher als von P^g aufgenommen zu beurteilen ist. (3) Was die *Flutgeschichte* der P^g in Gen 6–9 angeht, so ist sie in sich selbst, aber auch im Blick auf die Schöpfungsgeschichte so gestaltet, daß einerseits eine planvolle Komposition vorliegt (vgl. IV.2) und daß andererseits wieder semantische und stilistische Elemente dadurch auffallen, daß sie mit der planvollen Komposition nicht recht harmonieren: a) das Kommen und das Verschwinden der Wasserflut ist teilweise mit völlig anderen Vokabeln und Bildern gestaltet als die Ankündigung im vorangehenden Redeteil; b) in der Erzählung rivalisieren mehrere chronologische Angaben; c) die Bezüge zwischen Fluterzählung und Schöpfungserzählung sind stärker in den Redeteilen als in den narrativen Passagen; d) einerseits ist das Flutgeschehen durchaus in seinem Ablauf als Vernichtung von Lebensraum und Lebewesen an Gen 1 orientiert, andererseits aber gibt es einige detaillierte Züge des ‚Weltbildes‘ in Gen 6–9, die in Gen 1 nicht da sind bzw. nicht interessieren (z.B. die Berge, die Schleusen des Himmels und die Quellen/Brunnen der Urflut); e) das im Zusammenhang der Setzung des ‚Bogens in den Wolken‘ wichtige Element der Wolke fehlt innerhalb des Flutgeschehens, ist aber vom größeren P^g-Kontext her plausibel (vgl. IV.3.3). – Diese nur angedeuteten Beobachtungen lassen sich am besten durch die Annahme erklären, P^g habe bei der Gestaltung ihrer Urgeschichte auf bereits formulierte Texte zurückgegriffen und sich an deren Formulierungen gehalten, *soweit* sich dies mit ihrer eigenen Konzeption in Einklang bringen ließ. Dies scheint aber nicht soweit gegangen zu sein, daß die *gesamte* Vorlage vollständig integriert wurde – weshalb sich ihr Wortlaut m.E. auch nicht mehr rekonstruieren läßt. Eine weitere Frage ist es, ob die drei Vorlagen ‚Schöpfungsgeschichte‘, ‚Genealogie‘, ‚Flutgeschichte‘ P^g als zusammenhängender Text oder als Einzelgeschichten vorgegeben waren. Auch dies ist schwer zu entscheiden. Die sprachlichen und motivlichen Unterschiede zwischen den drei hypothetischen Größen sprechen gegen die Annahme, P^g habe sie bereits als zusammenhängende „Urgeschichte" vorgefunden; auszuschließen ist dies freilich nicht, zumal wenn man an die sumerische Entsprechung der ‚Eridu-Genesis‘ (vgl. IV.4.2) denkt.

[14] So ausdrücklich auch *Anderson*, A Stylistic Study 151. Das ist sogar die Konsequenz bei *Loretz*, Wortbericht-Vorlage, obwohl er andererseits meint, eine (recht alte?) Vorlage aus Gen 1 rekonstruieren zu können: „Die P-Interpretation . . . schafft einen völlig neuen Text, den es vorher in dieser Form und mit dieser Aussage nicht gegeben hat" (aaO. 286).

(3) Da überdies eine sinnvolle Interpretation des als P^g ausgegrenzten Textbestandes ohne den Rückgriff auf die nicht mehr voll rekonstruierbaren Vorlagen, aber auch ohne genaues Wissen über einen (m. E. postulierten) jahrhundertelangen Überlieferungsprozeß möglich ist, ist eine solche Interpretation auch der einzig *theologisch* angemessene Umgang mit dem Text. Nach dieser Entscheidung soll in unserer Studie verfahren werden.

2. Ist P ‚Bearbeitungsschicht‘ oder ‚Quelle‘?

Im Zusammenhang mit der Problematisierung der traditionellen Pentateuch-Urkunden-Modelle mehren sich in jüngster Zeit die Zweifel an P als einer ehemals selbständigen Schrift (‚Quelle‘). Statt dessen wird vorgeschlagen, die P-Texte, deren sprachliches und theologisches Eigenkolorit durchaus unterstrichen wird, als eine durchlaufende Bearbeitungsschicht eines vorpriesterschriftlichen jehowistischen Geschichtswerkes (JE) zu begreifen, analog etwa der deuteronomistischen Bearbeitung in den Büchern Jos – 2 Kön, wo ja ebenfalls nicht nur kleinere redaktionelle Zusätze, sondern auch längere neue Texte eingefügt wurden[15]. Nach Meinung anderer Autoren ist P sogar erst der eigentliche Redaktor, der die vor ihm unverbunden überlieferten Erzählkränze über Schöpfung, Patriarchen, Exodus, Sinai usw. zu einem zusammenhängenden Geschichtswerk verknüpft und einheitlich bearbeitet habe[16].

Die unterschiedlichen Argumente, die für P als bloße Bearbeitungsschicht vorgebracht werden, lassen sich auf drei Grundfiguren reduzieren:

(1) Im Vergleich zum jehowistischen Geschichtswerk fehlt in P eine Reihe wichtiger Erzählstoffe und theologischer Themen, so daß man geradezu

---

[15] Vgl. dezidiert so besonders *Cross*, The Priestly Work; *Tengström*, Die Toledotformel; in diese Richtung optieren, zumindest für die von ihnen bearbeiteten Textkomplexe: *Kearney*, Creation and Liturgy 385f; *Wenham*, The Coherence 347f; neuerdings tendiert auch *Ska*, La place 546–548 mit neuen Argumenten zu dieser Möglichkeit, P^g zu begreifen.

[16] Zur klassischen Ausprägung dieser Theorie, wonach P mit der Endredaktion des Pentateuch identisch sei, vgl. *Engnell*, Gamla Testamentet; ernsthaft mit dieser Möglichkeit rechnete auch *Rendtorff*, Literarkritik 147; diese Hypothese schließt *Rendtorff* nun (Das Überlieferungsgeschichtliche Problem 162f) aus, weist „der priesterlichen Schicht" aber die Leistung zu, die unabhängig entstandenen Erzählkränze von der Urgeschichte bis zu den Mosegeschichten zusammengebunden zu haben. Die eigentliche Redaktion der Bücher Gen – Dtn (bzw. sogar darüber hinaus) ist ein ‚nach-priesterliches‘ Werk dtr Theologen (aaO. 158–173); vgl. nun auch *ders.*, Das Alte Testament 170–173.

von Lücken sprechen müßte, wollte man P als eigenständiges Werk betrachten. Es fehlten das Thema Ursünde, die Jakob-Esau-Rivalität, eine Josefsgeschichte und vor allem eine Bundestheologie im Bereich der Sinaigeschichten. Gerade das Fehlen des Sinaibundes in P-Texten sei gravierend, da P im Zusammenhang mit der Errichtung des Heiligtums die aus der Bundestheologie stammende ‚Bundesformel‘ zitiere (vgl. Ex 29,45). Diese „eigentümliche Tatsache, daß die P-Schicht den Bund am Sinai kennt und voraussetzt, ohne jedoch selbst darüber zu erzählen, läßt sich am besten durch die Annahme erklären, daß P bewußt an die Bundeserzählung der älteren Schichten anknüpft"[17].

Gegen diese Argumentation ist festzuhalten:

a) Insofern sie JE zum Maßstab für P macht, geht sie von der unbewiesenen und wenig wahrscheinlichen Annahme aus, P wolle eine Nacherzählung von JE sein. Wie der Vergleich von JE und P demgegenüber zeigt, spricht vieles dafür, daß P nicht einfach eine priesterliche Neufassung von JE sein will, sondern JE ersetzen will. P will bewußt eine *andere* Geschichtstheologie entwerfen. Das andere und neue Konzept bedingt eine andere Stoff- und Themenauswahl.

b) Überdies ist die These unrichtig, P^g rede nicht über das Thema Ursünde. P^g hat zwar keine ‚Sündenfallgeschichten‘ wie Gen 3 und 4. Wohl aber spielt in der Konzeption von P an zwei wichtigen Stellen das Thema ‚Sünde als strukturelle Störung der Schöpfungs- und Lebensordnung‘ eine Auslöserfunktion für das Gerichtshandeln Gottes (wie bei der Schöpfungsgeschichte, wo P im Unterschied zu JE keinen plastisch ablaufenden Prozeß beschreibt, reduziert P auch hier den Sachverhalt auf eine ‚Quasi-Definition‘!): als Auslöser der Flut nennt P zweimal die „Gewalttat" allen Fleisches (Gen 6,11.13) und als Auslöser des Exodus-Gerichts über den Pharao nennt P ebenfalls zweimal die Brachialgewalt, mit der die Ägypter die Israeliten zur Sklavenarbeit zwingen (vgl. Ex 1,13f). Auch die Sühnetheologie in Lev 9 ist nur vor dem Hintergrund einer Sündentheologie verstehbar, die P überdies noch in Num 13–14 und Num 20 entfaltet.

c) Gerade der Verweis auf die Bundesformel in Ex 29,45 macht deutlich, warum P keine Erzählung über einen Bundesschluß am Sinai hat bzw. haben kann. Ex 29,45 erläutert selbst, *wie* die in dieser Bundesformel angesagte Wirklichkeit eintreten wird: dadurch, daß Jahwe inmitten seines Volkes wohnt, wird er zum Gott Israels werden. Hier gibt es kein Mitwirken des Volkes, damit diese ‚Bundesrealität‘ zustandekommt.

---

[17] *Tengström*, Die Toledotformel 14.

Israel schafft durch die Errichtung des Heiligtums lediglich die äußere Voraussetzung. Dem entspricht es, daß hier auch nur die *eingliedrige* Bundesformel verwendet wird, die den Akzent *ausschließlich* auf das Tun Jahwes legt (vgl. ähnlich Gen 17,8). Aber auch in Ex 6,7, der einzigen Stelle, an der P die *zweigliedrige* Bundesformel zitiert, wird diese bedeutungsvoll abgewandelt. Während in der klassischen Doppelformel der dt-dtr Theologie parallel formuliert wird: „Jahwe hat dir erklärt, er möchte dein Gott werden ... und du hast ihm erklärt, du möchtest das Volk werden, das ihm persönlich gehört" (Dtn 26,17f), stellt P^g die Volkwerdung Israels ausdrücklich nicht als Aktion des Volkes, sondern Jahwes dar: „Ich nehme euch mir zum Volk und ich werde euch zum Gott" (Ex 6,7). Da der Sinaibund in der vorpriesterschriftlichen Theologie ein wechselseitiges Tun voraussetzt, P^g aber die Volkwerdung Israels *und* Jahwes Gottwerdung für Israel *ausschließlich* als Jahwes Tat konzipiert, muß P^g konsequenterweise an die Stelle des Sinaibundes ihre Heiligtumstheologie setzen.

(2) Die P-Texte ergeben für sich genommen – so wird weiter argumentiert – ein eigenartiges literarisches Mischgebilde. Einerseits gibt es breite, entfaltete Stücke wie z.B. Gen 1 oder Gen 17. Andererseits steht die Ausführlichkeit dieser Abschnitte „in einem höchst eigentümlichen Kontrast zu anderen, die auffallend knapp und summarisch sind, ohne daß man immer die Ausführlichkeit dieser und die Knappheit jener genügend erklären kann. Man kann somit, wenn man die P-Schicht isoliert betrachtet, ihren totalen Mangel an Gleichgewicht feststellen, der in der Perspektive der Urkundenhypothese rätselhaft erscheinen muß"[17].

Zu diesem Argument ist festzustellen:

Seine Tragfähigkeit hängt weitgehend davon ab, ob man global und pauschal über P-Texte oder über eine in P^g und P^s differenzierte Textlage diskutiert. Für den von uns akzeptierten P^g-Textbestand ist die Unterscheidung von entfalteten Abschnitten, in deren Zentrum jeweils Gottesreden eine konstitutive Rolle haben, und listenartigen Zusammenstellungen derart konsequent und strukturbildend durchgeführt, daß man nur von einem Gattungspostulat her, das von außen an P herangetragen wird, von einem Mischgebilde reden kann, wie dies die Verfechter der ‚Bearbeitungshypothese' tun.

(3) Verschiedentlich fungieren – so wird schließlich gesagt – P-Texte als Überschriften zu Texten, die aus JE stammen, wodurch ihre redaktionelle Entstehungssituation voll deutlich werde.

---

[18] *Tengström* aaO. 13.

Zu diesem Argument ist zu sagen:

„Überschrift- und Einleitungsfunktion von P-Texten zu gemischten Textbeständen sind durch redaktionelle Tätigkeit bei der Zusammenarbeitung von P und dem alten Pentateuchmaterial voll erklärbar"[19]. Dies trifft vor allem zu, wenn P, wie wir mit vielen Exegeten meinen, von der Pentateuchredaktion überlegt zum Grundgerüst des Endtextes des Pentateuchs gemacht worden ist.

Für P^g als ursprünglich selbständiges Werk sprechen dagegen folgende Beobachtungen:

(1) Es gibt eine Reihe von P-Texten, die ihre geschehensmäßige und theologische Komposition *nur* dann erkennen lassen, wenn sie losgelöst von ihrem jetzigen literarischen Kontext als *in sich* zu lesende Texteinheit genommen werden. Das schließt aus, daß sie als Bearbeitung von JE konzipiert oder gemeint sind. Als Beispiel dieser Kompositionstechnik kann die fünfteilige ‚Plagengeschichte' von P^g gelten, die nur in der unmittelbaren Aufeinanderfolge eine Steigerung offenbart, die im jetzigen Kontext kaum erkennbar ist; auf keinen Fall kann sie als ‚Bearbeitung' ihres Kontextes gelten[20].

(2) Das durchlaufende Ineinander von JE und P in der Flutgeschichte Gen 6–9 und in der Meerwundergeschichte Ex 14 läßt sich nicht als Bearbeitungstechnik erklären: einmal ist die herauslösbare P-Schicht in sich so straff komponiert, daß sie als eigenständiger Text lesbar ist, und zum anderen sind selbst in Nebenzügen der Erzählung derart massive Spannungen zu JE auszumachen, daß kaum vorstellbar ist, ein Bearbeiter hätte solche Spannungen, die vom theologischen Duktus her nicht notwendig sind, eingetragen – außer diese Einzelheiten fanden sich bereits in dem *Text*, den er einarbeiten wollte[21]. Dann aber drängt sich als Modell auf: der vorgegebene *Text* ist P, der Bearbeiter ist R^P.

(3) Daß P^g auf keinen Fall als Endredaktion des Pentateuchs verstanden werden kann, zeigt beispielsweise die Kompositionsstruktur des Buches Exodus, in der Texte, die ihrerseits P^g voraussetzen bzw. in diese eingeschoben sind, tragende „Säulen" der Komposition sind[22].

---

[19] *Lohfink*, Die Priesterschrift 199 Anm. 31.

[20] Zur Ausgrenzung der P-Plagen und zu ihrer Interpretation vgl. *Zenger*, Das Buch Exodus 87–100.269.

[21] Beispiel: Die offenkundigen ‚Widersprüche' in der Flutgeschichte Gen 6–9 (vgl. dazu IV.1).

[22] Beispiel: Der Abschnitt Ex 6,13–30, der nicht von JE sein kann, unterbricht einerseits den engen Zusammenhang Ex 6,2–12; 7,1–7; andererseits ist der Abschnitt selbst in die zwei Teile 6,13–27 und 6,28–30 zu untergliedern, wobei

(4) Die von vielen Exegeten angenommenen Pˢ-Texte finden sich nicht *innerhalb* von JE-Texten, sondern nur innerhalb von Pᵍ-Texten[23]. Das spricht ebenfalls – natürlich nur, wenn die Pˢ-Hypothese akzeptiert wird – für Pᵍ als vorgegebene, selbständige Erzählung.

(5) „Wichtige theologische Aussagen von Pᵍ sind *strukturabhängig* (etwa die Berit-Theologie) und treten infolge der Verwischung der Struktur im jetzigen Textzusammenhang kaum noch hervor"[24]. Zwei Eigenheiten der Berit-Theologie können dies belegen:

a) Pᵍ vermeidet das Wort ‚bᵉrīt‘ im Bereich der Sinaitheologie.

b) Pᵍ vermeidet die Wendung ‚Bund schließen‘ und spricht statt dessen von ‚Bund geben‘ (NTN), ‚Bund errichten‘ (Hifil von *QůM*).

Beide Eigenheiten schlagen theologisch nur durch, wenn diese Berit-Theologie ursprünglich *nicht* in *einem* Text neben Abschnitten stand, die den Sinai als Ort der Berit schlechthin darstellen oder die in sehr präzisem Sinn die Wendung ‚Bund schließen‘ verwenden.

Auf Grund dieser Argumentationslage gehen wir in unserer Studie von der heuristischen These aus, Pᵍ sei ein ehedem selbständiges Werk gewesen und zunächst als solches zu interpretieren.

3. Das Problem des Abschlusses der Pᵍ: Jos 19,51 oder Dtn 34,9?

In der gegenwärtigen Forschung werden über den ursprünglichen Abschluß von Pᵍ zwei Positionen vertreten. Die Divergenzen haben deshalb so schwerwiegende Folgen für das Gesamtverständnis von Pᵍ, weil in einem Fall Pᵍ als Werk mit ‚offenem Schluß‘ und damit als Werk mit eschatologischer Perspektive zu deuten ist, während im anderen Fall Pᵍ als Werk mit ‚ruhendem Schluß‘ und damit als Werk zu deuten ist, das gerade in Opposition zu den eschatologischen Theologien der Propheten konzipiert ist.

Daß Pᵍ erst in Versen des Buches Josua seinen Abschluß fand, hat neuerdings mehrfach *N. Lohfink* vertreten. Als solche „Verse im P-Stil,

---

6,13–27 kompositionell den Schluß des ersten Teils des Exodusbuches (Ex 1,1–6,27) und 6,28–30 den Anfang des zweiten Teils des Exodusbuches (Ex 6,28–11,10) markieren; vgl. dazu *Zenger, Das Buch Exodus* 72–87 sowie *ders., Israel am Sinai* 26f.

[23] Beispiel: Im Pesachkomplex Ex 11–12 ‚hängen sich‘ die priesterlichen Erweiterungen an den Pᵍ-Text an bzw. dringen in ihn ein, während der jehowistische Bestand keine ‚priesterliche‘ Bearbeitung erfährt.

[24] *Lohfink,* Die Priesterschrift 200 Anm. 31.

die, übers Josuabuch verstreut, aus dem Endstück der P^g stammen könnten", nennt er Jos 4,19; 5,10–12; 14,1f; 18,1; 19,51. Daß diese Verse auf P^g zurückgehen, will er aus Jos 18,1 so begründen: „dort werden nämlich zwei Themen, denen in der P^g eine zentrale Rolle zukommt, überhaupt erst an ein Ende gebracht. Einerseits wird das heilige Zelt im Lande an einem festen Ort aufgeschlagen, in Schilo. Andererseits wird festgestellt, daß das Land von den Israeliten in Besitz genommen wird. Dafür wird aber nun nicht das Verb *jrš* verwendet, sondern das seltenere *kbš*. Dieses stand als eine Art Programmwort unmittelbar nach der Schöpfung der Menschen in Gen 1,28: ‚Seid fruchtbar, vermehrt euch, erfüllt die Erde und nehmt sie in Besitz (*w^{e}kibšuha*)! In Jos 18,1 lesen wir nun, nachdem das Wort in der gesamten P^g zwischendurch niemals gebraucht wurde *w^{e}ha'aræṣ nikb^{e}šah lipnêhæm* ‚und das Land war in Besitz gegeben vor ihnen'. Alle anderen Aussagen von Gen 1,28 waren im Gang der Erzählung aufgegriffen und erfüllt oder weitergeführt worden. Jede Erfüllung war auch durch Erfüllungsnotiz konstatiert worden. Nur die Besitzergreifung der Erde stand noch erzählerisch aus. Hier wird sie zwar nicht für die ganze Menschheit konstatiert, doch für das Volk Israel, auf das sich die Erzählung in ihrer zweiten Hälfte ja eingeschränkt hatte. Am Beispiel Israel zeigt sich auch die Wahrheit dieses Elements des Gotteswortes bei der Schöpfung. Hier ist nun der letzte am Anfang ausgezogene Bogen an sein Ende gekommen. Allein diese Wahrnehmungen genügen, in Jos 18,1 noch mit der Hand von P^g zu rechnen"[25].

Beide Gründe überzeugen nicht:

(1) Die Notiz von der Errichtung des Heiligtums in Jos 18,1 kann weder sprachlich noch sachlich als Abschluß der priesterschriftlichen Heiligtumstheologie gelten:

a) Die in Jos 18,1 gebrauchte Wendung „und sie ließen dort wohnen (Hifil von *ŠKN*) das Zelt der Begegnung" ist alttestamentliches Hapaxlegomenon; vergleichbar ist nur Ps 78,60, wo das Piel von *ŠKN* verwendet wird. P^g selbst gebraucht, wenn sie von der Errichtung des Heiligtums spricht, die Wurzel *QūM* („aufstellen", „errichten"), womit sie zugleich ein wichtiges theologisches Beziehungsgeflecht herstellt[26].

b) Die Heiligtumskonzeption der P^g steht in Widerspruch zu Jos 18,1. Mit der Wurzel *ŠKN* verbindet P^g die Vorstellung von einem ‚ungebundenen' Wohnen Jahwes, das von der Vorstellung des Wohnens ‚am festen

---

[25] *Lohfink*, Gewalt und Gewaltlosigkeit 81f.

[26] Die Wortverbindung „das Zelt der Begegnung errichten" (Ex 26,30; 40,17) ist in der Sicht von P^g unbedingt zusammenzusehen mit „eine Berit errichten" (Gen 6,18; 9,9.11; 17,7.19.21; Ex 6,4).

Ort' gerade gelöst werden soll. Die Heiligtumstheorie von P[g] zielt *nicht* auf einen Neo-Salomonismus, für den die Bindung Tempel – Land konstitutiv ist[27].

(2) Das Programmwort Gen 1,28, das ohnedies nicht als ‚Kurzfassung' von P[g] gelten kann, weil in ihm wichtige Theologumena der P[g] fehlen[28], zielt nicht auf Jos 18,1, sondern auf Ex 1,7. Die nachstehende Tabelle kann dies schnell belegen.

	fruchtbar sein (PRH)	wimmeln (ŠRṢ)	zahlreich sein (RBH)	sehr, gar sehr (bimᵉ°od mᵉ°od)	die Erde füllen (MLʾ)	die Erde in Besitz nehmen (KBŠ)
Gen 1,28	×		×		×	×
Gen 9,1	×		×		×	
Gen 9,7	×	×	××			
Gen 17,2			×	×		
6	×			×		
Gen 28,3	×		×			
Gen 35,11	×		×			
Gen 48,4	×		×			
Ex 1,7	×	×	×	×	×	
Jos 18,1						×

Gen 1,28 schlägt sprachlich zunächst den Bogen nach 9,1.7; als Erfüllung des dabei gegebenen Mehrungssegens fungieren die Genealogien Gen 5*; 10,1–32*; 11,10–26*, wobei durch Gen 11,26 Abrahams Zeugung durch

---

[27] Zur bislang offenen Kontroverse über die Alternative ‚Präsenztheologie' – ‚Erscheinungstheologie' vgl. den guten forschungsgeschichtlichen Überblick bei *Janowski*, Sühne als Heilsgeschehen 295–303; zum ‚Neo-Salomonismus' als Produkt erst von P[s] s. u. II.4.

[28] In Gen 1,28 fehlt die zentrale Aussage von P[g], Jahwe wolle Israels Gott werden (vgl. Gen 17,7; Ex 6,7; 29,45) und es gibt überhaupt keinen Bezug zu dem im zweiten Teil der P[g] entfalteten Schlüsselwort „Herrlichkeit". Die Position *Lohfinks* muß auch unterschlagen, daß P[g] ihr Werk deutlich in zwei Teile gliedert, weshalb von vornherein Gen 1,28, wenn überhaupt, dann als Programmwort des ersten Teils denkbar wäre. Daß Gen 1,28 einen „Vorentwurf für die ganze Ereigniskette, die das Geschichtswerk dann schildert" (*Lohfink*, Die Priesterschrift 218), enthält, hatte vor *Lohfink* schon *Brueggemann*, The Kerygma behauptet. Gegen diese These hat sich inzwischen schon zu Recht mehrfacher Widerspruch erhoben: *Klein*, The Message 59; *Auld*, Creation and Land 7–13.

Terach noch als Folge des Noach-Segens gedeutet wird. Dem Abraham gegenüber wird in Gen 17 das Programmwort von Gen 1,28 erneuert, wobei einerseits Gen 1,28; 9,1.7 wörtlich wiederholt wird und andererseits durch die Hinzufügung von „sehr, gar sehr" (*bim^e'od m^e'od*) ein Neueinsatz angezeigt wird. Diese dem Abraham in einer Gotteserscheinung gegebene Mehrungszusage (als ‚Futur'!) wird Jakob gegenüber als Segen bei der Gotteserscheinung in Bet-El (Gen 35,11) erneuert (als Imperativ!). Durch einen Vorverweis (Segensbitte des Isaak für Jakob: Gen 28,3) und einen Rückverweis (Rede des sterbenden Jakob an seinen Sohn Josef: Gen 48,4) wird dieser Segensspruch über Jakob hervorgehoben. Seine Erfüllung wird zweimal ausdrücklich festgestellt: Gen 47,27 und Ex 1,7, wobei die Erfüllungsnotiz Ex 1,7 mehrfach hervorgehoben ist. Durch das Element „sehr, gar sehr" in Ex 1,7 wird der Bogen nach Gen 17 zurück geschlossen; durch das Verbum „wimmeln" (*ŠRṢ*) und die Wendung „und die Erde/das Land erfüllte sich mit ihnen" wird auf Gen 9,1; 1,28 zurückgeblickt. Um in Ex 1,7 die Erfüllung zu konstatieren, gebraucht P^g also die ganze Reihe des Segenswortes. Dies entspricht der für P^g charakteristischen Erzähltechnik, die Korrespondenz von Verheißung und Erfüllung, Befehl und Ausführung durch wörtliche Wiederaufnahme hervorzuheben (vgl. z. B. Ex 14 P^g). Von dieser Technik würde Jos 18,1b als Erfüllungsnotiz abweichen, da weder die Reihe wiederholt wird noch der gegenüber Gen 1,28 veränderte Sprachgebrauch vorbereitet ist (Nifal statt Kal; präpositionale Wendung „vor ihnen"); diese Abweichung wird noch eklatanter, wenn man die von *Lohfink* vorgeschlagene Fortführung von Jos 18,1b in 19,51 hinzunimmt. Hier wird nicht nur mit der ‚Verteilung des Landes' ein gegenüber Gen 1,28 neues und in P^g nicht vorbereitetes Motiv eingeführt, auch die Verwendung von „aufhören, fertig sein mit" ist in der Verbindung mit der Präposition „*min*" ein für P^g atypischer Sprachgebrauch[29].

(3) Die in Jos 18,1; 19,51 formulierte ‚Landnahmetheologie' fügt sich weder sprachlich noch konzeptionell in die ‚Landgabetheologie' ein, wie sie in jenen Texten belegt ist, die unstrittig zu P^g gehören:

a) In *allen* programmatischen Verheißungsworten über das Land verwendet P^g den wichtigen theologischen Terminus „geben". Dabei wird eine ausdrückliche Verweiskette aufgebaut, die in Gen 17,8 beginnt („dir und deinem Samen nach dir": aufgegriffen in Gen 35,12; 48,4), in Ex 6,4.8 auf die „Söhne Israels" ausgeweitet (mit explizitem Rückbezug auf die Kette Gen 17,8; 35,12; 48,14) und in der Kette Num 13,2; 20,12; 27,12 als

---

[29] Vgl. dagegen P^g in Gen 17,22: *killāh* + *l^e*!

unmittelbar bevorstehend angekündigt wird. Daß ausgerechnet die Erfüllung, wie *Lohfink* annimmt, in der völlig anderen, für P[g] singulären Formulierung Jos 18,1; 19,51 konstatiert sein soll, ist deshalb schlechterdings unwahrscheinlich.

b) Wie immer die literarkritische Analyse der priesterschriftlichen Erzählung von der Amtseinsetzung des Josua in Num 27,12–23 im einzelnen aussehen mag[30], ihr theologischer Horizont kann keineswegs im Josuabuch oder gar in Jos 18,1; 19,51 gesehen werden. In Num 27,12–23 fehlt nicht nur jeder Hinweis auf eine friedliche Landverteilung oder eine kriegerische Landeroberung als Aufgabe Josuas[31]; seine Aufgabe wird demgegenüber in Num 27,20 eindeutig festgelegt: Josua soll bewirken, daß die ganze Gemeinde *hört*. Die Erfüllung *dieser* Aufgabe aber wird in Dtn 34,9 konstatiert. Der in Num 27,12–23 angestoßene Geschehensbogen ist damit erfüllt und weist *nicht* in das Buch Josua.

c) Die von *Lohfink* der P[g] zugeschriebenen Verse im Josuabuch haben zwar ein ‚priesterliches‘ Kolorit, aber sie sind geschehensmäßig und sprachlich so stark mit ihrem jeweiligen literarischen Zusammenhang verwoben, daß sie einer ‚priesterlichen Redaktion‘ des Josuabuches zugewiesen werden müssen, die keinesfalls mit dem Verfasserkreis von P[g] zusammenfallen kann. Diese ‚priesterliche Redaktion‘ mag durchaus mit Blick auf entsprechende Pentateuchformulierungen erfolgt sein, aber die literarische Technik und die theologische Komposition von P[g] findet sich in ihr nicht. Möglicherweise geht auf Kreise dieser ‚priesterlichen Redaktion‘ sogar erst die Notiz „und nehmt sie in Besitz" in Gen 1,28 zurück, die damit die problematische ‚kriegerische Landnahmetheologie‘ schöpfungstheologisch absichern wollten. Für diese Möglichkeit lassen sich folgende Beobachtungen anführen:

α) Sachlich steht der Imperativ „und nehmt sie in Besitz" in Spannung zur

---

[30] Vgl. die weit auseinanderliegenden Meinungen von *Mittmann*, Deuteronomium 110–112 und *Lohfink*, Gewalt und Gewaltlosigkeit 78–80; gegenüber *Lohfink* ist jedenfalls festzuhalten, daß Num 27,19 den engen Zusammenhang Num 27,18.20 unterbricht, und daß Num 27,21 gegenüber der Zielangabe Num 27,20b nicht nur nachhinkt, sondern im Blick auf Dtn 34,9 ‚überschüssig‘ ist; außerdem ist Num 27,21a semantisch gegenüber Num 27,17 sperrig. Damit entfällt das ‚militärische‘ Kolorit der Amtseinsetzung *und* die für *Lohfinks* (Ausgangs-?)These wichtige Unterordnung des Feldherrn Josua unter den Priester Eleasar.

[31] Die von *Lohfink* aaO. postulierte ursprüngliche Verbindung von Num 27,12–23 mit den angeblichen P[g]-Stellen im Josuabuch scheitert m.E. schon allein daran, daß in Num 27* Josua nicht mit „Land" in Verbindung gebracht ist und daß das Verbum *kbš* fehlt.

Übergabe des Lebensraums, die in 1,29 erfolgt. Die Aufforderung zur Besitzergreifung geht hier der Übereignung voraus. Das widerspricht der üblichen Rechtskonzeption, wie sie sowohl in der deuteronomischen ‚königsrechtlichen‘ Landtheorie (Privilegrecht) als auch in der babylonischen Rechtspraxis belegt ist[32].

β) Der suffigierte Imperativ fehlt bei der Wiederaufnahme von Gen 1,28 in Gen 9,1.

γ) Der Imperativ ist durchaus plausibel als Nachinterpretation einer ‚priesterlichen Redaktion‘ verstehbar, die auch in Num 32,22.29 am Werk war[33].

Der kritische Durchgang durch die für Jos 18,1; 19,51 als Abschluß von P^g vorgetragenen Argumente legt es nahe, von dieser These Abschied zu nehmen und nach einem anderen ursprünglichen Schluß von P^g Ausschau zu halten. Als solcher empfiehlt sich der Text Dtn 34,7–9.

Daß das ursprüngliche Ende von P^g in Dtn 34,7–9 gegeben sei, ist im Anschluß an *J. Wellhausen* besonders durch *M. Noth* und *K. Elliger* argumentativ vertreten worden[34]. Es ist, soweit ich sehe, auch die Position der meisten neueren Publikationen zu P. Für diese These lassen sich folgende Beobachtungen anführen:

(1) Dtn 34,7–9 ist strukturell als Abschluß des in Ex 1,13 beginnenden zweiten Teils von P^g gestaltet:

a) Die Notiz „und die Söhne Israels hörten auf ihn“ (Dtn 34,9) ist nicht nur Erfüllung von Num 27,20, sondern sie konstatiert die programmatische ‚Wende‘ gegenüber Ex 6,9. Daß Israel „hört“, entspricht der theologischen Grundkonzeption von P^g, wonach dem von Gott selbst oder seinem Beauftragten gesprochenen Wort schöpfungs- und geschichtsgestaltende Mächtigkeit zukommt (vgl. Gen 1; Ex 14). Auf die Weitergabe des ‚rechten Wortes‘ kommt es auch nach den beiden Sünden-

---

[32] Beim babylonischen Landkauf wird juristisch zwischen dem Akt der Übereignung und dem der Besitzergreifung unterschieden (vgl. *San Nicolò*, Die Schlußklauseln). Die deuteronomische Landgabekonzeption, die ihrerseits eine Fortführung der jehowistischen Landübereignungstheologie ist (vgl. Gen 15,18!), wird programmatisch am Beginn des joschijanischen Deuteronomiums (vgl. zu dieser Sicht vorläufig: *Zenger*, Israel am Sinai 20f) in Dtn 1,8 in eben diese zwei Akte zerlegt; zur Sache vgl. auch *Lohfink*, Gewalt und Gewaltlosigkeit 72f.

[33] Die vier Vorkommen von *kbš* in Gen 1,28; Num 32,22.29; Jos 18,1 werden nicht alle auf dieselbe Hand zurückgehen, vielmehr dürfte Jos 18,1 gegenüber Gen 1,28 ‚Auslöserfunktion‘ gehabt haben; vgl. in diesem Sinn nun auch *Auld*, Creation and Land 9–11.

[34] Vgl. *Noth*, Überlieferungsgeschichtliche Studien 182–190; *Elliger*, Sinn und Ursprung.

geschichten Num 13–14* und 20* an, damit Israels ‚Weg durch die
Wüste‘ ein Weg des Lebens bleibt.

b) Die Ausführungsformel „und sie taten, wie Jahwe dem Mose geboten
hatte" ist nicht nur formal eine Abschlußformel, die Josua als ‚neuen
Mose‘ ausweist (daß er das ‚Hören der Gemeinde‘ bewirkt, obwohl nur
„ein wenig von der Majestät" des Mose auf ihm liegt, soll gewiß ein
zeitgeschichtlich pointierter Hoffnungsschimmer sein!), sondern sie stellt
einen Bezug her zu den Höhepunkten der vorangehenden Geschichtsdarstellung[35]. Erzähltechnisch blickt diese Notiz nicht nach vorne, sondern
nach rückwärts: sie eröffnet keinen Horizont, sondern schließt ab.

(2) Dtn 34,7–9 ist Abschluß des größeren Abschnitts Num 20,20–29*;
27,12–23*; Dtn 34,1a (. . .?), in dem das dem Mose vor seinem Tod
gewährte Schauen des Landes, das Jahwe „den Söhnen Israels gegeben
hat" (Suffixkonjugation!), einen ‚offenen Schluß‘ bildet[36].

---

[35] Vgl. Gen 6,22: Rettung des Noach; Gen 50,12: Jakob findet ‚Heimat‘ im
verheißenen Lande, weil die Söhne „tun, wie ihnen geboten hatte"; Ex 7,6;
12,28: Gelingen des Exodus; Ex 39,32.43: nachdem die Israeliten „getan hatten,
wie Jahwe dem Mose geboten hatte", erfüllt Jahwes Herrlichkeit das Zeltheiligtum.

[36] Mose, der genau an der Grenze des übereigneten Landes, aber mit Blick auf
dieses (zur Unterscheidung ‚Übereignung‘ – ‚Inbesitznahme‘ s. Anm. 32) stirbt,
soll „hinaufsteigen" (*ᶜlh*) auf das Abarim-Gebirge (*ᶜᵃbārīm*), womit P[g] zweifach
an ihre Landgabeerzählung Num 13–14* anspielt: 13,31 (*ᶜlh!*).32 (*ᶜbr*).

[37] Theologiegeschichtlich gehört P[g] in die Nähe der deuteronomistischen, ezechielischen und deuterojesajanischen Theologie. Die meist vertretene These sieht P[g]
in Abhängigkeit von diesen Strömungen und datiert P[g] deshalb gegen Ende des
Exils. Als ein Beispiel von vielen *Smend*, Entstehung 57: „Um es an drei theol.
Hauptbegriffen zu erläutern: in seiner ‚Bundestheologie‘ setzt P die Arbeit der
dt-dtr Schule voraus, den Begriff *br'* für das göttliche Schaffen hat er mit Dtjes
gemeinsam . . ., die Vorstellung von der ‚Herrlichkeit Jahwes‘ mit Ez." Mit Jes
II teilt P[g] die starke schöpfungstheologische, ja mythische Begründung von
Geschichte, an Ez 20 erinnert der vor der Landnahme abbrechende Geschichts-
aufriß. Die freilich umstrittene und von den einzelnen Exegeten unterschiedlich
gelöste Frage betrifft die jeweils anzunehmende Priorität, vor allem ist offen, ob
P[g] Dtjes voraussetzt oder ob P[g] Dtjes beeinflußt hat. Hinzu kommt, daß Dtr, Ez
und Jes 40–55 ihrerseits keine einheitliche Größe sind, weshalb durch diese
theologiegeschichtlichen Erwägungen nur die allgemeine Datierung sechstes
Jahrhundert nahegelegt wird.

[38] Zeitgeschichtlich wurde immer wieder die „exils- und diasporaorientierte Para-
digmatik" der einzelnen Erzählungen bzw. des Gesamtaufrisses betont. Mit
Blick auf die beiden ‚Sündengeschichten‘ Num 13–14* und 20* suchte man die
Adressaten „in der Zeit der beginnenden Rückkehrmöglichkeiten aus dem
babylonischen Exil" in einer Diaspora, „die schon heimkehren könnte, aber
zögert" (*Lohfink*, Die Priesterschrift 201). Auch das starke Interesse am siebten
Tag und an der Beschneidung, aber auch die kritische, gar spiritualisierende

(3) Die fast allgemein akzeptierte These, die Priesterschrift habe das Grundgerüst abgegeben für die Pentateuchredaktion, stützt die Position, wonach schon P^g wie jetzt der Pentateuch mit dem Tod des Mose geendet habe.

(4) Die Schwierigkeiten, im Buch Josua überhaupt einige Verse auszumachen, die sprachlich auf P^g zurückgeführt werden könnten, wobei diese Verse nicht zu der spezifischen Erzähltechnik von P^g passen, empfehlen die weniger problematische These vom Abschluß der P^g in Dtn 34,9.

4. Die „geistige Heimat" der P^g

Die zahlreichen von der Forschung zusammengetragenen theologiegeschichtlichen[37], zeitgeschichtlichen[38] und sprachgeschichtlichen[39] Beobachtungen zur Entstehungszeit der P^g konvergieren bei aller Divergenz im

Heiligtumstheologie als Gegenentwurf zum salomonischen Staatstempel wurden als Indikatoren exilischer Entstehung der P^g gewertet. Andere Autoren, vor allem *Y. Kaufmann* und seine Schule (vgl. besonders *Kaufmann*, The Religion 175ff), wollen dagegen – wenig überzeugend – das starke kultische Interesse von P als Argument für vorexilische Herkunft auswerten. Eine Sonderform dieser Position hat neuerdings *M. Haran* mehrfach vorgelegt. Er unterscheidet – grob verkürzt – zwischen vorexilischer Entstehung der P^g in halbesoterischen Priesterzirkeln und nachexilischer öffentlicher Bekanntmachung, im Zusammenhang mit der Tätigkeit Esras; vgl. zuletzt *Haran*, Behind the Scenes 321–333.

[39] In jüngster Zeit wurden verstärkt sprachgeschichtliche Beobachtungen in die Diskussion eingeführt, vor allem von amerikanischen und israelischen Forschern; vgl. vor allem: *Polzin*, Late Biblical Hebrew; *Rendsburg*, Late Biblical Hebrew; *Hurvitz*, A Linguistic Study; *Zevit*, Converging Lines. – Im einzelnen fallen die dabei gezogenen Schlußfolgerungen sehr unterschiedlich aus, was m.E. zwei Gründe hat. Zum einen ist der mit P bezeichnete Textbestand nicht immer deckungsgleich (teilweise wird nicht einmal zwischen P^g und P^s unterschieden) und zum anderen ist das zum Vergleich breit herangezogene Buch Ezechiel ein literaturgeschichtlich und deshalb auch sprachgeschichtlich uneinheitliches und so für Datierungen nur relativ auswertbares Werk. Vor allem die Frage, ob P^g sprachgeschichtlich noch vorexilisch oder eben doch exilisch sein muß, läßt sich auf diesem Wege *allein* nicht entscheiden. Immerhin haben die neueren Arbeiten aber doch ein dreifaches Ergebnis gebracht, das festgehalten werden soll: (1) Sprachgeschichtlich gehört P zwischen das klassische Bibelhebräisch (eindeutig vorexilische Texte) und das späte Bibelhebräisch (Esra, Nehemia, Chron); es steht dem klassischen sogar näher. (2) Sprachgeschichtlich ist die Unterscheidung zwischen P^g und P^s durchaus relevant. (3) In den kultischen Texten lassen sich linguistische Beobachtungen machen, die auf vorexilisches Bibelhebräisch hinweisen. Das kann auf alte Vorlagen hindeuten, kann aber auch bewußt archaisierender Sprachgebrauch sein – *Zevit* aaO. argumentiert über linguistische Beobachtungen hinaus auch mit Num 18 (Levitenzehnt) und mit einem Vergleich von Num 13–14 und Dtn 1, wobei er zu dem mich freilich nicht

Detail dahingehend, P[g] als theologische Antwort auf den Zusammenbruch der vorexilischen Staatsgeschichte zu begreifen[40]. Als solche setzt sie sich vor allem auf vier theologischen Ebenen von der vorexilischen Geschichtstheologie ab:

(1) Gegenüber JE und Dtn/Dtr ist das Ausblenden, ja Weginterpretieren aller kriegerischen Aspekte und Ansprüche der Geschichtsüberlieferung so auffallend, daß man geradezu von einer ‚pazifistischen‘ Tendenz der P[g] sprechen kann[41].

(2) Gegenüber der von JE und Dtn/Dtr entwickelten ‚Sinai-Bundestheologie‘, die wie immer im einzelnen unterschiedlich eine Mitwirkung der Führer des Volkes bzw. des Volkes selbst sowohl beim Zustandekommen und als auch im Hinblick auf die Auswirkungen des ‚Bundes‘ festhält[42], verlagert P[g] ihre ‚Bundestheologie‘ gezielt in die Urgeschichte und in die Abrahamsgeschichte[43], definiert sie als ‚Gnadentheologie‘,[44] und ‚demokratisiert‘ das Wirksamwerden der ‚Bundesgnade‘ dadurch, daß die

---

überzeugenden Ergebnis kommt: Num 18 P als vorexilische Regelung und Num 13–14 als Voraussetzung von Dtn 1 legen nahe: „the P source with both its literary and cultic components is basically a pre-exilic composition . . . the exile of 586 B.C.E. is the terminus ad quem for the composition of P" (aaO. 501).

[40] Die Argumente, die für eine Datierung von P erst in das 5. Jh. v. Chr. beigebracht werden, basieren nach meinem Eindruck meist auf Texten, die nicht von P[g], sondern erst von P[s] stammen. Dies gilt beispielsweise für *Kaiser*, Einleitung 107.

[41] Vgl. die These samt Erläuterung bei *Lohfink*, Gewalt und Gewaltlosigkeit 76: „In der Priesterlichen Geschichtserzählung gibt es den Krieg nicht." Die aaO. 76–82 angeführten Beispiele ‚Lagerordnung‘ und ‚Einzug in Kanaan‘ sind freilich nicht P[g] zuzuweisen. Die ‚pazifistische‘ Tendenz der ‚Einsetzung des Josua‘ dürfte darüber hinaus nicht in der Unterordnung des ‚Generals‘ Josua unter den ‚Hohepriester‘ Eleasar zu suchen sein (P[s]!), sondern darin, daß Josua gegenüber dem ‚jehowistischen General‘ (vgl. Ex 17,8–16; dazu: *Zenger*, Israel am Sinai 76–113) bei P[g] zu einem charismatischen Volksführer und Prediger (vgl. Dtn 34,9) gemacht wird. Zum ‚Herausspülen‘ aller militaristischen Tendenzen durch P[g] in der Meerwunderüberlieferung Ex 14 vgl. *Ska*, La sortie 191–215; für den analogen Vorgang in der Kundschafterüberlieferung Num 13–14 vgl. *McEvenue*, The Narrative Style 90–127.

[42] Zu Zusammenhang und Proprium dieser ‚Bundeskonzeptionen‘ vgl. *Hossfeld*, Der Dekalog 205–209; *Zenger*, Israel am Sinai 146–148. 185–190. Den problematischen ideologischen Hintergrund der dt/dtr Vertragstheologie, der zugleich für P[g] ein Anlaß zu ihrem Neuansatz war, skizziert sehr plastisch *Lohfink*, Unsere großen Wörter 24–43.

[43] Vgl. *Zimmerli*, Sinaibund und Abrahambund 205–216; über *Zimmerli* hinausgehend muß man sagen, daß P[g] der Heilszusage Gottes, die in der ihr vorgegebenen Tradition am Sinai ‚lokalisiert‘ war, über den Abrahambund zurück ihr eigentliches Fundament im Noachbund gibt; s. u. V.9. Die Ausblendung der dt/

Beschneidung als Zeichen der Annahme der ein für allemal gesetzten Heilsordnung[45] verstanden wird.

(3) Durch ein kompositionell und semantisch vielschichtiges Beziehungsgeflecht zwischen Schöpfung und Heiligtumsbau am Sinai, das noch zu erläutern sein wird[46], gestaltet P[g] die Gottesbegegnung am Sinai, die in JE und Dtn als Vermittlung von ‚Gesetz‘ dargestellt ist, als Erschließung des Sinns der Weltschöpfung. Der gemeinsame Bau des Zeltheiligtums als Fortführung des göttlichen Schöpfungswirkens und das in der kultischen ‚Ruhe von der Arbeit‘ erfahrene Offenbarwerden der Herrlichkeit Gottes inmitten des ganzen Volkes sind nicht nur kritische Gegenbilder gegen die in der Staatsgeschichte erfahrene Realität von Arbeit und Kult, sondern zugleich eine Zielvorgabe für den Weg aus der Katastrophe.

(4) Durch den ‚offenen Schluß‘ in Dtn 34,9 blendet P[g] nicht nur die im Josuabuch überlieferte kriegerische Landnahme aus, sondern deutet zugleich an, worauf es ankommt: auf das Hören eben jener Botschaft, die in P[g] vermittelt werden soll.

Unter Berücksichtigung dieser vier Akzentsetzungen läßt sich die ‚geistige Heimat‘ der P[g] so kennzeichnen[47]: P[g] ist der programmatische Entwurf für eine nach-staatliche Lebensform Israels, die nicht mehr den Staat, ja nicht einmal mehr das (eigene) Land als das wichtigste Heilsgut begreifen soll, sondern das Geschenk gemeinsam erfahrener Gottesnähe. Als solche will P[g] nicht, wie etwa Ez 40–48, ein detaillierter und realisierbarer Verfassungsentwurf sein, sondern sie ist eine ‚Grundlagenreflexion‘ über Voraussetzung und Ziel eines Neuaufbruchs[48] Israels, das zum

---

dtr Vertragstheologie durch P[g] hängt auch mit ihrer bereits erwähnten ‚pazifistischen‘ Tendenz zusammen; denn die dt/dtr Vertragstheologie war eng mit der dt/dtr Kriegsideologie verschmolzen, was *Lohfink*, Gewalt und Gewaltlosigkeit 65–75 aufweist.

[44] Die ‚Gnadentheologie‘ der P[g]-Verheißungsberit ist schon sprachlich erkennbar: *„meine* (d.i. Jahwes) Berit“, „Jahwe *gibt* die Berit“, „Jahwe *errichtet* die Berit“. Die ‚Gnadendimension‘ der Abrahamberit hat gegenüber einer ‚vergesetzlichenden‘ Deutung durch *Westermann* (vgl. *ders.*, Genesis 17 und die Bedeutung von berit 161–170) zu Recht *Groß*, Bundeszeichen 109–115 festgehalten.

[45] Zu einem anderen Verständnis der Beschneidung als Bundeszeichen nach Gen 17 vgl. *Groß* aaO. 113ff; *Klein*, The Message 64f. Die von mir angedeutete Sicht findet sich ähnlich bei *Fox*, The Sign 557–596. Zur Sache vgl. V.4.

[46] Vgl. VI.2.

[47] Den Ansatz ‚Abschied vom Staat‘ übernehme ich von *Lohfink*, Gewalt und Gewaltlosigkeit 92f, möchte ihn aber nicht so ‚ghettohaft‘ verstehen, wie dies bei *Lohfink* die Gefahr ist.

[48] Vgl. die strukturgliedernden Überschriften des zweiten Teils der P[g] (s.u. V.1), die das Motiv ‚Aufbruch‘ entfalten.

Medium der Wirkmächtigkeit des Leben gebenden Schöpfergottes werden soll.

Diese ‚Grundlagentheorie' wendet zunächst den Blick zurück auf die ‚Gründungsgeschichte' Israels als des Jahwevolks. Die Fundamente sind nach Meinung von P^g ein für allemal und vollständig (!) gelegt. In der kanonischen ‚Urgeschichte' Israels (von Abraham bis zum Sinai) hat die Urgeschichte der Schöpfung bereits ihr grundlegendes Ziel erreicht. Die Relation Jahwe – Israel als Lebensgemeinschaft *ist* am Sinai konstituiert – aber danach verhinderten Zweifel und Sünde ihr Wirksamwerden im Lande. Die ‚nachsinaitische' Geschichte war nach Meinung der P^g eine Sündengeschichte, die nur deshalb nicht zu einer universalen, schöpfungsvernichtenden Todesgeschichte wurde, weil Jahwe seine Erde und sein Volk definitiv und unwiderruflich unter seine Gottesherrschaft gestellt hat. In dem Geschehensbogen Schöpfung – Sinai ist die grundlegende Lebensordnung ein für allemal errichtet: es braucht keine neuen Heilssetzungen und keine neuen Offenbarungen (keinen ‚neuen' Bund, keine ‚neue' Erde usw.). Der Tisch des Heiles *ist* gedeckt: Israel muß dies erkennen und annehmen. Das ist die eigentliche These der P^g. Die Priesterschrift will ihre Adressaten bewegen, die Sprache der Schöpfung und die Sprache der Ur-Geschichte Israels zu hören, um dadurch zum Leben zu finden.

Die ‚Urgeschichte' Israels (von Abraham bis zum Sinai) deckt auf, was Israels Bestimmung ist: ‚Einfallstor' (Offenbarungsort) und Instrument der Wirkmächtigkeit des Schöpfergottes zu sein, dessen Schöpferwirken P^g in der ‚Urgeschichte der Erde' (Gen 1–11*) als Setzung und Bewahrung von Leben als heilvollem Zusammenleben aller Lebewesen konkretisiert. Daß dies der Sinn und das Ziel der Weltschöpfung ist, soll Israel exemplarisch vorleben und dadurch die ‚Völker und Könige' zu solchem Leben einladen und auffordern.

Faktisch hat Israel diese Aufgabe, wie die Landgabegeschichten erzählen, noch nicht übernommen: Israel ist immer noch nicht im Lande heilvollen Lebens angekommen; der Gott des Lebens ist noch nicht zum Mittelpunkt seines Volkes geworden. Die historische Landnahme der Staatsgeschichte war nicht ‚Landnahme' im Sinne der priesterschriftlichen Schöpfungstheologie. In ihren ‚Landgabegeschichten' schreibt P^g deshalb eine demaskierende Reduktion der Staatsgeschichte Israels von David bis Zidkija, deren Quintessenz für P^g feststeht: diese Geschichte ist an ihren politischen *und* geistlichen Führergestalten gescheitert, deshalb setzt P^g auf das Volk und das Heiligtum als Medium neuer Wirkmächtigkeit Gottes. P^g sieht Israels Zukunft nicht im autonomen Staat, sondern in einer nach-staatlichen Lebensform, die einerseits auf politische Macht und militärische Abgrenzung verzichtet und andererseits ein Höchstmaß an innerer Gleichheit dadurch verwirklicht, daß *alle* der Vor-Gabe des Schöpfungsgottes, Leben zu schützen und zu fördern, verpflichtet sind.

Die Konzeption von P^g bedeutet einerseits eine ‚Mythisierung‘ der ‚Anfangsgeschichte‘, mit der andererseits die ‚nachsinaitische‘ Geschichte Israels als Absage an den „Schöpfergott" kontrastiert wird. Dadurch entgeht P^g der Versuchung, die Geschichte insgesamt zu mythisieren. Israel – so die These von P^g – hat die ihm gesetzten Möglichkeiten überhaupt noch nicht ergriffen. Die historische ‚Landnahme‘ war wie die der Kundschafter von Num 13–14[*]: Israel hat das Land betreten, aber es hat die in diesem Land angelegten Möglichkeiten nicht erkannt und nicht begriffen. Und mehr noch: Jahwe hat sein Wort als Leben gebendes Wort geoffenbart, aber Israels Könige, Propheten und Priester haben wie Mose und Aaron in Num 20[*] diesem Wort keine schöpfungsgestaltende Kraft zugetraut. Deshalb brach über Israel die Katastrophe herein. Daß Israel endlich die ihm vom Schöpfergott gesetzten Möglichkeiten erkennt und ergreift, dafür schreibt P^g ihr ‚Geschichtswerk‘ (sui generis).

Dieser eben angedeutete ‚Sitz im Leben‘ ist zu unterscheiden von der in der Nachfolge *Wellhausens* vor allem im deutschsprachigen Raum meist vertretenen These, P^g sei eine ‚gewaltige Rückprojektion‘ der bereits *bestehenden* (nicht: entstehenden!) Kultusgemeinde. P^g liefere „dieser jüdischen Gemeinde mit ihrem Tempel, ihrer Hierarchie, ihren Riten und Bräuchen, darunter den vom Exil an immer wichtigeren des Sabbats und der Beschneidung, und nicht zuletzt mit den aus der Gemeinde zu erhebenden Abgaben ihre Ätiologie: sie wurde vor mehr als einem Jahrtausend am Sinai durch die göttlichen Anweisungen gegründet, die durch Mose und Aaron ergingen und die alles im voraus regelten, so daß der gegenwärtige Zustand höchste und endgültige, nicht mehr in Frage zu stellende Legitimität besitzt"[49]. Gegen diese Position ist festzuhalten: P^g ist keine Ätiologie, sondern eine kritische Utopie.

---

[49] *Smend*, Entstehung 57. Die Gesamtthese hängt nicht unwesentlich von den literarkritischen Abgrenzungen im Sinaikomplex ab; hier sind die bislang vorliegenden Analysen noch immer zu stark bemüht, ein dem ‚Salomo-Tempel‘ entsprechendes Heiligtum und einen detaillierten ‚Kultbetrieb‘ zu entdecken. Einen instruktiven Überblick über die vorgetragenen Hypothesen bietet *Janowski*, Sühne als Heilsgeschehen 328–339, der selbst die Sinaigeschichte als ‚theologische Ätiologie‘ begreifen will, der er aber darin eine „kontrapunktierende" Hoffnungsdimension zuspricht – was unserer Position durchaus verwandt ist. Einen Überblick über Positionen, die im Zeltheiligtum der Priesterschrift ebenfalls eine Opposition gegen den Jerusalemer Staatstempel sehen

Wo diese Utopie entstanden ist, muß offenbleiben. Meist wird wegen der theologischen Nähe zu Ezechiel und zu Dt-Jesaja[50], wegen der schöpfungstheologischen Auseinandersetzung mit der babylonischen Überlieferung[51], wegen der in Num 13–14* und Num 20* vorausgesetzten ‚Rückkehrsituation‘[52] und nicht zuletzt wegen der ‚Zeltheiligtumstheologie‘[53] als geographische Heimat der P^g die babylonische Diaspora angenommen. Aber auch Jerusalem ist denkbar, vor allem wegen der insgesamt doch stark vertretenen ‚priesterlichen‘ Elemente[54]. Unter der Voraussetzung, daß Ex 12* zu P^g gehört, ist freilich die babylonische Diaspora am wahrscheinlichsten[55].

Erst P^s hat in Jerusalem, wohl nach 500 v. Chr., aus dem geschichtstheologisch gemeinten Entwurf der P^g eine kultisch-sakrale ‚Ekklesiologie‘ gemacht, die den status quo legitimierte und ‚verklärte‘. In den sekundären Zusätzen schlägt vielfach ein klerikaler Neo-Salomonismus durch, der insbesondere Aaron als (hohe-)priesterliche Gestalt gegenüber der prophetischen Figur des Mose in den Vordergrund schiebt. War für den vorexilischen Salomonismus charakteristisch, daß durch die altorientalisch vorgegebene Symbiose von König und Tempel der König sich auch als kultischer Heilsmittler proklamierte, so drehte sich in der nachexilischen Tempelgemeinde diese Relation einfach um: der oberste Priester am

---

(*Noth*, Überlieferungsgeschichte 266; *Kuschke*, Lagervorstellung 88; *Fretheim*, The Priestly Document), gibt *Fritz*, Tempel und Zelt 149–154.

[50] Wichtige Beobachtungen zum Zusammenhang P^g – Echeziel finden sich bei *Lohfink*, Die Ursünden 48–54; *ders.*, Die Priesterschrift 212–214; *Gilbert*, Soyez féconds 733; *Ska*, La sortie 313f; *Smend*, Das Ende 70f; *Hurvitz*, A Linguistic Study; für das Verhältnis P^g zu Dt-Jesaja kann auf *Eitz*, Studien verwiesen werden, auch wenn hier wenig Ertrag ‚geerntet‘ wird.

[51] Vgl. die immer wieder betonte Nähe der P^g-Urgeschichte zum ‚Enuma-Elisch-Epos‘ und zum ‚Atramḫasis-Mythos‘.

[52] So z.B. *Lohfink*, Die Priesterschrift 212.

[53] Das Zeltheiligtum als ‚Gegenbild‘ zum Jerusalemer Tempel und als ‚Wanderheiligtum‘, das *nicht* an das Land gebunden ist, ist m.E. eher in der babylonischen Diaspora plausibel als im Mutterland; wegen der Aaron-Gestalt denkt *Fritz*, Tempel und Zelt 154–157 an Bethel als Entstehungsort. Auch die Verwandtschaft der priesterschriftlichen Heiligtumstheologie mit der ezechielischen (‚Proto-Ezechiel‘!) Kabod-Theologie wäre in dieser Frage zu beachten!

[54] Vgl. z.B. die Elemente: Segen, Beschneidung, Transparenz des Archenbaus auf die Errichtung des Heiligtums hin, Aaron als priesterliche Gestalt, die ‚Zauberpriester‘ des Pharao beim ‚Plagen-Wettstreit‘, die priesterliche Worttheologie, die Heiligtums- und Sühnetheologie usw.

[55] Die geradezu dramatische ‚Auszugs-Situation‘ der Pesachfeier ist eher als ‚Rückkehrmetapher‘ der Diaspora verständlich. Zur Infragestellung der Zugehörigkeit von Ex 12,1–14* zu P^g vgl. *Ska*, Les plaies 23–35.

Heiligtum ‚benutzte' nun seinerseits die Rolle des Heiligtums, um auch gesellschaftliche Macht auszuüben, soweit die Besatzungsmächte dies zuließen. So zogen die P^g-Bearbeiter dem Aaron immer mehr den Ornat der nachexilischen Hohenpriester an, die ihrerseits dafür sorgten, daß ihr eigener Ornat immer mehr Symbole des Königtums annahm. Und das ‚oppositionelle' Zeltheiligtum der P^g verwandelte sich unter den literarischen Fingern der P^s zusehends in den im Jahre 515 v. Chr. eingeweihten Jerusalemer Tempel. Die theokratische Utopie der P^g wurde so zu einer hierokratischen Verfassung ‚iuris divini'. Die Jerusalemer Tempelgemeinde litt damit unter einer ähnlichen Problematik, mit der auch die christliche Kirche sich bis heute abquält. Es ist die Diastase, die A. *Loisy* scharf und beißend formulierte: „Jesus verkündete das Reich Gottes – doch gekommen ist die Kirche." In unseren Zusammenhang gewendet: P^g träumte von der befreienden Herrschaft Jahwes inmitten seines Volkes, doch gekommen ist die Jerusalemer Tempelgemeinde. Der ‚kultische' Traum der P^g wurde mißverstanden als Wegweisung in ein sakrales Ghetto inmitten einer als unrein gemiedenen Welt. Aus dem exemplarischen Ernstfall für alle Völker, als den P^g das Jahwevolk begreift, wurde in der Sicht der P^g-Epigonen der nur für Israel selbst und allein geltende Sonderfall neben und jenseits der Völker.

III. Beobachtungen zu Komposition und Bildersprache der Schöpfungsgeschichte

Es ist weder notwendig noch möglich, im folgenden alle bislang in der exegetischen Forschung diskutierten Einzelprobleme der Schöpfungserzählung zu referieren und zu entscheiden[1]. Vielmehr sollen im Blick auf die angestrebte Gesamtinterpretation zwei Textebenen näher betrachtet werden, in denen sich die von uns eingangs kritisch vermerkte ‚Engführung‘ der Deutung von Gen 1 am ehesten aufbrechen läßt. Die erste Ebene ist die von Pg selbst dem Text gegebene Kompositionsstruktur, bei deren Beschreibung sich ohnedies eine Auseinandersetzung mit anderen Forschungspositionen aufdrängt. In einer zweiten Ebene soll, zumal mit Blick auf die Interpretation der Flutgeschichte, nach der Bildersprache gefragt werden, in der Pg in diesem Text ihre theologischen Akzente ‚entbirgt‘. Gerade diese zweite Fragestellung, deren methodologische Bedingungen hier freilich nicht näher reflektiert werden können[2], hat sich mir bei der Beschäftigung mit Pg als ein tragfähiger Weg aufgetan, um die weitreichende theologische Programmatik der priesterschriftlichen Schöpfungstheologie zu erfassen und damit zugleich die alte Fehlentscheidung positiv zu überwinden, P als ‚primitive Naturwissenschaft‘ begreifen bzw. aufgeklärt lächelnd beiseite legen zu müssen.

1. Die Grundstruktur des Schöpferhandelns Gottes

Die kritische Exegese hat sich das theologische Verständnis von Gen 1 weitgehend dadurch erschwert, daß sie diesen Text weniger in sich selbst als nach vorgegebenen Hypothesen zu erklären suchte. Diese Hypothesen waren meist im einzelnen recht unterschiedliche Varianten der Grundannahme, dieser Text sei *durchlaufend* von den zwei miteinander konkurrierenden Vorstellungen ‚Wortschöpfung‘ und ‚Tatschöpfung‘ geprägt[3]. Das

---

[1] Vgl. die Überblicke bei *Schmidt*, Schöpfungsgeschichte 9–20; *Westermann*, Erträge 15–26; *Steck*, Der Schöpfungsbericht 272–280; *Marböck*, Orientierungen.

[2] Vgl. dazu vor allem *Jüngel*, Metaphorische Wahrheit; *Assmann*, Die Zeugung des Sohnes; *Hornung*, Die Tragweite der Bilder 183–237; *Müller*, Mythos – Anpassung – Wahrheit; *Bohrer*, Mythos und Moderne; in diesem Zusammenhang wäre auch eine Auseinandersetzung mit den bei *Dufour*, Exegese 19–67 durch P. Ricoeur und P. Beauchamp vorgelegten Thesen notwendig.

[3] Die Hypothesen lassen sich auf drei Grundfiguren reduzieren: (1) Theorie von zwei Quellen (Tat- und Wortbericht), die von einem Redaktor (P) zu dem

Hauptargument für diese durchgängige Trennung von zwei Schöpfungstheologien in Gen 1 lieferte die stereotyp wiederkehrende Formel
„*waj^ehī-kēn*", die in den verbreiteten deutschen Bibelausgaben so über
setzt wurde bzw. wird:

Lutherbibel:	„Und es geschah so."
Einheitsübersetzung:	„So geschah es."
Zürcher Bibel:	„Und es geschah also."
Buberübersetzung:	„Es ward so."

In der Tradition dieser Übersetzungen stehen die Auslegungen bis hin
zum großen Genesiskommentar von *C. Westermann*, der die beiden
Schöpfungstheologien beispielsweise beim siebten Schöpfungswerk
‚Landtiere‘ in Gen 1,24f folgendermaßen gliedert bzw. interpretiert: „Bei
diesem Werk ist es möglich, einen ‚Tatbericht‘ (25) von einem ‚Wortbericht‘ (24) zu unterscheiden; denn der Schöpfungsbefehl ‚Die Erde bringe
hervor . . .‘ wird am Ende von V. 24 durch ‚und es ward so‘ abgeschlossen. V. 25 setzt ein ‚Und Gott machte . . .‘ und ist in sich selbständig, er
setzt den 24. Vers nicht voraus. V. 24 und V. 25 bieten also zwei sachlich
voneinander unabhängige Darstellungen der Erschaffung der Landtiere"[4].
Diese traditionelle Deutung beruht allerdings auf zwei grammatischen
Vorentscheidungen, die nicht unbedingt zwingend, ja die höchstwahr-
scheinlich sogar falsch sind, wie *O. H. Steck* 1975 in seiner bahnbrechen-
den Monographie „Der Schöpfungsbericht der Priesterschrift" aufgezeigt
hat:
(1) Die erste Vorentscheidung betrifft das Verständnis des oben genannten
Sätzchens ‚*waj^ehī-kēn*‘, das meist ‚Vollzugsformel‘ oder ‚Ausführungsformel‘[5] genannt wird. Außer in Gen 1 begegnet dieser Satz nur noch in
Ri 6,38; 2 Kön 7,20; 15,12, wo seine Funktion keineswegs die Ausführung eines vorher angesagten Geschehens konstatiert, sondern dieser Satz

---

vorliegenden Text vereinigt wurden, und zwar so, daß die beiden Quellen (die
von den Anhängern dieser Hypothese freilich recht unterschiedlich rekonstruiert werden) möglichst vollständig beibehalten wurden; (2) Theorie von einem
‚Wortbericht‘ als Vorlage, die durch eine ‚Tatschöpfungstheologie‘ überarbeitet
wurde; (3) Theorie von einem ‚Tatbericht‘ als Vorlage, die durch eine ‚Wortschöpfungstheologie‘ überarbeitet wurde. Eine überzeugende Kritik dieser
Theorien bietet *Steck*, Der Schöpfungsbericht 16–18; doch vgl. auch Anm. 13
im vorangehenden Kapitel.

[4] *Westermann*, Genesis 195.

[5] „Vollzugsbestätigung" oder „Geschehensformel": z.B. *Schmidt*, Schöpfungsgeschichte 56–59; „Ausführungsformel": z.B. *Monsengwo Pasinya*, Le cadre 227.

zwischen dem angekündigten und dem *danach* berichteten Geschehen steht, weshalb *Steck* vorschlägt, die Formel nicht ‚Ausführungsformel‘, sondern ‚Entsprechungsformel‘ zu nennen. „Die Formel besagt . . . nicht einfach, ‚*daß* das Wort eintrat‘, sondern stellt heraus, *daß* das vorangehende Wort in einem ebenfalls, meist anschließend, berichteten Geschehen eine ihm entsprechende, also folgerichtige Verwirklichung erfahren hat. Als Übersetzung der Formel, die die ihr immanenten Relationen ausdrücklich macht, empfiehlt sich: ‚und dementsprechend (auf das Wort bezogen) geschah es (folgendermaßen)‘“[6]. Nach der Formel wäre dann streng genommen kein Punkt, sondern ein Doppelpunkt zu setzen[7].

Daß die Formel keine Vollzugsformel ist, bestätigt übrigens die Formulierung des ersten Schöpfungswerkes, das nach dem Modell ‚Schöpfung durch das Wort‘ gestaltet ist. Die Schaffung des Lichts wird durch den Befehl Gottes „Es werde/entstehe Licht“ vollzogen, wie der dann folgende Satz „und es wurde/entstand Licht“ hervorhebt. Genau deshalb aber gebraucht P^g *nicht* die Formel ‚*waj^{e}hī-kēn*‘[8].

(2) Die zweite Vorentscheidung, die im traditionellen Verständnis von Gen 1 das durchlaufende Nebeneinander von Tatschöpfung und Wortschöpfung begründen soll, liegt in dem Verständnis des von Gott jeweils gesprochenen Wortes. Traditionell versteht man dieses Wort als Jussiv, der ein inchoatives Geschehen bewirken soll, in unserem Beispiel also: „Das Land bringe (jetzt erstmalig) hervor . . .!“ Man kann die Verbalform freilich auch im Sinne eines auf Dauer gerichteten Auftrags verstehen: „Die Erde bringe (immer wieder) hervor . . .!“ Dieses Verständnis verlangt vor allem in Gen 1,6.9.14 eine von den üblichen Bibelausgaben sichtbar abweichende Übersetzung[9].

Unter Berücksichtigung dieser zwei Beobachtungen ergibt sich für 1,24f ein anderes Grundverständnis: In V. 24 kündigt bzw. ordnet Gott an, daß über das zeitlich begrenzte Schöpfungsgeschehen hinaus, das V. 25 darstellt, „die Erde auf göttliches, bei der Schöpfung ergangenes Geheiß hin die für den Fortbestand der Landtiere entscheidende Kraft spendet, so daß den (von Jahwe erstmals gemachten) Landtieren Nachkommenschaft entsteht und aus dem Mutterschoß heraustritt“[10].

---

[6] *Steck*, Der Schöpfungsbericht 34f.
[7] Vgl. unsere Übersetzung im Anhang.
[8] Die Formel kann deshalb auch nicht als Erweiterung einer Kurzformel ‚*waj^{e}hī*‘ erklärt werden wie *Monsengwo Pasinya*, Le cadre 235f dies nun vorschlägt.
[9] Vgl. unsere Übersetzung im Anhang. Die EÜ bietet einen Mischtext: V. 6 = es entstehe; V. 14 = es sollen sein.
[10] *Steck*, Der Schöpfungsbericht 121.

Als *Grundstruktur* des siebten Schöpfungswerkes ‚Landtiere' (Gen 1,24–25) ergibt sich demnach der Spannungsbogen:

[Anordnung der dauernden Daseinsgestalt der Landtiere
  Ersterschaffung der Landtiere durch Tun Gottes

Beide Elemente werden zu einem einzigen Geschehen zusammengebunden durch die dazwischenstehende ‚Entsprechungsformel', die hervorhebt, daß die im Wort angekündigte Dauerexistenz in der durch Gott gesetzten Schöpfungstat gründet. Hier liegt also keine Doppelung von Wortschöpfung und Tatschöpfung vor, sondern das Element ‚Wort' interpretiert das Element ‚Tat' als Ur-Tat, d. h. als ein Tun des Schöpfergottes, das ein für allemal die Existenz des Geschaffenen ermöglicht und garantiert[11]. Man könnte sogar pointiert formulieren: die Entsprechungsformel, die das Wortelement mit dem Tatelement verbindet, qualifiziert das Schöpferhandeln Gottes als ‚mythisches Handeln', insofern die erstmalige Setzung des Schöpfergottes Ermöglichung und normatives Modell aller sich in der Folge wiederholenden Tierexistenzen bedeutet, wofür nicht mehr der Schöpfungsgott eingreifen muß, weshalb es in 1,24 auch heißt: „Die Erde bringe immer wieder hervor . . ."

Daß die Formel „Und es geschah so" im Anschluß an *Steck* nicht als Beweis für eine eigenständige, den ganzen Text durchlaufend prägende Wortschöpfungstheologie ausgewertet werden darf, die ihrerseits in Konkurrenz zu einer Tatschöpfungstheologie stehen müßte, läßt sich durch einen kurzen Blick auf die einzelnen Schöpfungswerke erkennen[12].

(1) Genau wie in dem besprochenen Beispiel Gen 1,24f (*siebtes Schöpfungswerk:* Landtiere) steht die Formel beim *vierten Schöpfungswerk* (Pflanzen tragende Erde) und beim *fünften Schöpfungswerk* (Sonne und Mond[13]) unmittelbar zwischen den beiden Elementen ‚Anordnung der dauernden Daseinsgestalt' und ‚Ersterschaffung durch Tun'.

(2) An veränderter Stelle in der Abfolge der Strukturelemente[14] steht die Formel beim *zweiten Schöpfungswerk* (Himmel) und beim *dritten Schöp-*

---

[11] Daß die Entsprechungsformel schon in der Vorlage der P^g stand (vgl. Anm. 13 des vorangehenden Kapitels), ist zweifelhaft.

[12] Vgl. unser Strukturbild von Gen 1,1–2,4a* im Anhang.

[13] Das dritte Objekt in 1,16 „und die Sterne" ist späterer Zusatz: (1) anders als Sonne und Mond haben die Sterne in 1,16b keine Funktion; (2) das Objekt stört die chiastische Entsprechung 1,14–15 und 1,16–18; (3) das bloße Objekt fällt stilistisch gegenüber den anderen breit entfalteten Angaben aus dem Rahmen.

[14] MT ist gegen *Steck,* Der Schöpfungsbericht 41f festzuhalten.

fungswerk (vom Himmel getrennte Erde): hier steht sie jeweils unmittelbar vor der Benennung. Die Formel unterstreicht damit, daß hier erst der Akt der Benennung die anfangs vom Schöpfergott angeordnete dauernde Daseinsgestalt ermöglicht und garantiert[15].

(3) Eine auf den ersten Blick rätselhafte Sonderstellung hat die Formel beim *achten Schöpfungswerk* (Menschen) in 1,30b, wobei in der Forschung umstritten ist, ob die Formel auf die unmittelbar vorangehende Nahrungszuweisung allein (V. 29–30a) oder noch weiter auch auf die in V. 28 erfolgte Segnung im Blick auf die dauernde Daseinsgestalt zurück-

---

[15] Streng genommen liegt nicht Benennung im üblichen Sinn vor. Dies wird, wie beispielsweise Gen 5,1f zeigt, durch die Verbindung des Verbums „rufen" (*qārā'*) mit dem Akkusativobjekt „Namen" (*šem*) ausgedrückt; in Gen 1 fehlt das Nomen *šem* und das Verbum *qārā'* ist darüber hinaus mit der (Dativ-)-Präposition *lᵉ* verbunden. Wörtlich heißt es in Gen 1,5: „Gott rief dem Licht zu: Tag! und der Finsternis rief er zu: Nacht!", weshalb *B. Jacob* sogar übersetzt: „Und Gott berief das Licht als Tag und die Finsternis berief er als Nacht" (Das erste Buch der Tora 33). Bezeichnenderweise werden durch diese ‚Berufungsformel' nur die ersten drei Schöpfungswerke ausgezeichnet. Ihnen allein ist gemeinsam, daß sie die in Gen 1,2 genannten chaotischen Urgegebenheiten definitiv ausschließen. Die ‚Berufung' gibt dem Licht und der Finsternis, dem Firmament, dem Trockenen und der Wasseransammlung jeweils ein ganz bestimmtes Amt im Blick auf die Schöpfung als Ort von Leben. Dies wird besonders deutlich bei den Bezeichnungen Himmel, Meer und Erde, insofern sie im Fortgang ausdrücklich als Bezugspunkt der Lebewesen benannt werden, wenn es heißt: „Vögel des Himmels" (und nicht: des Firmaments), „Fische des Meeres" (und nicht: der Wasseransammlungen), „Tiere der Erde" (und nicht: des Trockenlandes). Tag und Nacht, Himmel, Erde und Meer sind letztlich die primären Ordnungen und Gebiete der Zeit und des Raumes, ohne die Leben nicht möglich ist: „Denn in ihnen, einem Irgendwann und Irgendwo, geschieht oder befindet sich alles in der Welt, oder, worauf es ankommt, lebt alles was lebt, und zwar nach einem Entweder-Oder: am Tage oder in der Nacht, am Himmel oder auf der Erde ... oder im Meere ... Mit alledem ist aber noch nicht die Frage beantwortet: Warum benennt Gott die Zeit- und Ortsbereiche und wird dies zu einem besonderen Akt von ihm gemacht? Weil Gott sich damit selbst binden will, sie als ewige und unverbrüchliche Ordnungen gelten zu lassen und zu erhalten ... Indem Gott sie nicht bloß schuf, sondern ihnen diese Bezeichnungen gab, hat er ihnen gleichsam sein Wort gegeben, daß sie der damit ausgedrückten Ämter niemals entsetzt werden sollen" (*Jacob*, Das erste Buch der Tora 33f). Die Benennung in Gen 1 liegt damit theologisch auf der Linie des Jeremiabuches, das sogar von einem Bund Gottes mit Tag und Nacht, Himmel und Erde redet (Jer 33,25–26): „So spricht der Herr: So gewiß ich meinen Bund mit dem Tag und mit der Nacht und die Ordnungen von Himmel und Erde festgesetzt habe, so sicher werde ich auch die Nachkommen Jakobs und meines Knechtes David nicht verwerfen; aus seinen Nachkommen werde ich die Herrscher über die Nachkommen Abrahams, Isaaks und Jakobs nehmen. Denn ich werde ihr Geschick wenden und mich ihrer erbarmen."

verweist[16]. Das Besondere ist freilich: auf die Entsprechungsformel folgt hier kein Geschehen, welches das im Wort vorher Angesagte einlösen würde. Ist die Formel hier also doch eine Vollzugsformel? Ich glaube, es gibt eine bessere Lösung dieses Problems. Daß nach der Formel die Ermöglichung des Dauervollzugs nicht konstatiert wird, ist eine besondere theologische Pointe – denn *wie* sich Gen 1,28–30 verwirklicht, ist *ein* großes Thema der priesterschriftlichen Geschichtstheologie[17]. Die Sonderstellung der Formel in 1,30b ist ein Beispiel für die von P[g] öfter angewandte literarische Technik des ‚offenen Schlusses'[18], durch die P[g] nicht nur Spannung beim Leser/Hörer erzeugen will, sondern wodurch P[g] verschiedene Erzählblöcke miteinander verzahnt. In unserem Fall heißt dies: Die in der Genealogie Gen 5 (der Abschnitt schloß in P[g] unmittelbar an 2,4a an!) erzählte Geschlechterfolge ist die beginnende Erfüllung des Schöpfungssegens, die sich dann wie ein roter Faden hinabzieht bis nach Ex 1,7, wo der Segen als erfüllt konstatiert wird. Und andererseits wird die Flutgeschichte zeigen, wie dramatisch die Realisierung der in Gen 1,29–30a zugesprochenen Nahrungszuweisung sich zuspitzt. Von der Gesamtkomposition her (s. u. V.) zielt die in 1,29–30a ausgesprochene Landübergabe auf die offene Perspektive hin, mit der P[g] überhaupt schließt. Eine Deutung der Formel als ‚Vollzugsformel', die also die Erfüllung der Segensverheißung von 1,28–30 konstatieren würde, verstellte diese vielschichtigen Spannungsmomente, die zwischen Gen 1,26–30 und der gesamten priesterschriftlichen Geschichtsdarstellung bestehen.

(4) Die Formel fehlt schließlich bei zwei Schöpfungswerken. Zunächst steht sie nicht beim *ersten Schöpfungswerk* – vollkommen einsichtigerweise, denn hier liegt reine Wortschöpfung vor. Überdies weicht das erste Werk strukturell von den übrigen Werken ab[19]. Die direkte Gottesrede, mit der der Abschnitt 1,3–5 analog den übrigen Abschnitten einsetzt, zielt nicht primär auf die dauernde Daseinsgestalt des zu schaffenden Lichtes, sondern spricht eine ‚Anordnung der Ersterschaffung durch das schöpferische Gotteswort' aus, worauf sofort und ohne verbindende Formel der Vollzug des Geschehens berichtet wird. Die Entstehungsformel fehlt auch beim *sechsten Schöpfungswerk* (Wasser- und Flugtiere). Sie kann fehlen,

---

[16] Zu einem überlieferungsgeschichtlichen Lösungsvorschlag vgl. *Schmidt,* Schöpfungsgeschichte 59.149–155.

[17] Vgl. ähnlich *Steck,* Der Schöpfungsbericht 147f Anm. 593.

[18] Zur Technik des offenen Schlusses bei P vgl. besonders *Borchert,* Stil 125ff.

[19] Vgl. das Strukturbild im Anhang VIII.2.2.

weil hier nach der Ersterschaffung durch Gottes Tun die Segnung im Blick auf die dauernde Daseinsgestalt erfolgt.

Unser Durchgang durch die einzelnen Vorkommen der Formel *wajᵉhī-kēn* bestätigt also: Die Formel ist nicht, wie beinahe alle Forscher meinen, Indiz für ein den ganzen Text durchziehendes Nebeneinander von Wortbericht und Tatbericht. Die Vorstellung bzw. der Typ ‚Schöpfung durch göttliches Wort‘ liegt nur beim ersten Schöpfungswerk vor – gerade hier aber fehlt die Formel. Bei den Schöpfungswerken 2 – 7 hat die eröffnende Gottesrede nicht eine im strengen Sinn schöpferische Wirkmacht, sondern eine Funktion, die erzählte Ersterschaffung durch Tun als ein Tun zu qualifizieren, das im mythischen Sinn normatives Ur-Modell ist. Das Subjekt dieses schöpferischen Tuns ist bei den Werken 2, 5, 6, 7 Gott selbst, bei Werk 4 ist es die Erde, bei Werk 3 bleibt das Subjekt ungenannt[20]. Eine Sonderstellung nimmt das Schöpfungswerk ‚Menschen‘ ein, wie die Sonderstellung der Formel ausweist; dies entspricht ganz der literarischen und theologischen Technik von Pᵍ, die solche ‚offenen Schlüsse‘ liebt.

Außer dem ersten (!) und letzten (!) sind demnach alle Schöpfungswerke vom gleichen Geschehensmuster geprägt:

> Anordnung
> Feststellung folgerichtiger Entsprechung
> Ausführung

„Die priesterschriftliche Darstellung sieht in Gen 1,6–25 demnach das Schöpfungsgeschehen als einen sich mehrfach wiederholenden Vorgang, in dem von Gott jeweils anordnend ein Geschehen im voraus fixiert wird und sodann folgerichtig ausgeführt seine Verwirklichung erfährt. Anders gewendet – gerade insofern die Schöpfungsgegebenheiten Ergebnis eines derart akzentuierten Ablaufs sind, in dem Wort und Verwirklichung des Wortes sowie Anordnung und Ausführung im Verbund eines Vorgangs zusammenkommen, stellen sie sich als Werk Gottes dar"[21]. Die besondere theologische Pointe dieser Schöpfungstheologie ist dann aber nicht, wie meist gesagt wird, daß Gottes schöpferisches Handeln seinem ankündigenden und anordnenden Wort genau und folgerichtig entspricht. Schon

---

[20] Möglicherweise bietet MT einen verderbten (ist hier ursprünglich „Ansammlung" = *mqwh* statt „Ort" = *mqwm* zu lesen?) oder verkürzten (vgl. LXX!) Text. Zur Diskussion vgl. *Westermann*, Genesis 109f; *Steck*, Der Schöpfungsbericht 84f.

[21] *Steck* aaO. 49f.

diese Struktur der Schöpfungsdarstellung erschließt eine Perspektive, die die Priesterschrift insgesamt ihren zeitgenössischen Lesern/Hörern in der Situation des Exils einschärfen will: das Handeln Gottes gründet bedingungslos und folgerichtig in seinem ergangenen Wort der Ankündigung und Verheißung. Das in Gen 1 dargestellte Schöpfungshandeln Gottes soll so nach Meinung von P^g normierendes und motivierendes Modell für das Handeln Israels in seiner Geschichte werden, das seinerseits durch dieses Schöpferhandeln Gottes erst ermöglicht ist. Wie ein solches Handeln Israels, das sich von der Geschehensstruktur des in Gen 1 entfalteten Schöpferhandelns leiten läßt, aussieht, formuliert der Schluß[22] der P^g, der zusammenfaßt, worauf es ankommt, wenn Israels Geschichte gelingen soll: vertrauensvolles Hören auf die Verheißungen und gehorchendes Tun der Anordnungen Gottes, vermittelt durch die von Gott beauftragten Charismatiker. Israels Geschichte gelingt nur im Horizont dieser grundlegenden Struktur von Ankündigung/Anordnung Gottes und folgerichtiger Verwirklichung, wie dies im Schöpferhandeln Gottes grundgelegt und Israel auferlegt ist.

Der Modellcharakter des göttlichen Schöpferhandelns darf also nicht auf bloßes Beispiel oder Vorbild reduziert werden, als sollte hier der Schöpfergott „als Vorbild für befehlskorrekten Gehorsam hingestellt werden. Das Handeln Gottes bei der Schöpfung hat vielmehr den präfigurativen Sinn, die Gültigkeit und Wirksamkeit der Ordnung zum Vorschein zu bringen, die allen Setzungsgeschehnissen eignet und den Rahmen für alles auf Gott bezogene Handeln Israels vorweist"[23]. Schöpfung bedeutet nach P^g Setzung fundamentaler, immer geltender und durch keine außergöttliche Macht revidierbarer oder gar zerstörbarer Ordnungen. Daß „Himmel und Erde" von Gott geschaffen sind, meint nach P^g: der Welt wohnt nach dem Willen Gottes eine konstitutive Ordnung inne, die den in bzw. auf ihr lebenden Lebewesen Mahnung und Verheißung zugleich sein will[24]. Was die Qualität und die Zielsetzung dieser Ordnung betrifft, wird Gen 1 nicht müde, sie durch eine siebenmal wiederholte Formel auszuzeichnen, die in der Exegese gewöhnlich ‚Billigungsformel' genannt wird.

---

[22] Vgl. Abschnitt 3 des vorangehenden Kapitels!
[23] *Steck* aaO. 56f.
[24] Vgl. diesbezüglich den Überblick mit reichen Literaturangaben bei *Preuss,* Erwägungen zum Problemkreis Ökologie 76–88; den Doppelaspekt ‚Mahnung und Verheißung' entfaltet besonders ansprechend *vRad,* Weisheit 189–228.

2. *Bedeutung und Funktion der Billigungsformel*

Im masoretischen Text[25] steht die Formel „Gott sah, daß es gut war"[26] insgesamt sieben(!)mal, und zwar:

(1) 5 × in der gleichen Form und am gleichen Ort der Struktur bei den Schöpfungswerken 3, 4, 5, 6, 7;
(2) 1 × in erweiterter Form bei Werk 1;
(3) 1 × in erweiterter Form und an verändertem Ort in der Struktur bei Werk 8;
(4) Die Formel fehlt bei Werk 2.

Gerade diese unterschiedliche Verwendung der Formel erschließt ihren präzisen Sinn:
(1) Wenn es bei den Werken 3, 4, 5, 6, 7 zum Abschluß des Schöpfungsgeschehens jeweils heißt: „Und Gott sah, daß es gut war (ist)", meint dies nicht, der Schöpfergott hätte bei nachträglicher Inspektion und Überprüfung der Schöpfungswerke festgestellt, daß sie gut = gelungen seien, so als wenn sie auch anders hätten ausfallen können. Wenn dies gemeint sein sollte, müßte im Hebräischen ein rückverweisendes Pronomen stehen[27]. Um den Sinn der Formel hervorzuheben, könnte man sogar übersetzen: Und Gott sah (was er gemacht hatte), an, *wie* gut es war. Der Sinn der Formel ist „die göttliche Approbation des Werkes: es soll als festgestellt gelten, daß die Schöpfung im einzelnen wie in ihrer Gesamtheit vollkommen und zweckmäßig, also schön und gut *ist*. Jedes Ding, das Gott geschaffen hat, ist mit allen Fähigkeiten und Anlagen für seine Aufgabe aufs beste versehen und drückt den Gedanken seines Meisters auf die vollkommenste Weise aus. Etwas Besseres kann weder gedacht, noch wird es jemals geschaffen werden. Die erste Schöpfung ist endgültig"[28]. Diese allgemeine Approbation der Schöpfungswerke durch die Billigungsformel läßt sich noch in zweifacher Weise von der Bedeutung des Wortes „gut" (*ṭôb*) her präzisieren:
a) Daß die Schöpfungswerke „gut" genannt werden, meint, daß sie „schön" sind, weil sie von Gott selbst mit Freude gesetzt sind. Und insofern sie *„schön"* sind, ruht Gottes Wohlgefallen, ja Sympathie und

---

[25] Zu den Problemen der unterschiedlichen textlichen Bezeugung vgl. *Schmidt,* Schöpfungsgeschichte 60f und *Steck,* Der Schöpfungsbericht 43f.

[26] Vgl. zur Interpretation auch *Kugel,* The adverbial use 433–435.

[27] Vgl. z.B. Gen 6,2; 12,14; 13,10; Ex 2,2.

[28] *Jacob,* Das erste Buch der Tora 32.

Wohlwollen auf ihnen. Weil die Schöpfungswerke in den Augen Gottes „schön" sind, ist seine Welt ihm nicht Last, sondern Lust, etwas, das ihn fasziniert und das er liebt[29]. Dieser Gedanke von der Begeisterung des Schöpfergottes, die ihn ein für allemal mit seinem Werk verbindet, so wie ein Künstler an seinem Kunstwerk als einer Manifestation seiner selbst hängt, findet sich ähnlich im sog. Denkmal memphitischer Theologie, wenn es heißt: „So war Ptaḥ zufrieden, nachdem er alle Dinge und alle Gottesworte gemacht hatte ... So sind alle Götter bei ihm versammelt samt ihrem Ka, zufrieden und vereint mit dem ‚Herrn der beiden Länder'" (VIII.X)[30].

b) Daß die Schöpfungswerke als „gut" qualifiziert werden, soll aber auch die ihnen eingestiftete Funktion und Wirkmächtigkeit hervorheben: insofern sie „gut" sind, sind sie „lebensfördernd". Weil sie „gut" sind, sind sie befähigt, „gut zu tun", d.h. gesichertes und ungestörtes, glückliches und heilsames Leben zu ermöglichen. Diese funktionale Bedeutung der Billigungsformel erschließt vor allem die häufig belegte Verbindung der Wurzel *ṭōb* mit dem Wortfeld „Leben, langes Leben, glückliches Leben"[31].

„Gut" meint also eine Qualifikation im Blick auf langes Leben. Die Schöpfung insgesamt ist *„gut"*, weil sie langes, gelingendes Leben ermöglicht und fördert. Genau dies aber ist der tiefste Grund, warum die Schöpfung „schön" ist und den Schöpfer und die Menschen erfreuen kann: weil sie von ihrer innersten Zielsetzung her Ort und Ordnung des Lebens ist.

Von dieser Interpretation der Grundform der Billigungsformel her lassen sich die Abweichungen der übrigen Vorkommen erklären bzw. als bewußte theologische Akzentsetzungen verstehen.

(2) Während in der Grundform die Billigungsformel kein explizites Objekt hat („Und Gott sah, daß es gut war [ist]") und als Objekte die jeweils geschaffenen Schöpfungswerke (vom Zusammenhang her) zu erschließen sind, nennt die Formel in Gen 1,4 ausdrücklich das Licht als Objekt („Und Gott sah das Licht, daß es gut war"[32]), wobei das Licht im

---

[29] Zur Vorstellung von der Schöpfung als Werk eines „vergnügten und sich vergnügenden Gottes" vgl. auch *Keel*, Die Weisheit spielt.

[30] Übersetzung nach *Junker*, Die Götterlehre. Vgl. dazu nun auch (mit weiteren Literaturangaben) *Ruppert*, Die Ruhe Gottes 121–131. Wichtige Beobachtungen zu einer Datierung des ‚Denkmals' erst in die 19. Dynastie (Ramses II.) macht *Schlögl*, Der Gott Tatenen 110–117.

[31] Vgl. besonders Gen 12,13; Dtn 4,40; 5,16.33; 6,2f.24; 22,7; Jer 38,20.

[32] Die EÜ verändert hier die hebräische Satzkonstruktion!

strengen Sinne ja nicht einmal das Schöpfungswerk des ersten Tages ist, sondern Schöpfungswerke des ersten Tages sind, wie die in Gen 1,5 folgende Benennung zeigt, „Tag und Nacht"[33]. Daß hier dennoch das Licht als schön und lebensfördernd beurteilt und dies durch ausdrückliche Hervorhebung als Akkusativobjekt des Verbums „sehen" betont wird, hat zwei Gründe:

a) Damit soll die irrige Vorstellung von vorneherein ausgeschlossen werden, auch die Finsternis sei „gut".

b) Zum anderen wird durch die Hervorhebung des Wortes „Licht" gleich zu Beginn des ersten Schöpfungswerkes die Perspektive „Leben" angeschlagen, die der basso continuo des ganzen priesterschriftlichen Schöpfungstextes ist, denn „Licht" und „Leben" sind vor allem seit der Exilstheologie zwei eng verbundene biblische Metaphern[34].

(3) Bei der Formel in Gen 1,31 liegen gegenüber der Grundform drei Veränderungen vor:

a) Sie hat ein explizites Akkusativobjekt: „Und Gott sah alles, was er gemacht hatte."

b) Die Billigung bzw. Gutheißung wird nicht mit einem $k\bar{\imath}$(daß)-Satz angeschlossen, sondern mit einem durch die deiktische Interjektion eingeleiteten Nominalsatz: „und siehe", „und fürwahr", „und ganz gewiß".

c) Die Qualifikation ist elativisch gesteigert: „es war (ist) *sehr* gut".

Hinzu kommt der besondere Ort der Formel, der auffällt, wenn wir die Struktur des sechsten Werkes (Erschaffung der Wasser- und Flugtiere) vergleichen. Dieser Vergleich wird dadurch nahegelegt, daß auch bzw. nur noch dort eine wörtliche Segensrede Gottes nach der Erschaffung folgt. Während beim sechsten Schöpfungswerk die Billigungsformel *nach* der Erschaffung der Tiere, *aber vor* ihrer Segnung steht, ist sie beim achten Schöpfungswerk erst *nach* der Segnung (und nach der Nahrungszuweisung) gesetzt. Diese Veränderung des Strukturmusters bewirkt zusammen mit den drei genannten syntaktischen Erweiterungen einen wichtigen theologischen Akzent: Die Formel 1,31 spricht nicht dem isolierten Schöpfungswerk ‚Menschen' die Qualifikation „gut" im Sinne von „schön und lebensfördernd" zu, sondern nur, indem sie die Menschen zusammenschaut mit „allem was Gott gemacht hat", d.h. indem sie die Menschen als Teil der als Gesamtheit und Einheit betrachteten Schöpfung beurteilt. Durch diese Hinsicht darauf, daß „alles" gut sei, unterstreicht P^g, daß den Menschen eine wichtige Rolle zugewiesen ist, damit

---

[33] So mit Nachdruck: *Steck*, Der Schöpfungsbericht 158.
[34] Vgl. z.B. Jes 60,1–3; Ps 36,10; 49,20; 56,14; Ijob 3,16.20.

die Schöpfung gut bleibt. Im Sinne von Gen 1,31 gilt damit: Das Prädikat „sehr gut" gibt es für die Schöpfung nur, insofern die Menschen sich als integralen und verantwortlichen (und nicht als ihr gegenüberstehenden!) Teil begreifen und verwirklichen.

(4) Die ‚Billigungsformel' fehlt beim zweiten Schöpfungswerk (1,6–8). „Für das Fehlen der Formel ... hat den einzig richtigen Grund bereits der Midrasch (Ber.r.) angegeben: weil das Werk des Wassers am zweiten Tag noch nicht vollendet war"[35]. Die am zweiten Tag begonnene Scheidung/Trennung der Wasser kommt erst am dritten Schöpfungstag zum Abschluß, und das Firmament wird sogar erst am vierten Schöpfungstag zum Träger der Himmelskörper.

Wie der ‚Entsprechungsformel' kommt also auch ‚der Billigungsformel' die hermeneutische Funktion zu, eine zentrale Dimension des Schöpferhandelns und der von ihm für die Lebewesen gesetzten Schöpfung einzuprägen. Ihre refrainartige Verwendung unterstreicht: Im Mythos der Schöpfungsgeschichte geht es (angesichts der vom Israel des 6. Jh. drastisch erfahrenen und in der Flutgeschichte dramatisch erzählten Störung der Welt) um „die Daseinslegitimation, eine Rechtfertigung der Welt, gegenüber deren Chaotik das Ordnungsinteresse des Mythos wirksam wird"[36].

3. Struktur und Funktion von Gen 1,1–2

Ehe die Kompositionsstruktur von Gen 1,1–2,4a als präfiguratives Modell des göttlichen Schöpferhandelns beschrieben werden kann, muß unsere Position über die Anfangs- und Schlußsätze der Schöpfungsgeschichte skizziert werden, zumal hier die exegetischen Meinungen sehr weit auseinandergehen[37]. Das Verständnis von Gen 1,1–2 ist vielleicht sogar das umstrittenste Problem der priesterschriftlichen Schöpfungserzählung, nicht zuletzt deshalb, weil hier von der kirchlichen Tradition her die Frage der *creatio ex nihilo* lange Zeit im Hintergrund stand. Ausgelöst ist

---

[35] *Jacob*, Das erste Buch der Tora 40f.
[36] *Müller*, Mythos – Anpassung – Wahrheit 10; das Fehlen der Formel in Gen 2,1–3 ist freilich anders zu erklären als *Müller* aaO. dies vorschlägt.
[37] Vgl. zu Gen 1,1–3 die ausführlichen Überblicke bei *Waltke*, The Creation Account und *Angerstorfer*, Der Schöpfergott 179–184; hinsichtlich der Schlußsätze sind vor allem zwei Probleme zu nennen: (1) Ist Gen 2,4b Abschluß von Gen 1,1ff oder (sekundäre) Einleitung von Gen 2,4bff? (2) Was ist die Funktion von Gen 2,1?

die bis heute nicht entschiedene Diskussion durch die ungewöhnliche syntaktische Gestalt von V. 1, deren Probleme vor allem durch das indeterminierte *bᵉrēʾšīt* ausgelöst sind. Behält man diese Leseart bei, muß die dann folgende Verbalform der 3. Person Suffixkonjugation (*qāṭal*) in einen Infinitiv umgewandelt werden, damit die indeterminierte Form *bᵉrēʾšīt* als *status constructus* verstanden werden kann. In diesem Fall ist V. 1 als abhängiger Temporalsatz zu deuten, wofür dann der entsprechende Hauptsatz gesucht werden muß[38]. Viele Autoren behalten lieber die Verbalform *bei* und lesen statt *bᵉrēʾšīt* den bestimmten Artikel *bārēʾšīt*, wodurch Gen 1,1 als selbständiger Hauptsatz verstanden werden kann[39]. Die bis heute vertretenen Positionen lassen sich auf drei Grundfiguren zurückführen:

(1) „V. 1 und V. 2 sind ... unter sich und gegenüber V. 3ff als selbständige Sätze zu fassen"[40].

(2) V. 1 und V. 2 bilden zusammen einen Satz, wobei V. 1 als temporaler Vordersatz zu V. 2 fungiert. Der Satz könnte dann paraphrasiert werden: „Als Gott begann, Himmel und Erde zu schaffen, war die Erde wüst und leer ..."[41].

(3) V. 1 wird als temporaler Vordersatz zu V. 3 verstanden, wobei V. 2 als Parenthese dazwischengeschoben ist: „Als Gott begann, Himmel und Erde zu schaffen – aber die Erde war wüst und leer ... –, da sprach Gott: ‚Es werde Licht' ..."[42].

Sachlich implizieren Position 2 und 3 die Aussage von einem der Schöp-

---

[38] Nach *Groß*, Syntaktische Erscheinungen 142 gibt es in Gen 1,1–3 vor allem folgende syntaktische Probleme: „die Artikellosigkeit von *brʾšyt*, der syndetische Anschluß von Vers 2a, die Stellung des Verbs an nicht erster Position in 2a, überhaupt die Anwesenheit von HYY in diesem Satz, der doch einen Zustand schildert, und die daraus resultierende Beziehung der Sätze von Vers 2 sei es zu Vers 1, sei es zu Vers 3". *Groß* aaO. 144 schlägt vor, „*brʾšyt* als status constructus und den übrigen Wortlaut von Vers 1 als diesen constructus regierenden und determinierenden Attributsatz" aufzufassen und dann Vers 2a als Weiterführung des mit Vers 1 eröffneten Satzes zu begreifen: „Am Anfang, als Gott sich daran machte, den Himmel und die Erde zu erschaffen, war die Erde wüst und wirr." Mit der in der babylonischen Königschronik, aber auch in Jer 26,1; 49,34 belegten Angabe *rēš (šarrūti)* bzw. *bᵉrēʾšīt (mamlᵉkūt)* = Anfang der Königsherrschaft will *Wifall*, God's accession year 529–531 die Angabe von Gen 1,1 in Verbindung bringen.

[39] So zuletzt wieder *Angerstorfer* aaO. 181 mit Bezug auf Samaritanus und Origenes.

[40] *Steck*, Der Schöpfungsbericht 226.

[41] So wieder mit neuen Argumenten *Groß* aaO. 145.

[42] So besonders nachdrücklich *Beyer*, Althebräische Syntax 81f.

fung vorgegebenen Chaos, von einer ‚Welt-vor-der-Schöpfung', oder von der Schöpfung voranliegenden Urgegebenheiten. Aber auch die Position 1 hat V. 2 meist so verstanden[43].

Teilweise allerdings wird von Anhängern der Position 1 der V. 1 auch im Sinne der *creatio ex nihilo* gedeutet, d.h. Gen 1,1–3 wird als zeitlich und sachlich streng sukzessive Abfolge interpretiert: Zuerst (V. 1) erschafft Gott den Urstoff „Himmel und Erde", dessen chaotischen Zustand V. 2 beschreibt und dessen Ordnung in V. 3 einsetzt[44]. Gegen diese Interpretation sprechen zwei gewichtige Gründe: „Das Objekt ‚Himmel und Erde' widerstreitet ihr, weil dieses Begriffspaar immer die geordnete Welt beschreibt; das Prädikat widerstreitet ihr, denn das Erschaffen des Chaos sei ein Widerspruch in sich"[45].

Die Frage, ob Gen 1,1 ein abhängiger Temporalsatz ist und auf 1,2 bzw. 1,3 blickt, oder ob der Vers ein selbständiger Hauptsatz ist, läßt sich meines Erachtens durchaus von der Gesamtstruktur unseres Textes her entscheiden:

(1) Da die Abschnitte über die einzelnen Schöpfungswerke konsequent mit der Redeeinleitungsformel „Und Gott sprach" sowie mit folgender direkter Gottesrede eröffnet werden, ist anzunehmen, daß dieses Grundmuster auch in Gen 1,3 vorliegt[46].

(2) Gen 1,1 entspricht in seiner Funktion dem Satz Gen 2,4a, der als Unterschrift[47] unter dem Schöpfungsbericht die wichtigen theologischen

---

[43] Daß Weltschöpfung bei oder aus einer wie immer vorgestellten ‚Urmaterie' ansetzt, ist ja eine grundlegende Tradition Ägyptens und des Alten Orients.

[44] Vgl. z.B. *Scharbert*, Genesis 39: „Weil in ^{1f} und überwiegend auch in 1^{3}–2^{4a} kurze Hauptsätze nebeneinander stehen, dürfte auch ^{1} mit allen alten Übersetzungen als Hauptsatz aufzufassen sein. Weiter ist umstritten, ob ^{1f} vorgreifend den Inhalt des ganzen Abschnittes zusammenfaßt, einer Überschrift vergleichbar, oder ob eine selbständige Aussage vorliegt über die Erschaffung der Voraussetzungen, unter denen die geordnete Tätigkeit Gottes, die nun ab ^{3} geschildert wird, beginnen kann. Da die drei ersten Tage ausgefüllt sind mit ‚Scheidungen', ist die zweite Deutung vorzuziehen."

[45] *Westermann*, Genesis 132.

[46] So neuerdings auch *Smith*, A Semotactical Approach 104 und *Anderson*, A Stylistic Study 153.

[47] Die immer wieder erneuerte (z.B. *Cross*, The Priestly Work 301–305; *Anderson* aaO. 160f) Hypothese, die abschließende Unterschrift unter Gen 1,1ff sei Gen 2,3b, während Gen 2,4a die ‚Schöpfungsgeschichte' Gen 2,4bff einleite, ist m.E. auszuschließen: (1) Gen 2,3b redet nur über den siebten Tag (s.u. den folgenden Abschnitt 4); (2) Gen 2,4a ‚öffnet' die Schöpfungsgeschichte für den Fortgang der Erzählung; (3) strukturell entspricht die Doppelangabe Gen 2,4a → 5,1 der Abfolge Ex 12,40 → 12,41 (s.u. V. 6).

Begriffe von Gen 1,1 wiederholt („schaffen", „Himmel und Erde"). Gen 1,1 ist demnach als erster Satz der P^g überhaupt der hermeneutische Schlüssel für die Gesamtdarstellung der P^g und ist perfektisch zu übersetzen[48]: „Im Anfang *hat* Gott Himmel und Erde geschaffen." Als Überschrift hat Gen 1,1 „nicht den Anfang des Schöpfungsgeschehens mit dem *ersten* Werk im Blick, sondern den Anfang, den das im folgenden berichtete Schöpfungsgeschehen hinsichtlich des ganzen in der Priesterschrift geschilderten Geschichtsablaufs göttlicher Setzungen darstellt. Der berühmte Eingangssatz der Bibel ist also eine Feststellung des Erzählers der Priesterschrift, die das anschließend berichtete Schöpfungsgeschehen als am Anfang der im Gesamtwerk erfaßten Geschichte stehend qualifiziert. Genau genommen redet P in 1,1 also nicht von dem Anfang, den die Welt hat, sondern von dem Anfang, der die ein für allemal erfolgte Schöpfung der Welt *ist* – wann und wie immer sie geschehen ist! Es geht also letzlich nicht um den Anfang der Welt, sondern um den Anfang Israels – und zwar hinsichtlich der von P in ihrem Werk erfaßten Geschichte"[49], die nicht universale, sondern exemplarische Geschichte ist, die am Beispiel Israels ein Modell für den rechten Gang von Weltgeschichte als Heilsgeschichte dokumentiert. Die Angabe „im Anfang" ist deshalb geradezu mit *„als* Anfang" wiederzugeben[50].

Gen 1 besagt demnach ein Zweifaches:

(1) Das Schöpferhandeln Gottes bedeutet die Ermöglichung von Geschichte (gründender Anfang).

(2) Das Schöpferhandeln Gottes setzt zugleich das normierende Urbild für das Gelingen von Geschichte als einem sich in der Zeit ereignenden Zusammenleben der Lebewesen in den ihnen ermöglichten Lebensbereichen (verpflichtender Anfang).

Gen 1,1 qualifiziert also die Schöpfung als Setzung einer Heilsordnung, die die Dichotomie von Natur und Geschichte, Natur und Gnade nicht kennt. Der Schöpfungsgott ist nach der Konzeption von P^g zugleich der Rettergott und umgekehrt[51].

---

[48] Anders EÜ, die Gen 1,1 auch nicht als Überschrift versteht, wie das Semikolon und der adversative Anschluß von Vers 2 zeigen.

[49] *Steck,* Der Schöpfungsbericht 227; ähnlich *von Soden,* Mottoverse 237: „Hier liegt offenbar ein Mottosatz vor, der die Schöpfung als das Hauptthema des ersten Teils der Tora in ganz wenigen Worten umschreibt. Alles Nötige ist in ihm gesagt, kein Wort zuviel. Im Stichwort *bārā* ,er schuf' sind mit beschlossen auch die künftigen Handlungen Gottes zum Ausbau der Schöpfung und zu ihrer Erhaltung durch vielerlei helfende Eingriffe, aber auch Strafmaßnahmen."

[50] Vgl. dazu den Hinweis von *Hanson,* The Serpent 25 auf Spr 8,22.

[51] Vgl. dazu unten VI.

Wenigstens angemerkt werden soll noch eine besondere Feinheit, die P[g] durch Gen 1,1 der gesamten Bibel gibt: das erste Subjekt, das in der Bibel erwähnt wird, ist *ᵉlōhīm (Gott). Und P[g] wird gar nicht müde, in der Schöpfungsgeschichte dieses Wort zu wiederholen. „Es wird bis zur Vollendung der Schöpfung zu jedem Verbum, dessen Subjekt Gott ist, Elohim namentlich hinzugesetzt (dreißigmal), es sei denn, daß dasselbe Verbum in einem Nachsatz im Perfektum wiederholt wird, so daß es keine fortschreitende Handlung, sondern eine bloße Ergänzung ist (v. 5.10.27)"[52]. Die Schöpfung wird somit dezidiert und exklusiv als Setzung Gottes allein[53] hervorgehoben – als solche ist sie weder Werk anderer Götter noch Werk der Menschen, auch wenn den Menschen *in* der Schöpfung eine entscheidende Aufgabe zukommt.

Ist Gen 1,1 als selbständige Überschrift zu interpretieren, ergibt sich folgerichtig, daß auch Gen 1,2 als selbständiges, nicht von einem anderen Satz abhängiges Gefüge von Nominalsätzen zu verstehen ist, womit P[g] das Chaos andeutet, in das hinein der Schöpfergott den Kosmos als ‚Lebenshaus für alle Lebendigen‘ (s. u.) machtvoll und souverän errichtet.

4. Struktur und Funktion von Gen 2,1–3

(1) Gen 2,1 als Teil der Einheit 2,1–3
Von vielen Kommentatoren und Übersetzungen[54] wird Gen 2,1 mit 2,2–3 als Einheit zusammengenommen, d.h. 2,1 qualifiziert nach Art einer Überschrift den in 2,2–3 geschehensmäßig entfalteten ‚Sabbat Gottes‘ als Abschluß der Schöpfung. Diese Position ergibt dann für 2,1–3 folgende Struktur: „2,1 ist der Abschluß des Schöpfungswerkes vor aller Deutung. 2a und 3a bringt die Deutung des Abschlusses durch P in der Verbindung mit dem Gefüge der sieben Tage. 2b und 3b bringt die ausdrückliche Nennung des Ruhens Gottes, wobei der Sabbat anklingt"[55]. Eine deutsche Übersetzung würde diese Struktur am deutlichsten durch zwei Eigenheiten im Druck andeuten können:
a) Zwischen 1,31 und 2,1 wird ein Absatz gemacht.
b) Am Ende des Satzes 2,1 wird ein Doppelpunkt gesetzt.

---

[52] *Jacob*, Das erste Buch der Tora 23.
[53] Der Schöpfergott ist nach P[g] der ‚Weltgott‘, der sich in besonderer Weise Israel als Jahwe zuwendet: hier wird der ‚Sitz im Leben‘ der P[g] voll greifbar.
[54] Als Hauptargument wird dafür meist angegeben, mit Gen 1,31 sei ein deutlicher Abschluß erreicht, weshalb Gen 2,1 zum folgenden gezogen werden müsse; z.B. *Gunkel*, Genesis 114; *Zimmerli*, Urgeschichte 89.
[55] *Westermann*, Genesis 232f.

In dieser Position sind also 2,1 und 2,2–3 geschehensmäßig identisch. Beide reden vom Sabbat/von der Ruhe Gottes als der Vollendung der Schöpfung.

(2) Gen 2,1 als Zusammenfassung von 1,26–31

Doch ist keineswegs sicher, daß Gen 2,1 über den Sabbat Gottes redet. Nach *O. H. Steck* ist der Vers nicht eine auf 2,2–3 vorausblickende Überschrift, sondern eine auf Gen 1,26–31 rückblickende Unterschrift: „Der Vers ist eine rückblickend-resümierende Feststellung des Erzählers (!) dieses Schöpfungsberichts, die besagt, daß die in ihrer Erstellung voranstehend aufgeführten Schöpfungswerke ... ‚Himmel und Erde‘ und all die ihnen dort zugewiesenen Aufgaben und Funktionen *hiermit* zum Abschluß gebracht wurden. *Womit?* Zur Beantwortung dieser Frage ist auf die Stellung von 2,1 im Ablauf von Gen 1 zu achten. Die Feststellung steht nach dem letzten als Schöpfungswerk gestalteten Abschnitt der Erschaffung des Menschen und qualifiziert offensichtlich die *Erstellung dieses Werkes* als den erreichten Abschluß der Ganzheit der Schöpfungswerke, was nicht nur der zentralen Funktion des Menschen für die Schöpfungswelt entspricht, die P in 1,26ff herausgestellt hat, sondern auch dem Sachverhalt, daß P am Ende dieses letzten Werkes und im Rahmen der Darstellung dieses Werkes (!) die Gesamtbilligung aller Schöpfungswerke als Ganzheit bietet (V. 31a), die als solche ebenfalls rückblickend-resümierenden Charakter hat"[56]. Mit Gen 2,1 „kommt zum Ausdruck, daß die zur Erstellung der Schöpfungswerke führende Arbeit mit dem sechsten Tag ihr Ende erreicht hat"[57]. Gen 2,2–3 sagt dann etwas anderes, Neues, d. h. der Absatz ist nicht *vor*, sondern *nach* Gen 2,1 zu machen. Das Neue, das Gen 2,2–3 gegenüber Gen 2,1 sagt, ist nach dieser Position, daß das Ruhen Gottes am siebten Tag noch einmal ein die Schöpfung abschließendes Handeln Gottes ist, das die abgeschlossene Schöpfungsarbeit (2,1) durch das ganz andersartige Schöpfungsgeschehen des Ruhens vollendet. Es ist ein schöpferisches Handeln Gottes, „das als solches eben nicht mehr Schöpfungswerke erstellendes Arbeiten Gottes ist"[58], sondern es ist eine schöpferische Setzung der Sabbatordnung, die der Schöpfung eingestiftet wird – und darauf wartet, als die Schöpfung garantierende und Israel rettende Heilsordnung von Israel entdeckt zu werden. Gen 2,2–3 ist damit strukturell ähnlich gestaltet wie die übrigen Schöpfungswerke, ohne selbst freilich Ergebnis göttlicher Arbeit zu sein.

---

[56] *Steck*, Der Schöpfungsbericht 182f.
[57] *Steck* aaO. 184; ähnlich *Bettenzoli*, La tradizione 285.
[58] *Steck* aaO. 187.

Auch dieser Abschnitt besteht dann aus zwei Elementen:

[Ersterschaffung des siebten Tages durch Tun Gottes[59]
Segnung des siebten Tages im Blick auf die dauernde Daseinsgestalt

(3) Die literarkritische Problematik von Gen 2,1

Beide eben skizzierten Positionen über die Funktion von Gen 2,1 sind nicht ohne Schwierigkeiten und geben Anlaß, eine andere Lösung des Problems zu suchen. Wird Gen 2,1 als Überschrift über Gen 2,2–3 genommen, was angesichts des kurzen Abschnitts Gen 2,2–3 ohnedies verwundert, entsteht eine Doppelung, die mit Blick auf die im übrigen planvolle Gestaltung auffällig wäre[60]. Von daher wäre die von *Steck* vorgeschlagene Interpretation, daß Gen 2,1 eine auf die vorangehende Schöpfungsgeschichte zurückblickende Formulierung ist, die den Abschluß der ‚Schöpfungsarbeit‘ Gottes hervorhebt, zunächst einleuchtender. Die Frage ist freilich, ob Gen 2,1 diese Funktion von P^g zugedacht war bzw. ob Gen 2,1 überhaupt von P^g stammt. Eine Reihe von Gründen legt es nahe, den Satz Gen 2,1 der P^g abzusprechen und ihn erst auf R^P zurückzuführen:

---

[59] Der von mir hier verwendete Ausdruck ‚Ersterschaffung‘ will die Strukturähnlichkeit von Gen 2,2–3 mit den übrigen Schöpfungswerken herausstellen. *Steck* aaO. 196–198 betont zugleich sehr nachdrücklich die Differenz dieses Tages gegenüber den sechs vorangehenden: er ist streng genommen „kein Schöpfungswerk"; seine Ordnung besteht „nach Abschluß des Schöpfungsgeschehens bis zum Erlaß des Sabbatgebotes nur bei Gott(!) fort und ist kein Bestandteil der Schöpfungswelt, die bereits vor der Setzung dieser Ordnung und ohne sie(!) ‚sehr gut‘ ist (1,31)".

[60] Zwar arbeitet P^g in Gen 1,1ff mit auffallend vielen Wiederholungen, aber diese strukturieren den sukzessiven Textzusammenhang; davon hebt sich Gen 2,1 ab, wenn man den Vers als Überschrift zu Gen 2,2–3 betrachten will.

[61] Die Formel ‚Es wurde Abend und es wurde Morgen: x-ter Tag‘ macht der Interpretation große Schwierigkeit: Was für ein Abend und was für ein Morgen sind hier gemeint, d.h. sind sie Anfangs- oder Endpunkte eines Zeitabschnitts? Warum ist hier von Abend und Morgen die Rede und nicht von Tag und Nacht? Wie ist der Zusammenhang der beiden Größen Abend – Morgen mit der jeweils im Anschluß genannten Größe ‚x-ter Tag‘? Steht die Formel ‚Abend und Morgen‘ hier als Metapher für einen Zeitraum von 24 Stunden, also für einen Tag im Sinne des Wochentages oder sind ‚Abend‘ und ‚Morgen‘ hier im ursprünglichen Sinn gemeint? Mit welcher Tageseinteilung ist hier gerechnet: Wird hier der Tag von Abend zu Abend oder von Morgen zu Morgen gerechnet?
Unter Berufung auf Dan 8,14 („Zweitausenddreihundert Abende und Morgen wird es dauern, dann erhält das Heiligtum wieder sein Recht"), wo die Wendung ‚Abende und Morgen‘ eine Paronomasie für ‚Tag‘ im Sinne der

a) Gen 2,1 stört den engen Zusammenhang, der zwischen der ‚Tagesformel' in Gen 1,31b und der Aussage über den siebten Tag in 2,2 besteht. Nur beim sechsten Tag wird bei dieser Formel der bestimmte Artikel verwendet, einmal um damit diesen Tag als letzten der ‚Arbeitstage' Gottes hervorzuheben, zum anderen aber heißt er *„der* sechste Tag", weil dann in Gen 2,2–3 sehr betont von *„dem* siebten Tag" (nicht Sabbat!) die Rede ist[61].

Tageszählung sind, meint *Schmidt*, Schöpfungsgeschichte 68, daß auch in Gen 1 mit „‚Abend und Morgen' ein wirklicher Tag (von 24 Stunden) umschrieben ist... Dann wird man auch die Formel nach der [E.Z.: in nachexilischer Zeit] üblichen Tageseinteilung verstehen müssen, welche nicht die End-, sondern die Anfangspunkte der Zeiteinschnitte bezeichnet. Abend und Morgen sind... [E.Z.: dann so] angeführt..., daß die Anfänge den ganzen folgenden Abschnitt mitumfassen, also der Abend die Nacht, der Morgen den Tag einschließt." Nach dieser Position, die häufig ‚Abendtheorie' genannt wird, ist die Tagesformel also eine das vorher erzählte gesamte Schöpfungsgeschehen umgreifende Formel, die man so paraphrasieren müßte: von der Anordnung Gottes, mit der die Schöpfungswerke eingeleitet werden, bis hin zur abschließenden Billigung als Abschluß erstreckt sich ein ganzer Tag, das ist eben die Größe ‚Abend und Morgen'!

Gegen diese Abendtheorie sprechen aber vor allem zwei Beobachtungen: (1) Sie übersieht, daß hier nicht die Formel ‚Abend und Morgen' (wie in Dan 8,14) oder ‚Nacht und Tag' (vgl. z.B. Est 4,16: „Eßt und trinkt drei Tage lang, Nacht und Tag") steht, sondern zweimal der Narrativ von *HJH:* „es war/wurde (danach!) Abend und es war/wurde (schließlich!) Morgen". (2) Die Abendtheorie macht Probleme bei Tag eins, wo das Schöpfungsgeschehen eindeutig mit dem Licht beginnt, d.h. mit dem Morgen.

Ich halte deshalb die These für plausibler, Gen 1 folge der ‚Morgentheorie', wonach der Schöpfungstag mit oder genauer nach dem Morgen beginnt. Das gilt besonders für den ersten Schöpfungstag: Er beginnt mit der souveränen Wortschöpfung des Lichtes, das dann zum Tag (in Absetzung von der Nacht) berufen wird, worauf es dann konsequent heißen kann: „Und (danach) wurde es Abend und (schließlich) Morgen": damit war in der Reihenfolge gezählter Tage ein voller Tag konstituiert (wegen dieser die Maßeinheit ‚Tag' konstituierenden Aufgabe, die dem *ersten* als allerersten Tag zukommt, gebraucht der Text hier auch nicht die Ordinalzahl ‚erster Tag', sondern ‚ein Tag'!). Die Formel ‚es wurde Abend und es wurde Morgen' umspannt also, zeitlich gesehen, die Nacht, die jeweils auf ein am Tage geschehendes Schöpfungswirken folgt, nennt sie aber bewußt nicht, um hervorzuheben, „daß Gottes Schöpfungswerke stets in der Helle des vollen Tages, also nach dem Morgen, erstellt wurden und vor Einbruch der Nacht bereits beendet waren" (*Steck*, Der Schöpfungsbericht 175). Daß die Schöpfung der Welt ausschließlich in der Helle des Tages und nicht in der Nacht, die traditionell als Zeit der Dämonen und des Unheils gilt, vollzogen wird, unterstreicht noch einmal, daß dieses Geschehen ‚gut' ist, d.h. Heil bewirkt.

Mit der Formel ‚x-ter Tag' bzw. mit der dadurch angezeigten Reihe von sechs

b) Während in allen Fällen, in denen göttliches Schöpferhandeln beschrieben wird, Elohim als (explizites oder implizites) Subjekt der (aktivischen) Verbalform auftritt, sind in der (passivischen) Verbalform von Gen 2,1 „Himmel und Erde und all ihr Gefüge" das Subjekt[62].

c) Gen 2,1 stört den gerade beim Schöpfungswerk ‚Menschen' mit Hilfe der besonderen Stellung der ‚Billigungsformel' von P[g] angezielten ‚offenen Schluß'.

d) Formal konkurriert Gen 2,1 mit der Unterschrift Gen 2,4a; das Problem ließe sich nur mit dem ‚Ausweg' einer ‚Zwischenunterschrift' lösen[63].

e) Die von *Steck* versuchte Gesamtdeutung von Gen 2,1–3 ist stark abhängig von seinem Verständnis des Verbums *šābat* als theologischem Terminus für „ruhen, feiern"; gerade dieses Verständnis ist aber fraglich. Wie die Formulierungen des Gebotes der Arbeitsenthaltung am siebten Tag[64] belegen, ist Gen 2,2b zunächst wörtlich zu übersetzen: „und er hörte auf mit all seiner Arbeit, die er gemacht hatte". Dann aber ist die These, daß Gen 2,2b einen gegenüber Gen 2,2a neuen Modus der bereits in Gen 2,1 formulierten ‚Vollendung' der Schöpfung ausdrücke, nicht mehr möglich.

f) Gen 2,1 läßt sich durchaus als Werk einer Redaktion begreifen, die aus Sorge vor dem möglichen Mißverständnis, Gott habe am siebten Tag seine Schöpfung durch Arbeit vollendet, klar feststellt: „so wurden vollendet Himmel und Erde und all ihr Dienst" (2,1). Daß die Überlieferung mit Gen 2,2a ihre theologischen Schwierigkeiten hatte, belegt die Textüberlie-

---

Schöpfungstagen denkt P übrigens sicher an Tage von 24 Stunden. „P ist an genauen chronologischen Fixierungen interessiert, verzahnt Gen 1 sorgfältig mit dem Fortgang ihrer Geschichtsdarstellung und schlösse die Schöpfung aus dem chronologischen Gerüst aus, wenn Gen 1 nur der Ordnung, nicht aber der Länge der israelitischen Woche entspräche" (*Steck* aaO. 175).

[62] Das Objekt „und all ihr Gefüge/Dienst/Heer" (*wᵉkol-ṣᵉbāʾām*) ist überdies schwierig, da Gen 1,1 und Gen 2,4a ohne dieses Objekt auskommen. Der oft gemachte Hinweis, damit seien die Sterne gemeint, scheitert daran, wie *Steck* aaO. 182 Anm. 772 betont, daß das Objekt ja durch die suffigierte Näherbestimmung auch auf die Erde bezogen ist. Da wir oben „die Sterne" in Gen 1,16 ohnedies P[g] abgesprochen haben, wäre der Bezug darauf auf der Ebene von P[g] nicht möglich.

[63] *Oberforcher*, Die Flutprologe 586 deutet Gen 2,1 als Zäsur, die anzeigt, „daß nun der Wechsel von Rede und Handlung verlassen wird".

[64] Zur Bedeutung von *šābat* = aufhören (zu arbeiten) vgl. besonders Ex 23,12; 34,31; dazu *Zenger*, Alttestamentlich-jüdischer Sabbat 250f; *Bettenzoli*, La tradizione 275–284.

ferung; der Samaritanus, die griechische und die syrische Bibel lesen beispielsweise: „Und Gott vollendete *am sechsten* Tag seine Arbeit"[65]. Diese Beobachtungen sprechen eindeutig dafür, Gen 2,1 literarkritisch auszuscheiden. Dies empfiehlt sich um so mehr, als dann die Struktur von Gen 2,2–3 konsequent auf das theologische Geheimnis des siebten Tages hinweist, dessen Sonderstellung in der Gesamtkomposition von Gen 1,1–2,4a sichtbar wird, die nun näher dargestellt werden soll.

5. Die Kompositionsstruktur von Gen 1,3–2,3*

Die meisten Versuche, in Gen 1,3–2,3* eine sinnvolle Sachstruktur zu entdecken, sind m.E. deshalb so problematisch, weil sie sich nicht hinreichend an den Struktursignalen orientieren, die P^g selbst ihrem Text gegeben hat. Statt dessen werden oft inhaltliche Erwägungen angestellt, die den Bauplan von Gen 1 enträtseln sollen.

Auf den ersten Blick scheint die in Gen 1 erzählte Abfolge von sechs Schöpfungstagen, an denen sukzessiv acht Schöpfungswerke vollbracht werden, eine kunstvolle zweiteilige Komposition zu sein, zwischen deren zwei Teilen formal eine offenkundige Parallelisierung angestrebt wird, insofern auf die beiden ersten Tage der zwei Teile (also die Tage 1 + 2 und 4 + 5) jeweils ein Schöpfungswerk trifft, während auf den jeweils dritten Tag der Reihe (also auf Tag 3 + 6) je zwei Schöpfungswerke fallen. Diese formale Parallelisierung der beiden Teile wird dann als inhaltliche/geschehensmäßige Aufteilung der Tage 1 – 3 und 4 – 6 interpretiert. Dabei werden die Werke der Tage 1 – 3 als *opera distinctionis*, als Werke des Scheidens/Trennens, zusammengefaßt, während den Tagen 4 – 6 gemeinsam sein soll, daß an ihnen *opera ornatus*, also Werke des Ausschmückens/Ausstattens, vollzogen würden[66]. Dieses Einteilungskriterium ist zwar schön, aber leider nicht zutreffend. Der Vorgang des Scheidens/Trennens ist nicht den *Tagen* 1 – 3 gemeinsam, sondern nur den *Werken* 1 – 3; das vierte Werk (die Pflanzen), das noch am dritten Tag vollbracht wird, kann sicher nicht als Werk des Scheidens/Trennens verstanden werden[67].

---

[65] Gegen die Versuchung, diese Lesart zu bevorzugen, vgl. *Steck*, Der Schöpfungsbericht 178f.

[66] Den Ansatz dieser Versuche legt der Text selbst nahe: vgl. das Verbum „scheiden/trennen" in 1,4.6.7.14.18.

[67] Das vierte Werk scheidet die Erde übrigens nicht in ‚Fruchtland' und ‚Wüstengebiete', sondern qualifiziert die Erde *insgesamt* als von Pflanzen überzogenes ‚Lebenshaus der Lebenden'.

Neben dieser wenig überzeugenden formalen Zweiteilung der sechs Tage nach dem Prinzip ‚Scheiden/Ausschmücken' gab und gibt es bis heute Versuche, durch sachliche Entsprechungen zwischen einzelnen Tagen und den an diesen Tagen geschaffenen Werken eine Beziehung zu entdekken. Diese Modelle haben in der Regel das Grundmuster, daß Gott an den ersten drei Tagen die ‚Räume' schafft, die er dann an den zweiten drei Tagen in der analogen Reihenfolge ‚bevölkert'[68]:

1. Tag Licht/Finsternis		Himmelsleuchten 4. Tag
2. Tag (Wasser oben/unten) Himmelsgewölbe		Fische, Vögel 5. Tag
3. Tag Land, Meer Pflanzen		Landtiere Menschen 6. Tag

Zu derartigen Versuchen bemerkt *W. H. Schmidt* zurecht: „Die Korrespondenz ist beim *ersten Paar* (erster und vierter Tag) gut zu erkennen. Dann aber ist bereits die Ordnung gestört. Das *zweite Paar* (zweiter und fünfter Tag) dürfte eigentlich nur die Vögel dem Himmelsgewölbe (V. 6f.20b) gegenüberstellen. Vielleicht soll sich in der Zuordnung von ‚Luft- und Meerestieren' die Scheidung des Wassers in einem oberen und unteren Raum widerspiegeln; dennoch kann man die Fische nicht zum zweiten Tag ziehen, weil sich das Meer ja erst am dritten Tag herausbildet. Außerdem liegt der Lebensbereich der Vögel nicht jenseits, sondern diesseits der Himmelsfeste. Beim *dritten Paar* (dritter und sechster Tag) kann der Mensch den Pflanzen zugesellt werden, da sie seine Nahrung werden (V. 29). Aber auch die Landtiere leben von den Pflanzen (V. 30), zudem können sie nur zum Festland gehören, während doch Land und Meer zugleich entstehen, denn das Land erscheint, indem das Wasser zusammenströmt"[69]. Auch mit diesem Ansatz läßt sich demnach nicht sagen, die Werke seien planmäßig auf sechs Schöpfungstage verteilt.

[68] So zuletzt auch *Mosis*, Alttestamentliches Reden 212f, der diese Theorie noch durch Entsprechung der Reihenfolge zu Gen 1,2 stützen möchte.
[69] *Schmidt*, Der Schöpfungsbericht 54f.

Ein anderes Erklärungs-Modell sieht die leitende Idee bei der parallelisierenden Zweiteilung der sechs Tage darin, daß an den Tagen 1 – 3 ‚Unbewegtes' und an den Tagen 4 – 6 ‚Bewegtes' geschaffen wird[70]. Aber hier erhebt sich doch die Frage: „Ist es . . . nicht gezwungen, Himmel, Meer und Festland zusammen mit den Pflanzen als ‚Unbewegtes' zu fassen?"[71].

Alle Versuche, eine *inhaltliche* Entsprechung zwischen den Werken 1 – 4 und 5 – 8 zu finden, die dann der tiefere Grund für die Verteilung auf sechs Arbeitstage des Schöpfergottes wäre, sind derart problematisch, daß sie nicht überzeugen[72]. Vielmehr ist festzuhalten, daß in der Gesamtkomposition eine Spannung bleibt, die durch das Mißverhältnis von acht Werken an sechs Tagen ausgelöst ist. Dieses Mißverhältnis läßt sich nur so erklären, daß der Verfasser der P^g hier einerseits die Sieben-Tage-Struktur verwirklichen wollte, andererseits aber in der Gestaltung des Schöpfungsablaufs bereits so stark durch die ihm vorgegebene (schriftliche!) Tradition eingeschränkt war, daß er dieses Mißverhältnis in Kauf nahm, weil ihn selbst ein *anderes* Gestaltungsprinzip leitete[73]. Dieses Gestaltungsprinzip erschließt sich, wenn wir nach semantischen und stilistischen Besonderheiten der einzelnen Tage fragen. Dabei ist es wichtig, alle *sieben* Tage in die Betrachtung einzubeziehen, da die Sieben-Tage-Struktur die den Gesamttext 1,3–2,3 prägende Komposition ist. Ich sehe vor allem drei formale Besonderheiten, die die Abfolge der sieben Tage strukturieren wollen[74]:

---

[70] *Bertholet*, der diesen Vorschlag macht (vgl. dazu *ders.*, Zum Schöpfungsbericht 240), greift zugleich die schon vor ihm mehrfach geäußerte Problematik auf, daß in Gen 1 streng genommen nicht acht, sondern zehn Werke geschaffen werden: Licht, Himmelsfirmament, Meer, Festland, Pflanzen, Gestirne, Wassertiere, Vögel, Landtiere, Menschen.

[71] *Schmidt*, Der Schöpfungsbericht 55 Anm. 2.

[72] Auch der Versuch von *Anderson*, A Stylistic Study 154–159, die zweigeteilte Schöpfungsgeschichte V. 3–13 und V. 14–31 als eine zweifache Bewegung ‚Vom Himmel (über die Wasser) hin zur Erde', wobei das in Gen 1,1 („Himmel und Erde"!) angesprochene Thema entfaltet werde, läßt sich zu stark von der vorausgesetzten Zweiteilung leiten, die dann ‚sachlich' parallelisiert werden soll. Deshalb kann *Anderson* V. 3–5 seiner Leitidee eben doch nicht einfügen!

[73] Zum Problem der Vorlage von Gen 1 vgl. oben II.1 Anm. 13.

[74] Methodisch soll, zugleich in Fortführung wichtiger Beobachtungen von *Steck*, dem ich in seiner kompositionellen Deutung von 1,14–19 freilich nicht folgen kann, gegenüber den oben besprochenen Theorien an zwei Punkten *anders* angesetzt werden: (1) Der siebte Tag muß bei der Frage nach der P^g leitenden Kompositionsidee miteinbezogen werden; (2) daß die Tage 1 – 3 und 4 – 6 eine Parallelstruktur haben sollen, darf nicht den Ausgangspunkt der Theorie bilden.

(1) Sonderstellung und Zuordnung der Tage 1, 4, 7
(2) Zusammenordnung der Tage 2 + 3
(3) Zusammenordnung der Tage 5 + 6
(1) Sonderstellung und Zuordnung der Tage 1, 4, 7

Der *erste Schöpfungstag* ist durch folgende Besonderheiten hervorgehoben:

a) Erschaffung des Lichts nach dem Typ ‚Schöpfung durch göttliches Wort'.

b) Die anordnende Rede Gottes beginnt mit dem Jussiv *j^ehī* wie beim zweiten und vierten Schöpfungstag (V. 6 bzw. V. 14), doch ist die Bedeutung von *j^ehī* in V. 6 und V. 14 durativ „es sei immer", während in V. 3 der Jussiv inchoativ zu übersetzen ist „es werde, es entstehe"; in V. 6 und V. 14 ist *j^ehī* mit einer Ortsangabe verbunden („es sei eine Feste inmitten der Wasser", „es seien Leuchten an der Feste"), in V. 3 fehlt eine solche Ortsangabe; schließlich erhalten die beiden am zweiten und vierten Tag geschaffenen Werke bei der Ausführung den bestimmten Artikel („es sei *eine* Feste" – „und Gott machte *die* Feste"; „es seien Leuchten" – „und Gott machte *die* Leuchten"), während beim ersten Schöpfungstag das Licht beide Male *ohne* den bestimmten Artikel steht („es werde Licht" – „und es wurde Licht").

c) Es fehlt die ‚Entsprechungsformel'.

d) Die ‚Billigungsformel' hat eine besondere Gestalt und einen besonderen Ort in der Struktur.

e) Die ‚Tagesformel' ist hier nicht mit der Kardinalzahl, sondern mit der Ordinalzahl gebildet („*ein* Tag")[75].

f) Nur an diesem Schöpfungstag nimmt Gott selbst eine Scheidung bzw. Trennung vor; das unterscheidet Tag 1 von Tag 2 und von Tag 4[76].

Der *vierte Schöpfungstag* ist in der Komposition durch folgende Besonderheiten hervorgehoben:

a) Er fällt durch die ungewöhnliche Breite der Gottesrede aus dem üblichen Rahmen.

b) Er unterbricht, wie oft angemerkt wurde, den Sachzusammenhang zwischen Tag 2 + 3 und Tag 5 + 6[77].

---

[75] Zur Bedeutung vgl. Anm 61.

[76] Subjekt von *wajjabdel* (= er schied/trennte) in Gen 1,7 ist nicht Gott, sondern „die Ausdehnung/das Firmament"; vgl. die Begründung (auch gegen EÜ) bei *Steck*, Der Schöpfungsbericht 78f.

[77] Einen vergleichbaren ‚Ort' im Schöpfungsgeschehen haben Mond und Sonne in Ps 104, wo sie nach Errichtung der Erde als stabiler Lebensraum (V. 5–9) und ihrer Ausgestaltung (V. 10–18) geschaffen werden (V. 19–23), um die Lebens-

c) Er ist durch die Wendung „zu scheiden zwischen dem Licht und zwischen der Finsternis" (V. 18) mit dem ersten Schöpfungstag verklammert (V. 4: „Und Gott schied zwischen dem Licht und zwischen der Finsternis").

Er ist durch eine spiegelbildliche (chiastische) Reihenfolge von Nomina mit dem ersten Schöpfungstag verzahnt:

V. 4b.5: „und Gott schied zwischen dem *Licht*
    und zwischen der *Finsternis*] A
  und Gott berief das Licht als *Tag*
  und die Finsternis berief er als *Nacht*"] B

V. 18: „und zu herrschen über den *Tag*
    und über die *Nacht*] B
  und zu scheiden zwischen dem *Licht*
    und zwischen der *Finsternis*"] A

Der *siebte Schöpfungstag* nimmt offenkundig eine Sonderstellung ein:
a) Er erzählt von keiner Arbeit, sondern vom Aufhören der Arbeit Gottes.
b) Er ist ohne die üblichen Formeln bzw. Strukturelemente gestaltet.
c) Er verwendet zwar das Motiv vom Segnen wie Tag 5 + 6, doch wird der Segen hier nicht durch eine direkte Gottesrede entfaltet, sondern durch das Verbum „heiligen" erläutert („und Gott segnete, und er heiligte . . .").
Die gemachten Beobachtungen rechtfertigen es, den Tagen 1, 4, 7 eine Sonderstellung in der Komposition zuzuweisen. Diese These läßt sich dadurch erhärten, daß diese Tage zugleich eine gemeinsame Sachperspektive haben: abweichend von den übrigen Schöpfungstagen kreisen sie alle drei um das Thema Zeit als der grundlegenden Ordnungskategorie von Leben[78]. Die Schöpfungstage 1, 4, 7 sind formal wie ein Rahmen über den

---

zeiten der Lebewesen zu ordnen. Eine Diskussion über den Strukturvergleich von Gen 1 mit Ps 104 bieten nun: *Auffret*, Note sur la structure littéraire du Psaume 104 und *Renaud*, Reponse a P. Auffret.

[78] Der altorientalische und ägyptische Mensch verbindet mit Leben nicht primär (wie viele ‚Zeitgenossen') die Vorstellung von ungebändigter, überschäumender Lebendigkeit und explosiver Vitalität, sondern denkt Leben als geordnete Abfolge von Lebensvollzügen, die in der ihnen jeweils zukommenden Zeit geschehen. Nur wenn jedes Lebewesen die ihm für seine Lebensvollzüge zugewiesenen Zeiten und Lebensräume einhält (vgl. Ps 104,19–23), ist lebensförderliches Zusammenleben möglich. Die ‚Zeiten' zu erkennen, ist Lebenskunst und Lebensaufgabe (Ps 90,12; Prd 2,24–3,15).

Text 1,3–2,3 gelegt (Anfang, Mitte, Ende des Textes). Sie setzen die unterschiedlichen Aspekte, unter denen die Zeit in der Schöpfung west und wirkt. Der *erste* Schöpfungstag bringt die jedem natürlichen Maß von Zeit zugrunde liegende Ordnung von Tag und Nacht hervor, die als solche auch das Schöpfungshandeln Gottes als ein geordnetes Schöpferhandeln zuallererst ermöglicht[79]. Der *vierte* Schöpfungstag bringt die Möglichkeit, die in der Grundkategorie von Tag und Nacht wie ein Strom dahinfließende Zeit numerisch und qualitativ zu strukturieren. Die quantitativ gleichbleibende Reihenfolge der Einheiten Tag und Nacht wird mit Hilfe des Sonnen- und Mondkalenders[80] grundlegend in zwei Dimensionen eingeteilt: einmal in die zählbare Folge von Tagen und Jahren (also die immer gleich bleibenden zählbaren Zeiteinheiten) und zum anderen die ‚festgesetzten Zeiten‘, d. h. die aus dem kontinuierlichen Jahresablauf herausgehobenen agrarischen, kultischen und sozialen ‚Festzeiten‘. Der *siebte* Schöpfungstag schließlich bringt eine weitere Ordnungskategorie der Zeit hervor: die Woche als eine Einheit von sieben Tagen, die als solche eine numerische Zählung des Stromes der Zeit ermöglicht, zugleich aber eine qualitative Unterscheidung der Zeit als Zeit der Arbeit und als Zeit des Nicht-Arbeitens aus sich entläßt, über deren von P[g] angezielte theologische Bedeutsamkeit wir noch sprechen werden[81].

Durch die Rahmenstruktur der Tage 1, 4, 7, die in dem Thema Licht = Zeit übereinstimmen, gibt der Erzähler eine erste positive Zielperspektive: „Die Erschaffung des Lichts vor den Himmelskörpern Gen 1,3–5 ist natürlich schon für eine vorwissenschaftliche Orientierung ohne jeden Erklärungswert. Dagegen soll durch sie für die Einbildungskraft des Hörers Vertrauen in eine Ordnungsstruktur geweckt werden, indem nämlich die Erschaffung des Lichts den Tag-Nacht-Zyklus ermöglicht, der die Finternis begrenzt und so in den Kosmos integriert. Mittels des Lichts realisiert das Erzählen also eine Ordnungs- und Bedeutungsparzelle gegen die in der chaotischen Finsternis gegenwärtige Sinnwidrigkeit"[82].

Unsere Hypothese von der Rahmenstruktur wird weiter dadurch erhärtet, daß die zwischen den Tagen 1, 4, 7 ‚sitzenden‘ Tage 2 + 3 und 5 + 6 ihrerseits durch Struktursignale jeweils zu einer Einheit zusammengebunden sind; das soll nun kurz gezeigt werden.

---

[79] Vgl. *Steck*, Der Schöpfungsbericht 173f.
[80] Vgl. das Fortwirken dieses ‚Doppelkalenders‘ in der Flutgeschichte: Gen 7,11 → 8,14 (Sonnenjahr); 7,6 → 8,13 (Mondjahr); dazu s. u. IV.2 Anm. 27.
[81] Vgl. Abschnitt 7 dieses Kapitels.
[82] *Müller*, Mythos – Anpassung – Wahrheit 12.

(2) Zusammenordnung der Tage 2 + 3

Wie wir bereits bei der Diskussion der ‚Billigungsformel' angemerkt haben, ist der dritte Tag insofern geschehensmäßig sehr eng an den zweiten Tag angebunden, als die am zweiten Tag begonnene Scheidung/ Trennung der Wasser erst am dritten Tag dadurch zum Abschluß gelangt, daß inmitten der Wasser die trockene Erdscheibe sichtbar wird. Auch das vierte Werk, das noch am gleichen dritten Tag folgt, ist so eng angeschlossen, daß eine geschehensmäßige Einheit besteht: Subjekt dieses Werkes ist in V. 12 ausdrücklich die Erde, die in V. 10 Ergebnis des Schöpfungshandelns Gottes ist. Der Sache nach meinen die in V. 11 ergehende Anordnung und die in V. 12 erzählte Ausführung, daß die Erde immer wieder von jungem frischen Grün überzogen sein wird, möge es nun unmittelbar aus der Erde selbst kommen oder aus Bäumen und Stauden grün austreiben[83]. Das in V. 6 einsetzende Schöpfungsgeschehen kommt also in V. 12 zu einem ersten Abschluß: Aus dem Urwasser wird sukzessiv ein für allemal eine Erde ausgegrenzt, die zugleich ihr Pflanzenkleid hervorbringt: „Bäume stehen da zu steter Begrünung, Bäume und Pflanzen tragen Samen, durch die ihr Dasein zusammen mit der Kraft der Erde auf Dauer gesichert ist"[84]. ‚So hat Gott allem Lebenden den Tisch bereitet' – das ist die Perspektive, die die beiden Schöpfungstage 2 + 3 leitet. Den Erzähler interessiert nicht, daß es auf der Erde Berge und Täler gibt, sondern daß sie der gedeckte Tisch für Lebewesen ist, ein Tisch, den die Erde immer wieder zu decken in der Lage sein soll. Die Pflanzen und Bäume sind in der Sicht unseres Erzählers nicht Lebewesen *auf* der Erde, sondern sie sind für ihn ein Teil der Erde selbst, weshalb ich dieses Schöpfungswerk ‚Pflanzen tragende Erde' nennen möchte (und nicht, wie dies meist geschieht, ‚Pflanzen'). Diese Beobachtung rechtfertigt also die in unserem Strukturbild[85] gegebene Charakterisierung, wonach es beim Schöpfungshandeln Gottes am zweiten und dritten Tag um die Errichtung von Erde und Meer als *Lebens*raum geht.

Die Schöpfungstage 2 + 3 werden noch durch eine formale Besonderheit zu einer Einheit zusammengebunden: Nur an diesen beiden Tagen begegnet die unmittelbare Aufeinanderfolge von Entsprechungsformel und Benennung[86].

---

[83] Die Paronomasie „Grünes grünen" unterstreicht den Aspekt der jungen, frisch nachwachsenden Vegetation, während der Hinweis auf die Fähigkeit, Samen zu bilden, die der Erde eingestiftete Lebenskraft betont. Insgesamt also das ‚schöne' Bild einer ‚lebenden' Erde.

[84] *Steck*, Der Schöpfungsbericht 95.

[85] Vgl. VIII. Anhang.

[86] Zur Interpretation vgl. oben Anm. 15.

(3) Zusammenordnung der Tage 5 + 6

Wie die Tage 2 + 3 bilden auch die Tage 5 + 6 eine geschehensmäßige Einheit, insofern an ihnen die Lebewesen erschaffen werden, die in den an den Tagen 2 + 3 errichteten Lebensräumen leben sollen. Dabei wird der Mensch „an demselben Tage wie die Landtiere geschaffen, weil er mit ihnen die Erde als Heimat und den Körperbau gemein hat und insofern ihr Lebensgenosse ist"[87].

Formal werden diese beiden Tage als ein zusammengehöriges Paar dadurch ausgewiesen, daß nur in ihnen das Schöpferhandeln Gottes mit dem Verbum „schaffen" ($b\bar{a}r\bar{a}$') bezeichnet wird und daß an beiden je einmal ein Segen Gottes in direkter Rede ergeht, die teilweise identisch ist[88].

Es ergibt sich demnach für Gen 1,3–2,3 folgende planvolle Doppelstruktur: In den vom Thema Zeit bestimmten Rahmen der Tage 1, 4, 7 ist als Binnenstruktur das Doppelpaar Tag 2 + 3 und 5 + 6 geschoben, wobei das Paar 2 + 3 den Lebensraum erstellt, in den hinein dann an den Tagen 5 + 6 die entsprechenden Lebewesen geschaffen werden.

Von dieser Struktur her wird deutlich: Schöpfung bedeutet nach Gen 1 die Ermöglichung von Leben in einem allen Lebewesen gemeinsam zugewiesenen Lebensraum, wobei der ordnenden Kategorie der Zeit eine wesentliche Rolle zukommt. Daß alles, was lebt, seinen ihm zugewiesenen Lebensraum und die ihm jeweils zugewiesenen Lebenszeiten einhält, ist nach Gen 1 die Voraussetzung Gottes dafür, daß Leben als Zusammenleben möglich ist.

Die Perspektive ‚Schöpfung als Setzung von Leben' kommt schließlich noch auf der Ebene der Semantik zum Tragen, wodurch unsere Beobachtungen zur Struktur bestätigt werden.

(4) Semantische Akzente in Gen 1,3–2,3

Wie sehr die Erde als Lebensraum für die Lebendigen die leitende Perspektive unseres Erzählers[89] ist, zeigt seine Wortwahl:

a) Beim zweiten Werk „ist erstaunlich, welche Zurückhaltung die Tora bei diesem Werk geübt hat. Wir erfahren nicht nur nichts über das weitere Schicksal oder die Zweckbestimmung der oberen Wasser, sondern nicht

---

[87] *Jacob*, Das erste Buch der Tora 57.

[88] Vgl. Gen 1,22.28. Anders als die Tiere werden die Menschen, wie die unterschiedliche Redeeinleitungsformel zeigt, mit den Segensworten *an*gesprochen. Daraus kann man freilich nicht (wie *Westermann*, Genesis 221) ein Argument für das Wesen der Gottebenbildlichkeit als der Fähigkeit, mit Gott in Beziehung zu treten (vgl. *Westermann* aaO. 217f), gewinnen.

[89] Die zweimalige Verwendung von $h\bar{a}'\bar{a}re\c{s}$ (Erde) in unmittelbarer Folge (Gen 1,1f) gleich zu Beginn des Textes hebt dies eindrucksvoll hervor.

einmal Genaueres über die Beschaffenheit und selbst den Stoff des sogenannten Himmels ... Wir werden lediglich belehrt, daß das Wasserchaos
aufgehört hat, indem ein Teil der Wasser nach oben hin abgesperrt ist"[90].
All dies wird nur insoweit erzählt, als es Voraussetzung für die Erstellung
der Erde als Lebensraum ist und insofern das Firmament Träger der
Lichtkörper ist, die ihrerseits wieder nachdrücklich in ihrer Funktion im
Blick auf die Erde qualifiziert werden, wenn es V. 15 und V. 17 betont
heißt: „sie sollen leuchten *über die Erde hin*".

b) Bei der Benennung der Werke am dritten Tag in V. 10 wird konsequenterweise zuerst die Erde berufen, erst danach das Meer: „Also zuerst die
Erde, denn auf sie ist es abgesehen, das Meer ist dem Menschen fremder
und ferner wie die Nacht gegenüber dem Tage (V. 5)"[91].

Ist also das Paar 2 + 3 stark von der Perspektive ‚Erde als Lebensraum‘
bestimmt, wird das Paar 4 + 6 semantisch durch die Perspektive ‚Leben‘
charakterisiert:

c) Sowohl in Tag 5 als auch in Tag 6 verwendet P^g je zweimal die
Wortverbindung *næfæš ḥajjāh* (V. 20.21 und V. 24.30) „Lebewesen",
„lebendige Wesen"[92]. Diese Bezeichnung, die gleich zu Beginn des zweiten Blocks der Binnenstruktur auftaucht, gibt die neue Dimension des
Schöpferhandelns Gottes an: er schafft Lebendiges, er schafft lebenshung-
rige Wesen, deren Lebendigsein verdanktes Leben ist. Diese Dimension
des Lebendigseins unterscheidet die am fünften und sechsten Tag geschaffenen Werke von den Werken des zweiten und dritten Tages.

d) Auch das Element ‚Segen‘, das bei Tag 5 + 6 mit der Erschaffung
verbunden ist, unterstreicht die Perspektive des Lebendigseins: die
geschaffenen Lebewesen werden nicht einfach in die für sie zuvor erstellten Lebensräume hineingesetzt wie Rädchen in ein Getriebe, sondern
über sie wird ein Segen ausgerufen, d. h. Fruchtbarkeit – ihnen wird eben
die Fähigkeit geschenkt, als Lebendige ihr Leben weiterzugeben in der
Lebenskette der Generationen[93].

e) Auch die bei den Wasser-, Flug- und Landtieren hinzugefügte Kennzeichnung „nach ihren Arten" weist das Interesse des Erzählers an der

---

[90] *Jacob*, Das erste Buch der Tora 41.

[91] *Jacob* aaO. 43.

[92] Diese Beobachtung verliert ihre Strukturvalenz nicht, falls die Wortverbindung
in 1,20.21.24 als Oberbegriff und in 1,30 als Apposition von Kriechgetier
verwendet ist; vgl. dazu *Scharbert*, Fleisch 68ff.

[93] Die in Gen 1,22.28 in den Segensworten gebrauchte Verbkette „seid fruchtbar –
werdet zahlreich – füllt die Wasser/die Erde" ist geradezu eine Explikation
altorientalischer Segensvorstellung.

Perspektive ‚Leben' aus: „Art" ist hier keine klassifikatorische Kategorie, sondern bezeichnet die „Gruppe von Individuen mit übereinstimmender Form, die durch die Fortpflanzung zusammenhängen"[94].

f) Schließlich betont auch das als Schöpfungsterminus gebrauchte Verbum *bārā'* die Dimension des Lebendigen. Dieses Verbum, das in der alttestamentlichen Überlieferung ausschließlich von einem Handeln Gottes[95], nie von einem Handeln von Menschen gebraucht wird, qualifiziert das Schöpferhandeln Gottes in zweifacher Hinsicht. Es meint zuallererst „etwas Lebendiges schaffen", etwas so gestalten und ausstatten, daß es leben kann und will. Gerade dies unterscheidet „schaffen" (*bārā'*) von „machen" (*'āśāh*): was „geschaffen" wird, sei es aus einem vorgegebenen Stoff oder sei es meist ohne ein vorhandenes Material, ist nicht einfach das Ergebnis der Formung oder Umformung eines vorgegebenen Gegenstandes, sondern es ist das Hervorbringen eines gänzlich Neuen (vgl. Jes 65,17; Jer 31,22; Ps 51,12; 104,30), Ungewöhnlichen und Unerhörten (vgl. Ex 34,10; Num 16,30). Kurz: es ist das Hervorbringen von etwas, was lebt oder was seinerseits Leben ermöglicht. Gerade von daher ist es *a priori* einsichtig, daß ein derartiges Tun Gott allein zukommt. *Bārā'* drückt darüber hinaus seit der Exilszeit, vor allem in der Tradition der exilischen Bearbeitung des Jesajabuches (sog. Dt-Jes), den Aspekt „Neuschöpfung", „Erlösung" aus (vgl. Jes 43,1.15). In dieser Perspektive meint *bārā'* also ein Handeln Gottes, in dem er aus der Situation des Exils, d. h. aus der Resignation und der Zerstreuung heraus, sich ein neues Volk schafft, eine neue Gemeinschaft von Menschen, deren Lebensprinzip er selbst ist. Von diesen beiden Aspekten her, nach denen das *Bārā'*-Handeln Gottes die Schaffung von Leben und die Ermöglichung von Gemeinschaft hervorhebt, zielt die Schöpfung in der Sicht von P[g] auf die Errichtung eines ‚Lebenshauses für alles Lebendige' ab. Diese Perspektive entfaltet P[g] in einer Reihe von ungewöhnlichen Bildern, die es nun zu beschreiben und zu deuten gilt.

6. Zur Bildersprache der Schöpfungsgeschichte

Zwar können im Rahmen dieser Studie nicht alle Details der von P[g] verwendeten Schöpfungsmetaphorik besprochen werden[96], doch sollen

---

[94] *Jacob* aaO. 46f. In Gen 1,11a.12a ist „nach seiner/ihrer Art" (*l*ᵉ*minehū*) kaum ursprünglich P[g], da diese Angabe dort strukturell und syntaktisch sperrig ist.

[95] Vgl. besonders *Angerstorfer*, Der Schöpfergott.

[96] Vor allem müßte die Metaphorik von 1,6–13 näher untersucht werden.

drei Aspekte ausgewählt werden, die im Blick auf die Flutgeschichte und das uns leitende Interesse einer theologischen Gesamtinterpretation bedeutsam sind.

6.1 Lebensmetaphorik in der Schöpfungsgeschichte

Daß P[g] die Perspektive ‚Erde als Lebenshaus für alles Lebendige‘ zur Leitidee ihrer Darstellung macht, wird zunächst an den Kontrastbildern sichtbar, die sie als ‚Hintergrund‘ ihres Schöpfungsbildes wählt: „Die Erde war Wüste und Leere, und Finsternis (war) über der Urflut" (Gen 1,2)[97].

Der erste Satz dieses Kontrastbildes beschreibt nicht einen Zustand *auf* der Erde, sondern will das Bild einer ‚Nicht-Erde‘ entwerfen, einer ‚Erde-vor-der-Schöpfung‘, der all das fehlt, was sie als ‚Lebenshaus‘ auszeichnet. Das hebräische Wortpaar *tohū wābohū* malt schon lautlich die grausige Sinnlosigkeit eines solchen vorgeschöpflichen Zustandes aus. Die ursprünglich konkrete Bedeutung des ersten der beiden Wörter (*tohū*) „dürfte die weglose (Ps 107,40; Ijob 6,18; 12,24; Jes 29,21) Wüste mit (Dtn 32,10) ihrer schauerlichen Nacht sein, und von da aus ist es zu der Bedeutung des Fruchtlosen, Leeren, Eitlen und Nichtigen gekommen,

---

[97] Gen 1,2b ist nicht P[g]: (1) Die Ortsangabe dieses Nominalsatzes ist literarkritisch sperrig zur Ortsangabe des vorangehenden Nominalsatzes 1,2aβ; (2) Sachlich-vorstellungsmäßig sitzt der Satz wie ein Fremdkörper in der ansonsten planvollen Gesamtkomposition: dies gilt vor allem, wenn der Satz als Chaosschilderung („Gottessturm" = mächtig tobender Sturm: z.B. *Westermann*, Genesis 149; *Ruppert*, Genesis 27; *Smith*, A Semotactical Approach 104) verstanden wird, aber ebenso, wenn der Satz gedeutet wird als Hinweis auf den über dem Chaos bereits kraftvoll wehenden Gotteswind (*Schmidt*, Schöpfungsgeschichte 84) oder als mythische Metapher für die schöpferische Allmacht des Gottesgeistes (*Görg*, Zur Rede vom „Geist Gottes" 134–143: hinter Gen 1,2b steht die Vorstellung vom ägyptischen Luft- und Windgott Amun, der in Gestalt eines flatternden Vogels seine schöpferische Allmacht am Beginn der Entstehung des Weltalls ausübt) oder schließlich als Anspielung auf den Mythos vom Urvogel, der das Weltei ausbrütet (z.B. *Gunkel*, Genesis 104) – all diese Vorstellungen spielen, anders als die Motive der zwei Nominalsätze in Gen 1,2a, im Fortgang der Erzählung keine Rolle mehr. Die literarkritische Sperrigkeit zum Gesamtkontext ließe sich teilweise aufheben, wenn der Vorschlag von *Steck*, Der Schöpfungsbericht 236f akzeptiert werden könnte, Gen 1,2b meine den „Atem Gottes vor der Schöpfung", der in Gen 1,3 als schöpferisches Sprechen aktiv wird. Da *rū*ḥ*lōhīm* in Ex 31,3f; 35,31f (P[s]? R[p]?) den von Jahwe gegebenen schöpferischen Geist bezeichnet, liegt es m.E. am nächsten, Gen 1,2b als eine auf P[s] (oder R[p]) zurückgehende theologische Kommentierung zu verstehen.

womit insbesondere die Götzen charakterisiert werden durften"[98]. Das zweite Wort (*bohū*) charakterisiert ein Haus, das leer ist – ohne Geräte, Einrichtung oder Menschen, also einen Gegenstand, der seine Funktion nicht erfüllen kann, weil ihm die entscheidende Ausrüstung dazu fehlt. So also ist die Erde in ihrem vorgeschöpflichen Zustand als Kontrastbild zu dem Zustand und zu der Fähigkeit, wozu der Schöpfergott sie in 1,9–13 schafft, gedacht.

Auch der zweite Zustandssatz „und Finsternis (war) über der Urflut" ist ein umfassendes Chaosbild, das die ‚Welt-vor-der-Schöpfung' in möglichst scharfem Kontrast zu der dann erzählten Schöpfung zeichnen will. Beides sind altorientalische und alttestamentliche Todesbilder, deren lebensbedrohende Gefährlichkeit nicht nur in Schöpfungserzählungen, sondern auch in der Geschichtstheologie[99] und besonders in der Notschilderung der Klage[100] artikuliert wird. Das Dunkel gilt in Ägypten und Mesopotamien ebenso wie in Israel als der Bereich der Dämonen, der Totenwelt und der Gewalttäter[101]. Und nicht weniger gelten die Urflut und das Meer als Bereiche des Chaos und des Todes, die die Schöpfung bedrohen und nur durch die Mächtigkeit der Schöpfergottheit in Schranken gehalten werden können[102].

Wüste, Urflut und Finsternis wollen also ein ‚Kontrastgemälde' des Chaos zeichnen gegenüber dem dann entworfenen plastischen Bild von der Erstellung des ‚Lebenshauses für alles Lebendige' inmitten dieses Chaos, ja aus diesem heraus. Daß hier ‚Trockenwüste' und ‚Wasserwüste', über denen undurchdringliches tödliches Dunkel liegt, durch P^g miteinander verwoben sind, ist gar nicht so ungewöhnlich. Zwar denkt der Alttestamentler, wenn er die altorientalische und biblische Vorstellung von Chaos erläutern will, „meist an trübe, dunkle Wassermassen. In Wirklichkeit stellt sich das Alte Testament das Chaos, d.h. die ungeordnete, sterile, unbewohnbare Welt ebenso gern wie als Wasser- als Trockenwüste vor. So heißt es in Jer 51,42f:

‚Das Meer überflutete Babylon, vom Getöse seiner Wogen wurde es bedeckt.
Seine Städte wurden zur Einöde, zu einem dürren Wüstengebiet, einem Gebiet, in dem niemand wohnt und das kein Mensch durchwandert.'

[98] Das erste Buch der Tora 26.
[99] Vgl. besonders Ex 14–15.
[100] Finsternis: vgl. besonders Ijob 3,5; 10,21f. Urflut: vgl. besonders Jon 2,6; Ps 69,3.16.
[101] Vgl. den kurzen Überblick bei *Keel*, Bildsymbolik 45–47.
[102] Vgl. *Keel*, Entgegnung 55f; *Weippert*, Schöpfer 18–22.

Wasser- und Trockenwüste stehen hier streng parallel. Beide haben die gleiche Bedeutung. Beide signalisieren die Rückkehr des Chaos'"[103]. Auch von den Ägyptern wird das Chaos gelegentlich gleichermaßen durch Elemente des Wassers und der Wüste charakterisiert, wenn beispielsweise die ,Welt-vor-der-Schöpfung' durch Urgötterpaare abgebildet ist, von denen die männliche Komponente jeweils einen Froschkopf (Wasser!) und die weibliche Komponente jeweils einen Schlangenkopf (Wüste?) und alle zugleich als Füße Schakalsköpfe (Wüste, Tod!) haben[104]. Schließlich ist das chaotische ,Urwasser' auch noch dadurch ein Gegenbild zu dem dann geschaffenen ,Lebenshaus', das wesentlich durch die Kategorien ,Zeit' und ,Raum' (s. o.) geprägt ist, daß das Urwasser, wie besonders die ägyptische Tradition belegt, radikal als raum- und zeitloser Zustand gedacht wurde. Belege dafür sind die vier hermopolitanischen Urgötterpaare Nun und Naunet (Urwasser), Kek und Keket (Dunkelheit), Heh und Hehet (Unendlichkeit), Amun und Amaunet (Verborgenheit)[105] und besonders eine Darstellung in einem Unterweltbuch des Neuen Reiches, wo die vier Himmelsrichtungen, die an sich den Raum strukturieren, als müde und leblose Figuren geradezu ,schwerelos' vor dem Schöpfungsgott dahintreiben, der über sie als Hirte (zur Metaphorik ,Schöpfergott-Hirte' s. u.) wacht[106].

Die drei ,Chaosmächte' sind von P[g] mit Blick auf das dann folgende Schöpfungsgeschehen ausgewählt und angeordnet. Die Anordnung folgt einem dreistufigen räumlichen Vorstellungsschema, dessen chaotische Mächtigkeit dann durch die ersten drei Schöpfungswerke in umgekehrter Reihenfolge ,entmachtet' und zu einem ,Lebenshaus' ausgegrenzt wird. Schematisch läßt sich diese Kompositionsidee so darstellen[107]:

Finsternis	Scheidung des Lichtes	1. Tag
Wasserwüste	Scheidung der Wasser	2. Tag
Trockenwüste	Erstellung von Meer und Erde	3. Tag

Die Schöpfung beginnt also damit, daß das oberste, alles ,zudeckende' Dunkel-Chaos dadurch entmachtet wird, daß das ,Licht' geschaffen wird.

---

[103] *Keel* aaO. 57f; zur Parallelität ,Wasser-Monster' und ,Erd-Monster' vgl. auch *Lohfink*, Gewalt und Gewaltlosigkeit 85, mit Hinweis auf *Wakeman*, God's Battle with the Monster.

[104] Vgl. die Abbildung bei *Keel*, Bildsymbolik 334.

[105] Vgl. dazu *Eliade u. a.*, Schöpfungsmythen 72–74.

[106] Abbildung bei *Keel*, Bildsymbolik 334.

[107] Die folgende Skizze inspiriert sich an *Mosis*, Alttestamentliches Reden 213.

„Licht geben", „Licht schauen lassen" bedeutet im Horizont ägyptischer, altorientalischer und alttestamentlicher Metaphorik „Leben geben", „am Leben teilhaben lassen"[108]. Sukzessiv wird dann die Tödlichkeit der Urflut beseitigt, damit schließlich aus der ‚Tohuwabohu-Erde' eine nährende (!) Erde wird, die als Lebensraum für die dann zu schaffenden Lebewesen dienen kann.

Die theologische Leitidee der P^g, die in der skizzierten Todes-Lebens-Metaphorik zum Ausdruck kommt, läßt sich gut mit Jes 45,18f zusammenfassen: „So spricht Jahwe, der den Himmel geschaffen (*bōrē'*) hat, er, Elohim, der die Erde geformt und gemacht (*'ōśeh*) hat: nicht zur Wüste (*bohū*) hat er sie geschaffen (*bārā'*), sondern zum Bewohnen hat er sie geformt."

6.2 Die Menschen als Bilder des Schöpfergottes und als ‚Hirten der Tiere'

Die Aufgabe, die den Menschen vom Schöpfergott zugewiesen ist, damit die Erde das ‚Lebenshaus alles Lebendigen' bleibt, drückt P^g in zwei Metaphern aus, die sachlich eng miteinander verbunden werden müssen: es ist zum einen die Rede vom Menschen, der „als Bild Gottes, wie die Ähnlichkeit Gottes"[109] geschaffen ist, und es ist zum anderen der in einem Imperativ gegebene Segens-Auftrag, als ‚Hirte' über die übrigen Lebewesen zu herrschen. Beide Metaphern sollen kurz erläutert und dann auf ihre innere logische Zusammengehörigkeit hin befragt werden.

Es kann hier nicht darum gehen, die bunte Palette der in der Forschung bislang vorgetragenen Meinungen zum Thema ‚Gottebenbildlichkeit' zu referieren und diese detailliert zu bewerten[110]. Statt dessen sollen eine

---

[108] Vgl. *Keel,* Jahwes Entgegnung 17f.

[109] Die kontroverse Frage, wie die in Gen 1,26f gebrauchten Präpostionen *b^e* und *k^e* genau zu verstehen seien, kann hier nicht diskutiert werden. Die gleiche (!) Abfolge der Präpositionen mit der theologisch relevanten Umkehrung der damit verbundenen Nomina in Gen 5,3 zeigt, daß P^g beide gezielt unterschiedlich einsetzt: mit *b^e* bezeichnet P^g die Funktion und das Wesen, mit *k^e* die Beziehung und deren Qualität.

[110] Vgl. den Überblick bei *Westermann,* Genesis 203–218. Über die dort genannten Theorien hinaus soll hier kurz auf zwei neuere Tendenzen eingegangen werden, die neue Varianten der Grundfigur „Erschaffung *nach* einem Gottes/Götter-Urbild" darstellen: (1) Mit Verweis auf altorientalische Texte wird veschiedentlich (z.B. *Lohfink,* „Macht euch die Erde untertan" 137f) gesagt, Gen 1,26.28 denke an ein ‚Modell', das eine Gottheit schafft bzw. aus sich entläßt und nach dem er dann die Menschen forme. Die dafür beigezogenen altorientalischen Texte sind freilich sehr unklar und interpretatorisch bislang höchst unsicher

(vgl. auch *W. Groß*, Gottebenbildlichkeit 247). Als weiteres Argument wird auf Ex 25,9.40 verwiesen, wo Jahwe dem Mose das Heiligtumsmodell zeigt. Mir scheint allerdings *diese Art* der Zusammenschau von Gen 1,26.28 und Ex 25,9.40 aus zwei Gründen wenig wahrscheinlich: (a) Beide Stellen gebrauchen ein unterschiedliches Wort für das, was angeblich die gleiche Vorstellung sein soll: in Ex 25 steht das Wort *tabnīt* = Modell, Bauplan, Entwurf, während in 1,26ff das Wort *ṣælaem* = Statue (Gottesbild), Plastik (plastische Nachbildung), Flachbild (Relief oder Zeichnung auf Stuck und Ton) steht. (b) In Ex 25 ist die Funktion des Modells sowohl motivgeschichtlich als auch vom Kontext der Priesterschrift her sehr einsichtig: Es gibt einerseits eine reich belegte altorientalische Tradition, wonach Tempel bauende Könige ihrem Volk proklamieren, der Tempel entspreche genau dem Modell, das ihnen eine Gottheit im Traum oder in einer Vision geoffenbart habe, und andererseits ist es naheliegend, daß die Priesterschrift in der Situation des Exils, also nachdem der von Salomo erbaute Tempel zerstört war und diese Zerstörung von der prophetischen Tempelkritik gerade mit der an diesem Tempel hängenden tödlichen Tempeltheologie in Verbindung gebracht worden war, ein Heiligtum fordert, das den Normen Gottes entspricht, und deshalb auf die Idee des himmlischen Modells zurückgreift, das Mose geoffenbart wird. In Gen 1,26–28 aber schafft doch Gott selbst unmittelbar. Wozu braucht er dazu ein Modell? Kann der in Gen 1,26f gebrauchte Doppelausdruck *bᵉ ṣalmenū* und *kidᵉ mutenū* wirklich ein solches Modell meinen? Besonders: wie ist dann das Suffix *-nū* („unser"!) zu verstehen? Ein solches Suffix fehlt übrigens in Ex 25,9.40!

(2) Eine andere Variante der Theorie, wonach die Menschen *nach* dem Bilde Elohims geschaffen sind, hat *Mettinger*, Abbild oder Urbild? vorgelegt. Er unterscheidet in Gen 1,26–30 zwei Ebenen: eine alte Tradition und eine jüngere priesterschriftliche Uminterpretation der alten Tradition. Ausgehend von der bereits genannten Entsprechung Gen 1,26–28 und Ex 25,9.40 postuliert er für die priesterschriftliche Uminterpretation folgende Entsprechung:

das himmlische Heiligtum (*tabnīt*) – die himmlischen Wesen (*ṣælæm*)
$\downarrow$ $\quad\quad\quad\quad\quad\quad\quad\quad\quad\quad$ $\downarrow$
das irdische Heiligtum $\quad\quad\quad$ – die Menschen

Nach der Sicht von P entspricht demnach der Mensch „den himmlischen Wesen, die das himmlische Heiligtum bevölkern und dort den Gottesdienst ausführen. Die himmlischen Wesen sind das Bild Gottes, nach dem der Mensch erschaffen wurde. Es wäre zu erwägen, ob nicht die Pluralsuffixe in dem Ausdruck ‚nach *unserem ṣælæm*, nach *unserer dᵉmût*' (Gen 1,26) hierdurch ihre Erklärung finden. Worin besteht dann die Ähnlichkeit zwischen dem Menschen und seinem Urbild? Billigerweise in der gemeinsamen *Funktion*, im himmlischen und irdischen Heiligtum den Gottesdienst zum Lob des Schöpfers auszuführen" (aaO. 411). Diese Theorie ist m. E. aus folgenden Gründen auszuschließen: (a) Auch sie postuliert eine Entsprechung zwischen Gen 1 und Ex 25, die, wie schon angemerkt wurde, *so* nicht vorliegt. (b) Die beiden Tabnit-Angaben in Ex 25,9.40 auf den Himmel insgesamt samt den darin Dienst tuenden himmlischen Wesen zu deuten, ist m. E. weder vom Kontext, noch von der Semantik, noch vom religionsgeschichtlichen Hintergrund von Ex 25 her möglich. (c) Die Priesterschrift kennt nirgends mehr die Vorstellung von himmlischen Wesen; daß mit Berufung auf sie der Plural „nach *unserem ṣælæm*"

Reihe von Gesichtspunkten zusammengetragen werden, die sich methodisch und sachlich dem bisherigen Gang unserer Beobachtungen einfügen. Die Frage, was P[g] mit ihrer singulären Wortwahl vom Menschen als ,Bild des Schöpfergottes' anthropologisch-theologisch anzielt, läßt sich meines Erachtens von drei Ansätzen her angehen und beantworten.

(1) Einen ersten Verstehensansatz liefert der Blick auf die auch außerhalb Israels belegte Rede- und Vorstellungstradition von der Gottebenbildlichkeit. Besonders die Untersuchung ägyptischer Texte und Bilder hat hier reiches und differenziertes ,Anschauungsmaterial' für die Interpretation von Gen 1 beigesteuert[111]. Was bei der Durchsicht der vielen ägyptischen Belege, in denen Menschen als ,Bild Gottes' gelten, am meisten auffällt, ist, „daß nicht der Mensch gemeinhin als Gottes Abbild bezeichnet wird, sondern der König. Einige isolierte Ausnahmen finden sich freilich. Imago Dei zu sein ist ein königliches Privileg ... Es sind vor allem drei Akzente in diesem ägyptischen Material, die den Exegeten veranlassen sollten, aufzuhorchen: 1. Der König tritt durchweg als das Bild des Schöpfergottes Re auf. Aufgrund seiner schöpferischen Taten erscheint der König als Inkarnation von Re, dessen Rolle er auf der irdischen Bühne spielt. 2. Die ägyptische Imago-Konzeption repräsentiert eine Erweiterung des Dogmas von der göttlichen Sohnschaft des Königs. Auf der großen Granitstele im Totentempel Amenophis' III. sagt Amon-Re zum König: ,Du bist mein geliebter Sohn, der aus meinen Gliedern hervorgegangen ist, mein *hntj* [= E.Z.: Abbild], das ich auf Erden eingesetzt habe!' 3. Im Vordergrund stehen die Herrscherfunktionen des Königs. In Imago-Zusammenhängen wird davon gesprochen, wie der König seine Feinde ,niedertrampelt', wie alle Fremdländer ,unter seinen Sohlen' sind"[112].

Von diesem Sprachgebrauch her definiert P[g] den Menschen in der Schöp-

---

erklärt werden könnte, ist m.E. ausgeschlossen. Da das Suffix „nach *unserem* ṣælæm" ja logischerweise den Sprecher dieses Wortes, nämlich Gott selbst, mit einschließen muß, wäre nach dieser Hypothese eine weitere Komplikation anzunehmen, nämlich, daß auch diese himmlische Wesen ihrerseits in ihrem ṣælæm Gott entsprechen, sonst könnte Gott nicht von „unserem ṣælæm" reden. Die Theorie löst damit nicht das Problem, sondern schafft nur ein weiteres! (d) Die Hypothese, Gen 1,26–28 wolle mit Hilfe der Parallelisierung von Mensch und Himmelswesen die Menschen definieren als die, die im irdischen Heiligtum den Gottesdienst zum Lob des Schöpfers ausführen, kann sich nicht auf die Anthropologie der Priesterschrift berufen, die gänzlich andere Akzente setzt – sowohl in Gen 1 als auch in der Sinaigeschichte.

[111] Vgl. besonders *Hornung*, Der Mensch; *Otto*, Der Mensch; *Westendorf*, Die Menschen; *Schmidt*, Schöpfungsgeschichte 137–139.

[112] *Mettinger*, Abbild oder Urbild 412f.

fung demnach als ‚König der Schöpfung‘, wobei freilich wichtig ist, daß das Amt des Königs, das im Hintergrund steht, darauf hinwirken muß, die Schöpfung als Lebensordnung gegen äußere und innere Feinde zu schützen. In unserer traditionellen Sprache hieße das: der König ist Bild des Schöpfergottes, insofern er die Autorität und die Instrumente besitzt, *in persona dei creatoris* zu handeln, was klar heißt: nicht *als deus creator*, sondern *wie* der *deus creator*. Der Rückgriff auf das ägyptische Textmaterial ergibt sogar ein weiteres: Während in Ägypten der König auf Grund seines königlichen Amtes Bild Gottes ist, und nur er (bzw. einige wichtige Beamte) dies ist, werden in Gen 1,26f die Menschen schlechthin „Bild Gottes“ genannt. Man hat diese Veränderung als eine Demokratisierung der Imago-Theologie bezeichnet. Nicht auf Grund besonderer Leistungen oder Aufgaben, sondern als solche sind die Menschen Bilder Gottes. „Es ist deshalb sinnlos, nach einer besonderen Eigenschaft beim Menschen zu fragen, die ihn zum Bild Gottes macht. Der Mensch als solcher ist das Bild. Ferner: Wenn es der Sinn des ägyptischen Bild-Prädikates ist, daß der König als ‚Bild‘ der Stellvertreter Gottes auf Erden ist, dann erscheint die Gottheit dort, wo der König erscheint. Entsprechendes gilt in der israelitischen Tradition vom Menschen. Wo der Mensch ist, da ist Gott“[113]. Im und durch den Menschen soll Gottes Schöpferhandeln weiterwirken.

(2) Neben der skizzierten Vorstellung, daß der König durch sein Tun als Abbild oder Ebenbild des Schöpfergottes wirkt, gibt es auch die Tradition, daß der König deshalb ‚Bild‘ (ägyptisch: *ḥntj*) eines Gottes heißt, weil er als dessen ‚lebendiges Kultbild‘ gilt. „Es wird kein Zufall sein, daß gerade das Wort *ḥntj* hier bevorzugt gebraucht wird. Ursprünglich bezeichnet es eine Statue, und zwar sowohl von Privatpersonen wie von Königen und von Göttern, speziell die in der Prozession getragene Statue. Es besagt also zunächst, daß der König die öffentliche, sichtbare Erscheinungsform Gottes sei, die er auf Erden gegeben hat. Das Wort *ḥntj* wird in dieser Verwendung auch gern mit dem Attribut ‚lebend‘ versehen. So heißt Hatschepsut auf ihrem nördlichen Obelisken in Karnak ‚Sein lebendes Bild, König von Ober- und Unterägypten, Makare, das Gold der Könige‘; in Deir el Bahari nennt Amun sie: ‚Mein lebendes Abbild auf Erden‘ und gibt späterhin Amenophis II. die gleiche Bezeichnung“[114]. Wenn der König aus der auch theologisch begründeten Abgeschiedenheit seines Palastes heraustritt und seinen Untertanen ‚erscheint‘, „wird er für

---

[113] *Mettinger* aaO. 416.
[114] *Otto*, Der Mensch 345.

die staunende und jubelnde Welt zum deus praesens"[115]. Das belegen nachdrücklich jene Darstellungen, auf denen der König, ausgestattet mit allen Attributen seines Amtes wie ein Götterbild bei der Prozession auf den Schultern göttlicher oder menschlicher Gestalten getragen wird: „In dieser Szene handelt er nicht, sondern wirkt allein durch sein Sichtbarwerden in der Öffentlichkeit"[116]. Daß die priesterschriftliche Metapher vom Menschen als ‚Bild Gottes' auch diese Konnotationen hat, zeigt das gewählte hebräische Wort *ṣælæm*, das vorwiegend zur Bezeichnung von Götterstatuen und kultischen Göttersymbolen (plastisch, reliefiert, gezeichnet oder eingraviert) verwendet wird[117]. Was P^g mit der Rede vom Menschen als ‚Kultbild' oder als ‚Gottessymbol' des Schöpfergottes meint, läßt sich konkretisieren, wenn wir die Funktionen bedenken, die in Mesopotamien und in Ägypten mit Götterbildern und Göttersymbolen verbunden waren. Das Kultbild ‚offenbart' die Gottheit und ist Träger ihrer Macht. Es ist Erscheinungsweise und Medium göttlicher Wirkmächtigkeit auf der Erde. Es signalisiert das Wo und Wie der göttlichen Lebendigkeit. „So erklärt es sich, daß in den akkadischen Ritualtexten die Götterbilder angeredet und überhaupt behandelt werden, als ob sie belebte Wesen wären"[118]. In den ägyptischen Tempeln geschieht die kultische Pflege eines Gottesbildes so, daß die Priester allmorgendlich die Kultbilder waschen und beräuchern, mit festlichen Gewändern anziehen und mit Diademen schmücken, salben und schminken. Und die Pflege der privaten Götterfiguren wird ähnlich abgelaufen sein, wenn sich der einzelne Fromme der gütigen Nähe und Wirkmächtigkeit seines Gottes oder seiner Göttin versichern wollte. Daß die Götterstatuen wie ein Leib sind, in den die lebendige Gottheit eintritt, um durch ihn in der Welt gegenwärtig zu sein, belegt beispielsweise sehr eindringlich das ‚Denkmal memphitischer Theologie', wo es gegen Ende der ‚Schöpfungsgeschichte' heißt: „Er (d. h. Ptah) schuf die Götter, er macht die Städte, er gründet die Gaue, er setzte die Götter auf ihre Kultstätte(n), er setzte ihre Opfer fest, richtete ihre Heiligtümer ein, er machte ihren Leib so, wie sie es wünschten. So traten die Götter ein in ihren Leib aus allerlei Holz, allerlei Mineral und allerlei anderen Dingen, die auf ihm (Ptah-tatenen) wachsen, in denen sie Gestalt angenommen haben"[119]. Daß die Götterstatuen in der

---

[115] *Hornung*, Der Eine 129.
[116] *Hornung – Staehlin*, Skarabäen 188; dort auch Belegangaben für die Darstellung.
[117] Vgl. ThHAT II 555–563.
[118] *Stamm*, Die Immago-Lehre 66.
[119] Vgl. oben Anm. 30; Übersetzung nach *Junker*, Die Götterlehre 65.

altorientalischen Welt als Leib der Gottheiten und als Medium ihrer irdischen Wirkmächtigkeit begriffen wurden, zeigt sich auch in zwei Praktiken bei der kriegerischen Eroberung von Städten und Ländern. Zum einen waren die Götterstatuen bei Kriegszügen, vor allem bei den Assyrern, eine begehrte Kriegsbeute, die abtransportiert und in den heimatlichen Heiligtümern aufgestellt wurde, um die unterworfenen Städte ihres bisherigen Schutzes zu berauben und zugleich, um sich selbst der Mächtigkeit des anderen Gottes zu versichern; darüber hinaus wurde häufig in die Tempel der eroberten Städte der Hauptgott der Eroberer gestellt, um damit die Eingliederung der unterworfenen Stadt in das Reich der Sieger definitiv abzusichern[120]. Die Götterstatue dokumentiert, wessen Herrschaftsbereich das Heiligtum und die es umgebende Region ist. Ein anderer Brauch, der uns zeigt, wie eng die Verbindung von Götterstatue und Wirken der Gottheit gedacht wurde, ist die für die Assyrer belegte Praxis, gelegentlich Götterstatuen regelrecht hinzurichten[121], vermutlich zur Strafe dafür, daß eine belagerte Stadt ihnen zu lange Widerstand geleistet hatte, was dem Gott der belagerten Stadt zugeschrieben wurde – und wofür seine Statue nach der Eroberung bestraft wurde.

Von diesem Verstehensansatz her meint die Metapher von der Gottebenbildlichkeit demnach: Die Menschen sind als (lebendige) Bilder und Statuen des Schöpfungsgottes Erscheinungsweisen und Medien göttlicher Wirkmächtigkeit in der Welt, d. h. durch die Menschen will der Schöpfergott sein innerstes Wesen offenbaren und die Erde als Lebensraum für alle Lebendigen schützen und gestalten.

(3) Einen dritten hermeneutischen Schlüssel für die von P^g proklamierte Gottebenbildlichkeit der Menschen liefert der literarische Kontext, nämlich Gen 5,1–3*[122]. Wenn es dort heißt, daß Adam seinen Sohn Set als seine eigene Ähnlichkeit und wie sein Bild zeugt, dann wird damit die Relation Vater – Sohn wesensmäßig daraufhin gekennzeichnet, daß ein Sohn durch sein Aussehen, sein Denken und Handeln zur Wiederholung seines Vaters wird. Der Terminus ‚Bild Gottes‘ kennzeichnet so die Beziehung der Menschen zu Gott als eine Art Gottesverwandtschaft, als besondere Gottesnähe. „Der Mensch als Ebenbild Gottes ist innerhalb der Schöp-

---

[120] Zu derartigen religionspolitischen Maßnahmen der Assyrer vgl. *Spieckermann*, Juda unter Assur 307–372.

[121] Vgl. *Keel*, Bildsymbolik 211f.

[122] Auf P^g bzw. ihre ‚Vorlage‘ (vgl. II.1 Anm. 13) geht vermutlich nur Gen 5,1.3 zurück. Literarkritisch sperrig ist in Gen 5,2 vor allem die Benennung Adams und die Tagesangabe. Zur literarkritischen Problematik von Gen 5,1–3 (mit teilweise anderen Konsequenzen) vgl. *Weimar*, Toledot-Formel 77–80.

fung das einzige Lebewesen, das zu Gott eine enge, nahe, ja geradezu verwandtschaftliche Beziehung hat"[123]. Auch von daher kann die Gottebenbildlichkeit „weder mit besonderer Betonung noch ausschließlich auf den Geist oder Leib des Menschen bezogen werden. Der ganze Mensch steht Gott nahe"[124].

Die Metapher ‚Bild Gottes', die von P^g allen Menschen auf Grund ihres Mensch-Seins zugesprochen wird, weist dem Menschen demnach eine dreifache Fähigkeit und Aufgabe zu:

(1) Wie ein König die Lebensordnung der Schöpfung zu sichern und zu schützen;

(2) wie ein Götterbild Erscheinungsweise und Offenbarungsmedium göttlicher Wirkmächtigkeit auf der Erde zu sein;

(3) wie ein Verwandter/Sohn Gottes die Welt als das ihm zugewiesene Heimathaus/Vaterhaus zu verwalten und liebevoll zu gestalten.

Daß P^g genau diese funktionale Anthropologie mit der Rede vom ‚Bild Gottes' meint, bestätigt die *Hirtenmetapher,* die P^g in Gen 1,26 durch die finale Verknüpfung *„damit* sie herrschen . . ." und in 1,28 durch den Imperativ „und herrscht . . ." folgen läßt. Daß diese Metapher nicht die Folge, sondern das Wesen der Gottebenbildlichkeit angibt, hat *W. Groß* im Gegensatz zu beinahe allen Alttestamentlern zurecht und mit guten Gründen betont: „Der Mensch ist als Bild Elohims erschaffen – das bedeutet: er ist dazu erschaffen, über die Tiere zu herrschen. Das ist die einzige inhaltliche Füllung der Gottebenbildlichkeit, die P nennt"[125]. Doch ist damit die Aussage von P^g noch lange nicht erfaßt. Daß der Mensch darin ‚Bild Gottes' ist, daß er ‚König der Tiere' ist, wäre als Ergebnis exegetischer Forschung zu diesem Text in der Tat der „Verzicht auf ein geistiges und eigentlich theologisches Verständnis der Sache"[126]. P^g will hier keine biologische oder soziale Definition des Menschen in Abgrenzung vom Tier bieten. Vielmehr liegt bildhafte Rede vor, die den Menschen als königlichen Beauftragten des Schöpfergottes charakterisiert. Dies läßt sich von zwei Ansätzen her entfalten:

(1) Von der Semantik her: Das hebräische Verbum *rādāh,* das unsere Übersetzungen mit „herrschen" wiedergeben, wird von vielen Exegeten als „niedertrampeln" gedeutet, also als Bevollmächtigung zu schrankenloser Herrschaft im Sinne der bekannten triumphalistischen Siegeranthropologie der Neuzeit. Doch: „Für die brutale Bedeutung ‚niedertrampeln'

---

[123] *Loretz,* Der Mensch 126.
[124] *Loretz* aaO. 126.
[125] *Groß, W.,* Gottebenbildlichkeit 259.
[126] *Stamm,* Gottebenbildlichkeit 10.

kann man sich beim Wort *rādāh* eigentlich nur auf einen einzigen Text berufen, Joel 4,13. Doch der dortige Beleg ist nicht sicher. Es könnte sich genauso um eine gleichlautende Verbform des Verbs *järad* ‚niedersteigen‘ handeln – und das nahm man bis in die zweite Hälfte des vorigen Jahrhunderts auch an, bevor das Interesse daran aufkam, dem Wort *rādāh* in Gen 1,28 eine möglichst intensive Bedeutung zu geben"[127]. Die Grundbedeutung von *rādāh* ist dies aber nicht. Das Wort[128] bezeichnet eigentlich das Umherziehen des Hirten mit seiner Herde, der seine Herde auf gute Weide führt, der die Tiere gegen alle Gefahren schützt, sie vor Raubtieren verteidigt und die schwachen Tiere seiner Herde gegen die starken schützt und dafür sorgt, daß auch sie genügend Wasser und Nahrung finden. Daß ein solcher Hirte seit alters ein Bild gerade für die Amtsführung eines guten und gerechten Königs war, der sich ganz für sein Volk einsetzt, der vor allem die Rechte der Schwachen schützt und so glückliches Leben für *alle* garantiert, ist daher nicht verwunderlich. Doch selbst bei der früher angenommenen Bedeutung von *rādāh* = „treten auf" als Herrschaftsgestus[129] braucht nicht sogleich an eine Unterwerfungsanthropologie gedacht zu werden. Wie eine mehrfach(!) belegte Bildkomposition[130], die den Hirtengott Amurru zeigt, der seinen Fuß auf ein friedlich vor ihm lagerndes Tier setzt, während er in der Hand seinen Hirtenstab hält, eindrucksvoll bestätigt, kann das Motiv vom Treten auf ein Tier ebenfalls zur Hirtenmetaphorik gehören und Schutz und Fürsorge ausdrücken. Daß in Gen 1 die Hirtenfunktion der Menschen *metaphorisch* gemeint ist, zeigt P^g durch die ‚Herde‘ an, die den Menschen übergeben ist: es sind nicht nur die Landtiere, sondern auch die Vögel und

---

[127] *Lohfink*, Unsere großen Wörter 167.

[128] *rādāh* + *b^e*: Gen 1,26.28; Lev 25,43.46; 26,17; 1 Kön 5,4.30; 9,23; Jes 14,2; Ez 29,15; 34,4; Ps 49,15; Neh 9,28; 2 Chr 8,10; *rādāh* + *b^eqæræb*: Ps 110,2; *rādāh* + Akkusativ: Lev 25,53; 14,6; unklar: Num 24,19; Joel 4,13; Ps 68,28; 72,8; Klgl 1,13.

[129] Vgl. auch *Steck*, Der Schöpfungsbericht 136 Anm. 553: „auf jeden Fall eine massive Durchsetzung eines Willens (vgl. z.B. Lev 25,43.46.53 und die Verwendung Jo 4,13)"; der Blick auf die P^g nahestehende Sprache von Lev 25 belegt aber gerade, daß das Verbum *nicht* notwendig negative Beitöne hat, da dort die ‚gewalttätige‘ Herrschaft durch den Zusatz *b^epæræk* („mit Gewalt") näher bestimmt wird (wie in Ez 34,4, wo dies ausdrücklich ein Gegenbild ist!); die adverbiale Bestimmung ‚*b^epæræk*‘ verwendet P^g in Ex 1,13f, um die schöpfungswidrige(!) Unterdrückung Israels in Ägypten zu kennzeichnen.

[130] Vgl. *Zenger*, Der Gott der Bibel 148; vier Abbildungen sowie Hinweise auf weitere Beispiele finden sich bei *Seibert*, Hirt – Herde – König 63–65; das Monitum gegen *Zenger*, Hoffnung für die Erde 213f bei *Splett*, „Macht euch die Erde untertan" 261 Anm. 11 zeugt deshalb von einschlägiger Unkenntnis.

die Fische[131]. Damit wird deutlich: den Menschen ist die Aufgabe zugewiesen, das ‚Lebenshaus' insgesamt zu schützen und den Lebewesen
insgesamt Leben zu ermöglichen.

(2) Die priesterschriftliche Theologie greift mit ihrer Bildrede von den
Menschen als ‚Hirten der Tiere' eine Vorstellung auf, mit der in Ägypten
und Mesopotamien gerade die Schöpfergottheiten, insofern sie sich auch
weiterhin um die einmal geschaffene Welt kümmern, benannt und
beschrieben werden[132]. Und zugleich drückt die Amtsbezeichnung des
Königs als ‚Hirte' und die damit verbundene Metaphorik genau den von
Gen 1 *allen* Menschen zugesprochenen Auftrag aus, den ‚königlichen
Herrschaftsbereich' als Bereich des Lebens und der Gerechtigkeit zu
schützen und zu fördern. Aus der breiten Fülle des Belegmaterials können
hier nur einige Beispiele angeführt werden:

Vom babylonischen Sonnengott Schamasch heißt es beispielsweise in
einem Hymnus:

„Die Menschen der Länder insgesamt betreust du;
was immer Ea, der König, der Regent, hervorbringen ließ,
ist überall dir übergeben.
Die den Lebensodem haben, die weidest du allzumal;
du bist ihr Hirt, seien sie droben oder drunten.
Du durchmißt die Himmelsbahn ständig immer wieder,
gehst über die weite Erde einher Tag für Tag.
Den Weg über Meer (und) Gebirge, die Erde
gehst du wie . . . ständig entlang Tag für Tag.
Was dort unten dem Fürsten Kusu, den Anunnaku zugehört,
betreust du;
die Oberwelt aller Wohnstätten hälst du in Ordnung.
Der Hirt der untern Welt, der Hüter der Oberwelt,
der das Licht der ganzen Welt wahrt, Schamach, bist du!"[133]

---

[131] Vgl. analog den Horizont der den Menschen übergebenden Schöpfung in Ps
8,8–9; zu dieser Deutung: *Zenger*, „Was ist das Menschlein" 137.

[132] Vgl. für Mesopotamien: *Seibert*, Hirt – Herde – König; für Ägypten *Müller*,
Der gute Hirte; für Israel: *Schottroff*, Psalm 23. Sozialgeschichtliche Auslegung.

[133] Text aus: *Falkenstein – von Soden*, Hymnen und Gebete 241. Vgl. dazu
Schottroff, Psalm 23. Sozialgeschichtliche Auslegung 108 Anm. 37: „Der im
Text erwähnte babylonische Gott Ea (sumerisch: Enki; Kultort: Eridu) ist der
Gott des Süßwasserozeans (d. h. des Grundwassers) und der Weisheit; bei den
Annunaku handelt es sich um die Götter der Erde im Unterschied zu den im
Hymnus später genannten Igigu, den großen Göttern des Himmels."

Und als im Enuma-Elisch-Epos die Götterversammlung dem Schöpfergott Marduk das Königtum über den gesamten Kosmos überträgt, heißt es in der Rede des Sprechers der Götterversammlung u. a.:

„Überragend sei seine Herrschaft, keinen Rivalen möge er bekommen. Er übe das Hirtenamt aus über die Schwarzköpfigen, seine Geschöpfe" (Ee VI, 106f)[134].

Von daher ist es nicht verwunderlich, daß die ‚sumerische Königsliste' als Berufe = Titel der vorflutlichen Könige (!) Dumuzi, Etana und Lugalbanda eben die Bezeichnung ‚Hirte, Schafhirte' angibt. Was mit dem königlichen Hirtenamt in der mesopotamischen Tradition verbunden wird, illustriert bildreich ein Hymnus auf den Herrscher Iddindagan von Isin (19. Jh. v. Chr.):

„Iddindagan, An hat dir an seinem hohen Kultort ein großes Geschick bestimmt,
hat deine rechte Krone strahlend erscheinen lassen,
hat dich zum Hirten über das Land Sumer bestellt,
hat das Feindland unter deinen Fuß gebeugt.
Enlil hat dich in Treuen angeschaut,
hat zu dir, Iddindagan, sein unabänderliches Wort gesprochen.
Gute Führung für Sumer zu festigen,
die Menschen einträchtig zu machen,
Sumer und Akkad unter deinem weiten Schirm zu beruhigen,
die Menschen reichlich Speise essen, süßes Wasser trinken zu lassen,
hat dir Enlil aufgetragen:
Iddindagan, der Hirte nach seinem Herzen bist du,
der, zu dem Enlil sein unabänderliches Wort gesprochen,
bist du"[135].

---

[134] Die Übersetzung verdanke ich meinem Münsteraner Kollegen Professor *Manfried Dietrich*.

[135] Text aus: *Falkenstein – von Soden*, Hymnen und Gebete 120f. Vgl. dazu *Schottroff*, Psalm 23. Sozialgeschichtliche Auslegung 107f Anm. 33: „Der im Hymnus erwähnte Gott An (babylonisch: Anu), dessen Hauptkultort Uruk war, ist der sumerische Himmelsgott und als Spitze des Pantheons Vater und König der Götter. Enlil, der im Fortgang genannte Hauptgott von Nippur, ist zu An genealogisch in Beziehung gesetzt. Er galt bei den Sumerern als Herr des Luftraums, bei den Babyloniern als Gott des Gebirges und wurde ursprünglich ebenfalls als Vater und König der Götter des Pantheons betrachtet. Er wurde als der Gott angesehen, der den irdischen Königen ihre Herrschaft verlieh."

Auch in Ägypten dient die Hirtenmetaphorik dazu, die bleibende Verantwortung und Fürsorge der Schöpfergötter und der Könige als ihrer
Stellvertreter und Sachwalter zu beschreiben. Die ägyptische Tradition
dokumentiert besonders eindrucksvoll, wie eng der Vorstellungszusam-
menhang ‚Schöpfergott als Hirte – König als Bild des Schöpfergottes und
von diesem beauftragter Hirte' gesehen werden kann.

Die sog. ‚Lehre für Merikare' antwortet beispielsweise auf den Vorwurf
der sog. ‚Admonitions', der (Sonnen-)Schöpfergott sei angesichts der
leidvoll erfahrenen gesellschaftlichen Unruhen ein Hirte, der sich nicht
um seine Herde kümmere („Wo ist er heute? Schläft er etwa? Seht, man
sieht seine Macht nicht!"[136]), gerade mit dem entfalteten Bild vom Schöpfergott, der für *sein Vieh* sorgt:

> „Wohl versorgt sind die Menschen, das Kleinvieh Gottes.
> Er hat für sie das Untier des Chaos' [E. Z. = Urwasser!] beseitigt.
> Er hat die Luft geschaffen, damit ihre Nasen leben können.
> Seine Ebenbilder sind sie, die aus seinem Leibe hervorgegangen sind.
> Er geht am Himmel auf um ihretwillen.
> Er hat die Pflanzen für sie geschaffen,
> das Kleinvieh, die Vögel und die Fische, um sie zu ernähren.
> Er tötete seine Feinde und vernichtete seine Kinder,
> weil sie daran dachten, sich aufzulehnen.
> Er hat das Licht um ihretwillen geschaffen,
> und segelt am Himmel, damit sie sehen können.
> Er hat sich eine Kapelle hinter ihnen erschaffen,
> (und) wenn sie weinen, dann hört er es.
> Er hat ihnen Fürsten im Ei geschaffen,
> Befehlshaber, um den Rücken des Schwachen zu stützen.
> Er hat ihnen den Zauber als Waffe geschaffen,
> um den Arm der Ereignisse abzuwehren,
> und Träume in der Nacht wie am Tage.
> Er hat die Frevler unter ihnen getötet,
> wie ein Mann seinen Sohn wegen seines Bruders schlägt.
> Gott kennt jeden Namen"[137].

In diesem Plädoyer für die bleibende Zugewandtheit des Schöpfergottes
zu seiner Schöpfung fällt auf, daß die aufgelisteten Tätigkeiten voll im

---

[136] Vgl. *Müller*, Der gute Hirte 130.
[137] Text aus: *Müller* aaO. 131; vgl. auch *Beyerlin*, Religionsgeschichtliches Textbuch 70–72.

Bereich der ‚Schöpfungstheologie' angesiedelt sind, nur die einleitende Metapher von den Menschen als ‚Vieh Gottes' spielt auf das göttliche Hirtenamt an. Dies hängt nicht zuletzt damit zusammen, daß schon in unserem Text „neben den göttlichen Hirten der hütende König"[138] tritt, den der Schöpfergott „im Ei geschaffen hat" mit dem Auftrag, „den Rücken des Schwachen zu stützen". Daß der König den Schöpfergott-Hirten der Menschen vertreten soll, hat seinen „wohl deutlichsten Ausdruck . . . in jener bekannten Stelle aus den Ezählungen des Pap. Westcar gefunden, wo der Zauberer Djedi den König Cheops, der interessanterweise in der Literatur dieser Zeit geradezu das Gegenteil des Guten Hirten gewesen zu sein scheint, scharf rügt, als der an ihn das Ansinnen richtet, an einem Gefangenen zu experimentieren: ‚Aber doch nicht an Menschen, Herrscher (er lebe, sei heil und gesund!), mein Herr! Siehe, nie befahl man Gleiches zu tun am edlen Kleinvieh!'"[139] Wird in der Zeit des Alten und Mittleren Reiches die gott-königliche Metaphorik weitgehend auf die Relation Schöpfergott – Pharao – Ägypter begrenzt, so wird sie vom Neuen Reich an ausgeweitet. „Jetzt sind es nicht mehr allein die Ägypter wie bei Merikare, die als sein ‚Kleinvieh' bezeichnet werden, sondern die Gesamtheit aller Menschen, repräsentiert von den Ägyptern, Asiaten, Negern und Libyern, von denen gesagt wird, sie seien ‚das Kleinvieh des Re, das in der Unterwelt ist, nämlich Ägypten und das Ausland'. War bei Merikare das Weltbild anthropozentrisch, ist es jetzt kosmisch-universalistisch: nicht nur den Ägypter umfaßt die göttliche Fürsorge, sondern alle Menschen, ja, alle Kreatur, bis hinab zur Maus in ihrem Loche und dem Küken in seinem Ei"[140]. Wenn man vom König sagt „Ein Gott ist er, unter dessen Führung man lebt"[141], kommt die Teilhabe des Königs an diesem universalen Hirtenamt des Schöpfergottes bündig zum Ausdruck. Und genau auf diesen Aspekt zielt die Bildrede von Gen 1: der Schöpfergott befähigt (‚Bild Gottes') und beauftragt (‚seid Hirten') die Menschen, an seiner Stelle das Hirtenamt zum Schutz und zur Förderung des Lebens auszuüben.

Beide Metaphern ‚Bild Gottes' und ‚Hirte' gehören also vorstellungsmäßig eng zusammen. Sie stammen aus der Königsideologie, die damit den König sowohl in Mesopotamien als auch in Ägypten als ‚Beauftragten' des Schöpfergottes qualifizieren und den Aspekt der Lebensförderung für alle, in Sonderheit für die vom Tod bedrohten ‚Tiere' (um in der Meta-

---

[138] *Müller* aaO. 132.
[139] *Müller* aaO. 132.
[140] *Müller* aaO. 139.
[141] Belege bei *Müller* aaO. 142.

pher zu bleiben!), hervorheben will. Die von P^g bildhaft angedeutete Anthropologie (*alle* Menschen sind ‚Bilder' und ‚königliche Hirten'!) fügt sich somit in die Gesamtkomposition. Der Schöpfergott hat sein ‚Lebenshaus' bestens bestellt: er hat es festgefügt und gegen das Chaos abgegrenzt, er hat es wie einen gedeckten Tisch ausgestattet, er hat ihm Licht und ordnende Zeiten gegeben – und er hat Hirten bestellt, die fürsorglich und kompetent das ‚Lebenshaus' leiten und schützen sollen. Dieses Gesamtbild von Gen 1 wird schließlich noch vertieft durch die abschließende Gottesrede in Gen 1,29–30, die abermals metaphorisch gestaltet ist.

6.3   Die Übereignung der Erde als Lebensraum

Daß P^g in Gen 1,29–30 Bilder und Vorstellungen der alten Welt von der goldenen Ur-Zeit aufgreift, um damit die leidvoll erfahrene Gegenwart zu kontrastieren, ist oft betont worden[142]. Doch zu Unrecht hat man dem Verfasser der P^g vorgeworfen, daß er diese Tradition von einem paradiesischen Ur-Frieden ‚verdorben' habe. „P hat diese Tradition gekannt; die Poesie hat er, wie auch sonst, dahinter gelassen, und nur eine ‚wissenschaftliche Theorie' über die Geschichte der Nahrung der Menschen und Tiere daraus genommen. Für die Nahrung aber interessiert er sich als Priester; in seiner Religion spielen ja die Speisegebote und -verbote eine große Rolle"[143]. Doch hier geht es, wie die einleitende ‚Übereignungsformel' (s.u.) unterstreicht, weder um ein „Speisegebot" noch gar um die „Verordnung eines Grundgesetzes für die Geschöpfe"[144]. Ebensowenig ist diese Gottesrede eine weitere Explikation der Gottebenbildlichkeit der Menschen, denen nach der Herrschaft über die Tiere nun auch noch die Herrschaft über die Pflanzenwelt übertragen werde, wie *B. Jacob* vorschlägt: „Der Sinn von V. 26–30 ist: die Ebenbildlichkeit des Menschen mit Gott drückt sich der Tierwelt gegenüber in Überlegenheit und Herrschaft aus; was die pflanzlichen Organismen betrifft, so sollen dem Menschen beide Klassen (Kraut und Baum) als Nahrung zur Verfügung stehen, während nur das Kraut auch für das Tier da ist"[145]. Gen 1,29–30

---

[142] Vgl. die zitierten Hinweise auf Plato, Plutarch, Ovid, Vergil bei *Westermann*, Genesis 225; inneralttestamentlich wird Gen 1,29f als ‚urgeschichtliches' Pendant zum ‚endgeschichtlichen' Welt- bzw. Tierfrieden von Jes 11,6–9; 65,25; Hos 2,20; Ez 34,25 gesehen; vgl. *Groß*, Weltfrieden 83–93.

[143] *Gunkel*, Genesis 113.

[144] *Dillmann*, Genesis.

[145] *Jacob*, Das erste Buch der Tora 63.

ist aber nicht einfach die sachliche Fortführung von Gen 1,26–28, sondern führt ein neues Thema ein. Darauf weist P^g nicht nur durch die neue Redeeinleitungsformel hin. Auch das Fehlen der Motive von 1,29–30 in der Selbstaufforderung Gottes (Gen 1,26) macht das deutlich. Schließlich greift 1,29–30 motivlich bis auf 1,11–13 zurück und bezieht ebenfalls 1,20–25 mit ein, wodurch 1,29–30 offenkundig mit Blick auf das *gesamte* Schöpfungsgeschehen zu lesen ist[146]. Es sind drei Aspekte, die P^g durch die metaphorische Gottesrede andeuten will:

(1) Die mit der feierlichen Interjektion „siehe" + Perfekt der Koinzidenz zur Bezeichnung eines performativen Akts herausgehobene ‚Übereignungsformel', die aus der Rechtssprache stammt[147], zeigt an, daß mit dieser Gottesrede den Menschen, den Landtieren und den Vögeln die mit Pflanzen ausgestattete Erde als Lebensraum übergeben wird. Wie ein königlicher Landesherr Ölberge, Weingärten und Äcker seinen ‚Vasallen' als Lehen „gibt" (vgl. 1 Sam 8,14; 22,7; 27,6), so übereignet der Schöpfergott die Erde den Lebewesen als *ihr* ‚Lebenshaus'. Dieser Aspekt, der durch die zweimalige Zweckangabe „zum Essen, zur Nahrung" betont wird, unterscheidet die priesterschriftliche Schöpfungstheologie von den meisten altorientalischen Kosmogonien, in denen die Menschen geschaffen werden, um die Erde zuallererst *für die Götter* zu bearbeiten[148].

(2) Die Übereignung der Erde geschieht so, daß den Menschen und den Tieren unterschiedliche Lebensbereiche zugewiesen werden. P^g deutet damit bildhaft ihre Utopie an, daß das Einhalten der den einzelnen Lebewesen zukommenden Lebensräume die dem Schöpfungsgeschehen entsprechende Lebensfülle am besten sichern könnte. Daß P^g die grundlegende Unterscheidung ‚menschlicher' und ‚tierischer' Lebensbereiche für ihre ‚Lebensutopie' wählt, hängt mit der Welterfahrung damaliger Menschen zusammen, für die sich in der Relation Mensch – Tier viel grundlegendere Spannungen der Schöpfung verdichteten als für uns moderne Menschen[149]. Hinter Gen 1,29–30 steht die Erfahrung, daß Menschen und Tiere als ‚Bewohner' ein und desselben Lebenshauses faktisch Partner und

---

[146] V. 29–30a ist deshalb auch nicht „eine Regelung und Eingrenzung des Herrschaftsauftrags" (*Steck*, Der Schöpfungsbericht 143 f. Anm. 579).

[147] Vgl. besonders Gen 20,16; Num 18,21.

[148] Vgl. die Zusammenstellung der wichtigsten Texte mit Interpretation bei *Pettinato*, Das altorientalische Menschenbild (bes. 21–29): „Auf die Frage ‚weshalb wurde der Mensch geschaffen' geben die keilschriftlichen Texte eine einheitliche und klare Antwort: ‚Der Mensch wurde erschaffen, um zu arbeiten, und zwar um die Götter von ihrer schweren Arbeit zu entlasten'" (aaO. 21).

[149] Vgl. dazu unten S. 116–124.

Rivalen zugleich sind, wozu die Zuweisung unterschiedlicher Lebensräume das utopische Gegenbild sein will[150].

(3) Daß die Erde als ‚Lebenshaus‘ geplant ist und dies bleiben soll, deutet P^g vor allem dadurch an, daß Menschen und Tieren ausschließlich die ‚pflanzliche Erde‘ übergeben wird. „Wer sich auf Poesie versteht, weiß auch ohne die Einwürfe der modernen Naturwissenschaft, daß diese Erzählung von der goldenen Zeit eine Dichtung ist, ein schöner Traum sehnsüchtiger Herzen"[151]. Daß die Menschen nur von den Früchten der Bäume und Pflanzen leben, ist auch in der jahwistischen Urgeschichte Metapher für die gottgegebene Lebensfülle der ‚Ur-Zeit‘[152]. P^g dehnt diese Vorstellung ausdrücklich auf alle Lebewesen der Erde aus. Da die Pflanzen nach altorientalischer Vorstellung keine Lebewesen, sondern nährende und bergende Gabe der Erde sind, ist die von P^g gemeinte Metaphorik klar: Im ‚Lebenshaus‘ des Schöpfergottes soll kein Lebewesen auf Kosten anderer Lebewesen leben. Die Erde soll nicht durch Gewalttat und Blut zu einem Haus des Todes werden. Das ‚Haus des Friedens‘ soll nicht zu einem Platz von Kampf und Krieg werden[153].

Nimmt man diese drei Aspekte der in Gen 1,29–30 der Erde zugesprochenen Lebensfülle zusammen, wird zutiefst plausibel, daß P^g diesen sechsten Schöpfungstag in Gen 1,31 mit der breit ausgestalteten Billigungsformel abschließt (s. o.): „Und Gott sah *alles,* wie er es gemacht hatte, und siehe: es war sehr gut, d. h. schön und lebensfördernd."

7. Das schöpfungstheologische Geheimnis des siebten Tages

Das Verständnis von Gen 2,2–3 wird meist dadurch verstellt, daß von vornherein feststeht: „P bietet hier die Ätiologie der Sabbatfeier"[154]. Daß in unserem Text nun aber gerade das Nomen ‚Sabbat‘ oder ‚Sabbattag‘ fehlt, stört die meisten Exegeten wenig. Als Antwort auf das Problem wird angeboten: „Hier fällt zwar nicht der Ausdruck Sabbat, aber dieses Wort mußte sich dem Leser oder Hörer beim Verbum *šabat* = ‚feiern,

---

[150] Ähnlich Ps 104,20–23, wo die Aufteilung der Lebensräume auf wilde Tiere und Menschen durch Nacht und Tag bewirkt wird. Vgl. die ähnliche Vorstellung für den weltpolitischen Bereich, wonach der Weltgott den einzelnen Völkern ihre Territorien ‚zugewiesen‘ hat: Dtn 32,8.

[151] *Gunkel,* Genesis 114.

[152] Vgl. Gen 2,16; das Kontrastbild dazu ist Gen 3,17f.

[153] *Keel,* Der Bogen 152 Anm. 48 weist auf die ägypische Vorstellung hin, daß die seligen Toten im Elysium auf Fleischnahrung verzichten.

[154] *Scharbert,* Genesis 47.

aufhören' unwillkürlich aufdrängen"[155]. Diese ‚Lösung' des Problems verbieten aber zwei Beobachtungen: 1. Das Nomen *šabbāt* fehlt bei P^g überhaupt[156]; 2. das Verbum *šābat*, das P^g in Gen 2,2–3 zweimal verwendet, meint weder ‚feiern' im Sinne von ‚ein Fest feiern, Sabbat halten' noch meint es ‚ausruhen, sich erholen, aufatmen', sondern es meint zunächst einfach nur ‚aufhören mit'[157]. Zwar gehört unser Text im weiteren Sinne zum Thema Sabbat, aber die von P^g angezielte theologische Aussage erschließt sich erst, wenn der Text in seinem *präzisen* Wortlaut ernst genommen wird.

Diesbezüglich hat O. H. *Steck* wichtige Beobachtungen gemacht, bei denen unsere Interpretation ansetzen kann. Zugleich aber muß Gen 2,2–3 im Horizont der Geschichte des alttestamentlichen Sabbats überhaupt gesehen werden. Und schließlich müssen die literarischen und theologischen Bezüge bedacht werden, die dem Abschnitt 2,2–3 im Gesamtentwurf der P^g zugewiesen sind. Verständlicherweise kann all dies im Rahmen unserer Studie nicht detailliert vorgetragen werden. Doch sollen die ‚Eckdaten' angegeben werden, die unsere Interpretation absichern:

(1) Der dreimal(!) wiederholte Relativsatz mit Suffixkonjugation („die er gemacht hatte", „die er geschaffen hatte") unterstreicht: Gen 2,2a kann „nur ein Zum-Abschluß-Bringen der in sich schon abgeschlossenen Schöpfungsarbeit meinen, das selbst nicht mehr Schöpfungswerk und Schöpfungsarbeit ist, sondern diese in anderem Sinne – und darin müßte das Besondere und Neue des siebten Schöpfungstages für P liegen – zum Ende bringt"[158].

(2) Gen 2,2 „ist innerhalb von Gen 1 schon syntaktisch auffallend: während in Gen 1 . . . das Subjekt *ᵃᵉlōhīm* (Gott) sonst stets ausdrücklich auch dann geboten ist, wenn es das Voraufgehende regiert oder gar unmittelbar zuvor stand, fehlt es in V. 2b (und ebenso in V. 3aβ). Dies muß als Indiz dafür genommen werden, daß P V. 2b als modalen Umstandssatz zu V. 2a verstanden wissen will, wofür auch der syntakti-

---

[155] *Scharbert* aaO. 47.

[156] Ex 16* P^g (V.26*.27.30) gebraucht nur „der siebte Tag"; die Passagen in Ex 16, in denen *šabbāt* oder *šabbātōn* vorkommt, sind P^s oder erst R^P (in V. 26 stört *šabbāt* den syntaktischen Zusammenhang!); die ‚Sabbat-Texte' in Ex 31,12–17; 35,1–3; Num 15,32–36 sind ebensowenig P^g!

[157] So mit Hinweis auf Gen 8,22; Jes 14,4; Klgl 5,15 mit Nachdruck auch *Westermann*, Genesis 237f; vgl. auch *Stolz* Art. *šbt* in: ThAT II 863–865. Die Bedeutung ‚ruhen, feiern, Sabbat halten' erhält *šābat* erst, nachdem es zum Terminus des exilisch-nachexilischen Sabbatgebotes (Dekalog!) geworden ist (s. u. Anm. 160).

[158] *Steck*, Der Schöpfungsbericht 186.

sche Befund syndetischer Parataxe und entsprechende Beispiele aus P
sprechen. Die damit gegebene sachliche Identität von V. 2a und V. 2b
wird durch einen weiteren Sachverhalt hervorgehoben . . . [es] sind beide
Versteile bis in die Abfolge und Formulierung der Glieder hinein völlig
parallel gestaltet und unterscheiden sich nur im verwendeten Verbum –
abermals ein Gestaltungsindiz dafür, daß P die Aussagen V. 2a und V. 2b
sachlich als gleichsinnige versteht"[159]. Die analogen Satzgefüge von Gen
2,2 und 2,3a sind deshalb zu übersetzen: „Gott vollendete . . ., indem er
aufhörte . . ." und „Gott segnete . . ., indem er heiligte".

(3) Sprachlich und vorstellungsmäßig steht Gen 2,2–3 den Ruhetagsgebo-
ten des Privilegrechts (Ex 34,21) bzw. des Bundesbuches (Ex 23,12) näher
als den Sabbatgeboten der beiden Dekalogfassungen (vgl. Dtn 5,12–15;
Ex 20,8–11)[160]. Die schöpfungstheologische Bedeutsamkeit des siebten
Tages ist deshalb nicht vom Sabbat, sondern von der vorexilischen
Institution des ‚siebten Tages‘ als einem geschichtstheologischen Proprium (!) Israels her zu erheben. Nach dieser Tradition ist ‚der siebte Tag‘
der Tag der Exodus-Memoria schlechthin. Der ‚siebte Tag‘ ist anders als
der ‚Vollmond-Sabbat‘ der vorexilischen Zeit nicht ein Tag, den die
Naturphänomene anzeigen, sondern es ist ein Tag, den Israel seit alters
aus dem Strom der Zeit ‚herausgeschnitten‘ hat, um sich seines Gottes
Jahwe als des Gebers von Leben und Freiheit zu vergewissern. An *diese*
Tradition knüpft P^g in Gen 2,2–3 an, gibt ihr aber neue theologische
Akzente. Der siebte Schöpfungstag ist in Gen 2,2–3 ja dreifach näher
bestimmt: zum einen gleicht er dem alten Ruhetag dadurch, daß an ihm
„Gott aufhört mit seiner Arbeit"; zweitens wird ausdrücklich als neues
Tun, das aber keine ‚Arbeit‘ ist, angegeben: „er segnete den siebten Tag
(also nicht sein Werk!), indem er ihn heiligte"; drittens signalisiert das
Fehlen der ‚Tagesformel‘, daß dieser Tag einen ‚offenen Schluß‘ hat.

(4) Der priesterschriftliche Bezugsrahmen, in dem das Geheimnis des
siebten Tages gesehen werden muß, ist die dreiteilige Sinaigeschichte[161].
Von diesen vier Eckdaten her ist Gen 2,2–3 als ‚offener Schluß‘ der
Schöpfungsgeschichte zu deuten, der gezielt auf die weitere Erzählung hin
gestaltet ist. Das erste Satzgefüge Gen 2,2 stellt zunächst abgrenzend fest,
daß die Schöpfung als Setzung von Leben zum Abschluß gebracht ist.
Insofern Schöpfung göttliche ‚Schöpfungs*arbeit*‘ braucht, hat Gott alles

---

[159] *Steck* aaO. 186f.
[160] Vgl. *Hossfeld*, Dekalog 247–252; *Levin*, Der Sturz der Königin Atalja 39–42
(Exkurs: Der Sabbat). *Zenger*, Alttestamentlich-jüdischer Sabbat 249–253.
[161] Vgl. V.7.

getan, was er tun wollte und tun mußte. Das ‚Lebenshaus‘ *ist* in der Sicht von P^g erstellt; deshalb kann Gott „mit all seiner Arbeit aufhören" (Gen 2,2). Diese „Aussage steigt gleichsam empor in den Raum Gottes selbst und bezeugt, daß bei dem lebendigen Gott – Ruhe ist. Aber dieses Wort von der Ruhe ist doch keine Spekulation; insofern nämlich, als es von einer der Welt zugekehrten Seite Gottes redet. Es bezeugt zunächst negativ, aber schon das bedeutsam genug, daß die Welt nicht mehr im Geschaffenwerden steht. Sie war und ist nicht unfertig, sondern sie ist von Gott ‚vollendet‘ worden"[162]. Das ‚Lebenshaus‘ ist vollendet – und doch stiftet ihr der Schöpfergott am Tag der Ruhe noch eine Dimension, die nach vorne drängt: Er „segnet" den siebten Tag, indem er ihn „heiligt". Während das erste Verbum „segnen" von unmittelbaren Kontext her (vgl. Gen 1,22.28) den Aspekt der ‚Lebensfülle‘ betont, den der Schöpfergott diesem Tag ein für allemal einstiftet[163], bleibt das zweite Verbum „heiligen" auffallend unbestimmt. Von der Semantik her meint „heiligen" gewiß „aussondern" – doch wofür, wozu? Die Antwort darauf gibt P^g in ihrer Sinaigeschichte[164]. Der *Sinn* und das *Ziel* der Schöpfung, die Gott ein für allemal als ‚Lebenshaus‘ vollends ausgestattet hat (Gen 2,2), werden Israel erst aufgehen, wenn es das schöpfungstheologische Geheimnis des siebten Tages entdeckt und annimmt: die Schöpfung ist darauf angelegt, daß das ‚Lebenshaus‘ von einem Volk, ja von einer Menschheit bewohnt wird, in deren Mitte der Schöpfergott selbst gegenwärtig wird. Das ‚Tor‘ zu dieser Wirklichkeit ist der siebte Tag.

---

[162] *von Rad*, Genesis 41.

[163] Zur exegetischen Kontroverse, ob Gen 2,3 auf Gott selbst oder auf die Menschen hin zielt (also eine Aussage über die Ruhe Gottes oder über die vom Menschen am siebten Tag zu haltende Ruhe ist) vgl. *Westermann*, Genesis 234–236. Eine neue Lösung sucht *Steck*, Der Schöpfungsbericht 194f.

[164] Vgl. unten VI.2.

IV. Beobachtungen zu Komposition und Bildersprache der Flutgeschichte

Erzählungen über Flutkatastrophen in der ‚Ur-Zeit' gibt es in vielen Kulturen[1]. In ihnen sprechen sich die Erfahrungen vielfältiger Störungen des Lebens und die Ängste der Menschen aus, solche Störungen könnten zu Zer-Störungen ihres Lebensraumes, ja des Kosmos insgesamt führen. Zugleich aber sind diese Fluterzählungen immer auch Rettungsgeschichten. Mindestens ein Mensch, ein Menschenpaar oder eine (Groß-)Familie samt einer Auswahl von Tieren entkommt der Flut. Oft bewirkt das Erleben der Flut sogar eine Änderung der Götter, die die Flut geschickt haben. Als derartige Rettungsgeschichten, vor allem wenn sie als ‚Urgeschichten' erzählt werden, sind die Fluterzählungen mythische Hoffnungsgeschichten, die hochkommende Ängste einerseits zulassen und diesen zugleich ihren tödlichen Stachel nehmen wollen.

Die priesterschriftliche Flutgeschichte hat gewiß Anteil an dieser menschheitsgeschichtlichen Auseinandersetzung mit der Bedrohtheit des In-der-Welt-Seins. Das gilt vor allem von der ‚Vorlage', an der sich P^g inspirierte[2]. Doch erschließt sich ihre genuine theologische Aussage weniger aus diesem allgemeinen überlieferungsgeschichtlichen Ort der Sintfluterzählungen als aus den kompositionellen und metaphorischen Bezügen, die P^g zwischen ‚ihrer' Flutgeschichte und der Schöpfungsgeschichte hergestellt hat. Gerade diese Bezüge machen deutlich, daß beide Geschichten als zwei Phasen *eines* Geschehenszusammenhangs gemeint sind, an dessen Ende erst die Erde und die auf ihr lebenden Lebewesen so sind, wie sie *tatsächlich* sind. In der Sicht der P^g ist die Flutgeschichte der *zweite* Akt der Schöpfung.

1. Literarkritische Beobachtungen zur Abgrenzung der priesterschriftlichen Fluterzählung

Die Herausarbeitung zweier Parallelerzählungen aus Gen 6–9 wird in groben Konturen von der Forschung übereinstimmend vorgenommen, so daß dies nicht in allen Details wiederholt zu werden braucht[3]. Es mag zunächst genügen, die gemachten Beobachtungsketten tabellarisch

---

[1] Vgl. den Überblick (mit Lit.) bei *Westermann*, Genesis 536–546.

[2] Vgl. oben II.1 Anm. 13.

[3] Vgl. die Überblicke bei *Westermann*, Erträge 77f; *McEvenue*, The Narrative Style 22–36 sowie *Smend*, Entstehung des Alten Testaments 41–43; *Donner*, Der Redaktor 18–29. Wie schwer es gerade Gen 6–9 den Zweiflern an der Eigenart

zusammenzustellen, um das Grundgerüst der allgemein akzeptierten P^g-Erzählung zu verdeutlichen.

Gewöhnlich werden folgende fünf Widersprüche notiert, die auf (mindestens) zwei Erzähler hinweisen:

(1) Ursache der Flut (6,5: Bosheit aller Menschen; 6,11f: Verderbnis der Erde und allen Fleisches).

(2) Tiere in der Arche (7,2: sieben reine und zwei unreine Tiere bzw. Tierpaare; 6,19f: je zwei von allem Lebendigen).

(3) Dauer der Flut (7,4.12: vierzig Tage und vierzig Nächte; 7,6; 8,13 = 7,11; 8,14: ein ganzes Jahr).

(4) Art Flut (7,6; 8,2f: Sturzregen, nach dessen Aufhören sich das Wasser verläuft; 7,11; 8,1f: Hervorbrechen der Urflut von unten und von oben).

(5) Herausgehen aus der Arche (8,6–12: nach ‚Vogelexperiment‘; 8,15–17: auf Grund der Aufforderung Gottes).

Zu diesen Widersprüchen kommt, daß alle wichtigen Etappen des Geschehens zweimal, in stilistisch und bildlich variierter Gestalt geboten werden. Die nachstehende Tabelle sammelt die wichtigsten vierzehn Doppelungen und ordnet sie in zwei sinnvolle Geschehensfolgen[4]:

	JE	P
(1) Bosheit der Menschen	6,5	6,11–12
(2) Entschluß zur Vernichtung	6,7	6,13
(3) Ankündigung der Flut	7,4	6,17
(4) Befehl zum Besteigen der Arche	7,1	6,18
(5) Aufforderung zur Mitnahme einer bestimmten Zahl von Tieren	7,2	6,19–20
(6) um diese am Leben zu erhalten	7,3	6,19
(7) Besteigen der Arche mit den Tieren	7,7–9	7,13–16
(8) Kommen der Flut	7,10	7,11
(9) Ansteigen der Wasser und Fahrt der Arche	7,17	7,18
(10) Vernichtung alles Lebendigen	7,22–23	7,20–21
(11) Aufhören der Flut	8,2b	8,2a
(12) Abnahme der Wasser	8,3a	8,3b.5
(13) Anstoß zum Herausgehen aus der Arche	8,6–12	8,15–17
(14) Zusage Gottes, nie wieder eine Flut zu schicken.	8,20–22	9,8–17

---

von P als einer ehedem selbständigen ‚Quelle‘ macht, beweist — wider Willen – neuerdings *Wenham*, The Coherence of the Flood Narrative.

Ausgehend von diesen Beobachtungen besteht ein weitgehender Konsens über die Abgrenzung des folgenden P^g-Textbestandes[5]: 6,9–22; 7,6.11.13–16a.18–21.24; 8,1.2a.3b–5.13a.14–19; 9,1–17. Allerdings ist diese Ausgrenzung, wie in der Forschung bereits teilweise angemerkt wurde, nicht ganz unproblematisch. Eine genauere literarkritische Überprüfung legt nahe, mindestens noch an drei Stellen literarkritische ‚Operationen' vorzunehmen.

(1) Gen 9,4–6 stammt nicht von P^g. Das wird durch folgende Beobachtungen gefordert[6]:

a) V. 4–6 ist eine Einschränkung des in 9,1–3.7 formulierten universalen Segens, die überdies die in 9,2f verwendete Metaphorik vom Menschen als göttlichem Herrn der Tiere (s. u.) verläßt und sich an die ‚Nahrungszuweisung' 9,3 anhängt. Die dabei zur ‚Anbindung' gebrauchte Konjunktion „nur" (ʾak) leitet in der Rechtstradition ‚Unterfälle' ein, eröffnet aber nie ein Einzelgebot oder eine Reihe von Geboten[7]. Daraus ist zu folgern, daß 9,4–6 sich als ‚Unterfall' des dann als ‚Oberfall' gedeuteten ‚Speisegebotes' Gen 9,3 versteht. Das aber ist nicht der ursprüngliche Sinn von Gen 9,1–3.7.

b) Das Wort „Fleisch" in 9,4 steht in semantischer Spannung zu dem übrigen Vorkommen von „Fleisch" in der Fluterzählung, wo es alle Lebewesen meint[8].

c) V. 6b ist besonders problematisch, weil er innerhalb der direkten Gottesrede von Gott in der dritten Person redet und überdies die Gottebenbildlichkeit anders nuanciert als sie in Gen 1,26–31; 5,3 definiert war[9].

d) V. 4–6 stört die Komposition 9,1–3.7 (s. u.).

(2) Gen 9,16–17 gehört nicht zum ursprünglichen Bestand der P^g-Erzählung[10]:

---

[4] Die Frage, ob und wie der ‚Faden' JE seinerseits nochmals geschichtet ist (Jahwist und Jehowist = erweiterter Jahwist; dazu vgl. *Zenger*, Israel am Sinai 19f), braucht hier nicht diskutiert zu werden; wichtige Beobachtungen dazu bei *Weimar*, Pentateuch 138–145.

[5] So *Smend*, Entstehung des Alten Testaments 42.

[6] So auch *McEvenue*, The Narrative Style 68–71; die Gegenargumente bei *Westermann*, Genesis 621 können die gemachten Beobachtungen nicht entkräften.

[7] Vgl. die Zusammenstellung bei *McEvenue* aaO. 68 Anm. 58.

[8] Vgl. Gen 6,12.13.17.19; 7,15.16.21; 8,17; 9,15.

[9] Der Vorschlag bei *Lohfink*, Gewalt und Gewaltlosigkeit 88 Anm. 78, schon Gen 9,6b als P^g-Fortsetzung von 9,1–3 zu nehmen, ist deshalb nicht akzeptabel.

[10] Der Versuch von *Groß*, Bundeszeichen 103–107, in 9,8–17 eine ursprüngliche Ringkomposition (V.8–11; V.12–16; V.17) zu entdecken, kann nicht überzeu-

a) An beiden Stellen Gen 9,14 (unmittelbarer Kontext!); Ex 2,24, in denen P^g die Verbindung „einer Berit gedenken" gebraucht, steht beidemal das Objekt $b^e r\bar{\imath}t$ mit der nota accusativi '*æt*; ebenso heißt es in Gen 8,1 „und Elohim gedachte des ('*æt*) Noach"; in Gen 9,16 fehlt diese nota accusativi.

b) Während bei der Kennzeichnung der Berit als einer Berit Gottes 9,9.11.15 (also dreimal) „*meine* Berit" gebraucht wird und diese Berit in 9,12.13.15 (also ebenfalls dreimal!), als „zwischen *mir* und zwischen ..." näher erläutert wird, heißt es in ebenfalls direkter Gottesrede in 9,16: „um zu gedenken des Bundes zwischen *Gott* und ..." Angesichts der konsequenten Fülle des Bezugs auf die 1. Person (*mein, ich*) kann 9,16 nicht auf die gleiche Hand zurückgehen.

c) Die Wendung „Bund der Ewigkeit" ($b^e r\bar{\imath}t$ $^c\bar{o}l\bar{a}m$) ist sonst P^s bzw. R^{P11}.

d) V. 16 ist eine hinter die in V. 12–15 ablaufende Geschehenskette zurückgreifende Doppelung, die in V. 16a durch die blasse Formulierung des Verbums („er *wird* sein"), die überdies in leichter Spannung zu V. 13 steht („er *soll* zu einem Bundeszeichen sein"), gegenüber V. 14b („er wird erscheinen") verdächtig ist[12].

e) V. 16 stört die Strukturparallelität der beiden Gottesreden 9,8–11 und 9,12–15, deren Schlußglieder offensichtlich aufeinander bezogen sind[13].

f) Gegenüber der Komposition der vier Gottesreden 8,15–19; 9,1–7*.8–11.12–15, die paarweise aufeinander bezogen sind (s. u.) und dabei sukzessiv ein neues Thema entfalten, fällt die Gottesrede in 9,17 dadurch auf, daß sie kompositionell ‚überschießt' und kein neues Thema einführt, sondern wie ein Kommentar oder ein kurzes Resümee zurückblickt. Der Vers ist freilich in seinem jetzigen literarischen Zusammenhang als Schluß der Noachbund-Erzählung plausibel, weil dann 9,18ff leichter angeschlossen werden konnte[14]. In P^g folgte dagegen auf 9,15 ursprünglich die genealogische Notiz 9,28.

(3) Gen 9,12b ist literarkritisch auszugrenzen:

---

gen, da die sich angeblich entsprechenden Teile V.8–11 und V.17 von so unterschiedlicher Länge sind, daß die ‚Komposition' reichlich unproportioniert ist.

[11] Gen 17,7* (Zusatz!).13.19b (Zusatz zwischen 17,19a.20); Ex 31,16; Lev 24,8; Num 18,19; 25,13.

[12] Zur kompositionellen und theologischen Bedeutsamkeit der Verbindung von R'H Nifal („erscheinen") + Wolke vgl. unten VI.2.

[13] Vgl. den folgenden Abschnitt dieses Kapitels sowie die Strukturskizze im Anhang VIII.

[14] Gen 9,18.19b ist der ursprüngliche Schluß der jahwistischen Urgeschichte; 9,20–27 ist jehowistische Erweiterung: vgl. *Zenger*, Beobachtungen.

a) Der Halbvers fällt durch seine unpersönliche Formulierung aus der Redesituation heraus.

b) Der syntaktische Anschluß ist nach dem Relativsatz unklar und schwierig.

c) Der Zusatz ist ausgelöst durch die ebenfalls sekundäre Rede vom „Bund der Ewigkeit" in 9,16.

2. Die Kompositionsstruktur der Pᵍ-Fluterzählung[15]

Nach der als Überschrift fungierenden Toledot-Formel (s. u.) folgt in Gen 6,9αβ –10 eine Charakterisierung des Noach, die diesen durch Stichwortbezüge und Strukturentsprechung mit dem ersten ‚vorflutlichen' Menschen Adam und dem ersten ‚israelitischen' Menschen Abraham[16] in theologisch-deutenden Zusammenhang bringen will: Adam, Noach und Abraham sind die urgeschichtlichen Säulen, auf die Israels ‚Lebensgeschichte' im ‚Lebenshaus' der Schöpfung vom Schöpfergott schaffend (Adam), rettend (Noach) und berufend (Abraham) gegründet wurde. Die semantische Anspielung auf den „Wandel *mit* Gott" des Henoch[17], der darob in den Himmel zu Gott entrückt wurde (Gen 5,24), ist Spannungserreger und Deutesignal zugleich: Noach wird, darin liegt der Vergleichspunkt mit Henoch, vor dem Tod der Flut gerettet werden! Kompositio-

---

[15] Vgl. die Strukturskizze im Anhang VIII.

[16] Durch die Wiederholung des letzten Satzes der Adam-Toledot Gen 5,1–32* in Gen 6,10 sowie durch die strukturanaloge Position der genealogischen Notizen Gen 5,3; 6,10 im Anschluß an die Toledot-Formel-Überschrift zu Beginn eines Abschnitts wird Noach mit Adam in Verbindung gebracht. Die Bezüge zu Abraham sind noch deutlicher: „vollkommen war er" (6,9; vgl. Gen 17,1: „sei vollkommen!"); „mit Gott wandelte er" (6,9; vgl. Gen 17,1: „wandle vor mir!"). Zur Interpretation von Gen 6,9–10 vgl. besonders *Oberforcher*, Die Flutprologe 369–397.

[17] Die unterschiedliche Präposition „wandeln *mit*" (*HLK* Hitpaᶜel + 'æt) in Gen 5,24; 6,10 und „wandeln *vor*" (*lifnē*) in Gen 17,1 periodisiert die Relation Gott – Menschen: die Menschen der Urgeschichte leben in einer besonderen ‚Gottunmittelbarkeit', was auch daran erkennbar ist, daß Gott einfach da ist und zu ihnen spricht (vgl. Gen 1,28–30; 6,13–21*; 8,15–17*; 9,1–15*). Von Abraham ab, der „vor Gott wandelt", ändert sich dies: Gott „erscheint" ihm (Gen 17,1), redet zu ihm, der (anders als Noach, der allen Grund hätte!) vor ihm niederfällt, und „steigt von Abraham weg auf" (Gen 17,22), nachdem er mit ihm zu reden aufgehört hat. Die gleiche szenische Abfolge findet sich, als Gott mit Jakob redet: Gott „erscheint" (Gen 35,9) und „steigt von Jakob weg auf" (Gen 35,13), als er seine Rede beendet hat.

nell bildet 6,9αβ –10 zusammen mit 9,28f einen Rahmen, den P^g um die Flutgeschichte gelegt hat. Dieser Rahmen ist dem genealogischen Grundmuster der Glieder von Gen 5* nachgestaltet[18], bindet damit die Flutgeschichte eng an den bisherigen Erzählablauf an und gibt den Hinweis, daß die Fluterzählung in der Sicht der P^g nicht als in sich ruhende Sinneinheit, sondern als Fortführung der in Gen 1 begonnenen Erzählung zu begreifen ist. Das ausdrückliche Verweissystem Gen 6,9–10+9,28f → Gen 5,32 → Gen 5,1.3 → Gen 1,28–30 kann nur in diesem Sinne interpretatorisch umgesetzt werden.

Der ‚lebensgeschichtliche' Rahmen umschließt das deutlich dreigeteilte Corpus der Flutgeschichte. Die Dreiteilung erhält P^g durch die Aufteilung der Komposition in drei Blöcke, die konsequent entweder durch Rede oder durch Handlung bestimmt und chronologisch angeordnet sind:

Rede	vor der Flut	6,13–7,6*
Handlung	während der Flut	7,11–8,14*
Rede	nach der Flut	8,15–9,15*

Vor dieses Corpus stellt P^g, strukturanalog zum Corpus der Schöpfungsgeschichte, eine Exposition (6,11–12)[19], die die ‚Auslöser' der Flut benennt. Es sind die negativen ‚Urgegebenheiten', die in der folgenden ‚Flutgeschichte' vom Schöpfergott handelnd (richtend - rettend - neuschaffend) beseitigt und überwunden werden. Diese ‚Urgegebenheiten' sind einmal im Kontrast zu Gen 1,31 formuliert[20], und zum anderen greift P^g auf die Sprache der prophetischen Gerichtspredigt zurück, die als ‚Ursünde' Israels, die zur Katastrophe führen mußte, die „Gewalttat" (ḥāmās) anprangerte[21]; die bei den Propheten aber vorwiegend sozial oder

---

[18] Vgl. dazu die wichtigen Ausführungen von *Oberforcher*, Die Flutprologe 621–630.

[19] Die zweimalige Nennung des Subjekts „die Erde" in 6,11 erinnert an den Einsatz von Gen 1,2. Literarisch gesehen liegt ein ‚Rückschritt' vor, „während das Sehen Gottes (6,12) den Übergang von der Vergangenheit zur Gegenwart markiert, die dann mit dem Strafbeschluß Gottes (6,13) voll einsetzt" (*Weimar*, Jakobsgeschichte 196).

[20] Gen 1,31: „*Und Gott sah* alles, was er gemacht hatte, *und siehe:* er war (ist) sehr gut"; Gen 6,12: „*Und Gott sah* die Erde, *und siehe:* sie war (hatte sich) verdorben". Die EÜ läßt durch inkonsequentes Übersetzen diese antithetische Entsprechung leider nicht voll erkennen.

[21] Vgl. vor allem ThHAT I, 583–587; ThWAT II, 1050–1061 sowie *Wijngaert*, Die Sünde 40–48; *Lohfink*, Die Ursünden 48–52; *Oberforcher*, Die Flutprologe 402–416.

schichtenbezogen pointierte ‚Gewaltkritik' wird bei P^g schöpfungstheologisch auf alle Lebewesen ausgeweitet[22], die dadurch das ‚Lebenshaus' der Erde total und insgesamt ‚verderbt' haben. Die Flutgeschichte erzählt deshalb, *daß* und *wie* der Schöpfergott diesen ‚Gewaltbazillus', der die Erde vergiftet hat, durch die Flut aus der Erde herausspült – und wie er das Ausbreiten dieses Gewaltbazillus hinfort verhindern will.

Die dreiteilige Komposition des Corpus läßt sich an unserer Strukturskizze im einzelnen ablesen[23]. Die Gottesrede des *ersten Teils* ist stilistisch und sachlich in zwei Abschnitte gegliedert. Als Rahmung des ersten Abschnitts, der die Flut ankündigt und Noach zum Bau der Arche beauftragt, fungiert die zweimal gebrauchte Interjektion „siehe" (*hinnēh*) sowie die Wendung „ich verderbe die Erde" (6,13) bzw. „zu verderben alles Fleisch" (6,17). Die Flut wird dabei durch den sprachlichen Rückbezug auf Gen 6,11f betont als göttliche Ratifizierung jenes Zustandes gekennzeichnet, den die Erde bereits durch das Tun „allen Fleisches" erhalten hat. Die ‚Verderbnis' durch die Flut ist Gottes ‚Wahr-nehmung' jener ‚Verderbnis', die ‚alles Fleisch' über die Erde gebracht hatte[24]. Diese theologisch gedrängte Aussage macht P^g thesenhaft im ersten Satz, mit dem sie die Gottesrede eröffnet. Hier sind *beide* Aktionen, abermals im Rückgriff auf prophetische Gerichtssprache, zu einem einzigen Satz zusammengezogen, der geschehensmäßig-logisch eigentlich zwei Sätze meint; der *eine* Satz unterstreicht aber, daß die beiden Aktionen *einen* Zusammenhang bilden[25]. Zwischen die beiden Ankündigungen der Flut schiebt P^g den Auftrag zum Bau der Arche, der in seiner strukturellen Gestalt und durch die metaphorische Beziehung Arche – Zeltheiligtum auf der Ebene der Gesamtkomposition (s. u.) für den Leser als Anspielung auf die Errichtung des ‚Zeltheiligtums' als rettender ‚Arche' Israels gestaltet ist.

---

[22] Der Ausdruck „alles Fleisch" (*kol bāśār*) in Gen 6,12b schließt die Tiere ein. Darauf weist die im vorgehenden Kapitel III herausgearbeitete Perspektive Erde als Lebensraum für Menschen *und* Tiere hin; diese Perspektive wird in 6,11.12a ausdrücklich hervorgehoben. Auf die Menschen wollen die ‚Gewalt' beschränken: *Hulst*, Kol basar 28–68; *Scharbert*, Genesis 83; *Westermann*, Genesis 560. Mit Verweis auf Gen 9,2 (problematisch!) dehnen die Gewalttätigkeit auf die Tiere aus: *Steck*, Der Schöpfungsbericht 145 Anm. 585; *Lohfink*, Die Priesterschrift 220; *ders.*, Gewalt und Gewaltlosigkeit 87.

[23] Vgl. VIII. Anhang.

[24] P^g arbeitet mit verschiedenen Stämmen der Basis ŠḤT („verderben, vernichten"), um diesen inneren Zusammenhang herzustellen: 6,11a.6,12a (Nifal); 6,12b (Hifil); 6,17; 9,11.15 (Piel). Zur Interpretation vgl. besonders *Oberforcher*, Die Flutprologe 416–436.

[25] Vgl. *Smend*, Das Ende 68.

Der zweite Abschnitt dieses ersten (Rede-)Teils der Flutgeschichte wird eröffnet durch den Befehl an Noach, in die Arche hineinzugehen (6,18b). Diesen Auftrag verbindet P^g freilich mit einem Doppelauftrag, der dem den Menschen in Gen 1,28b–30 übertragenen Hirtenamt entspricht: Noach soll das Leben der Lebewesen ‚am Leben erhalten‘ (6,19–20: vgl. Gen 1,28b) und er soll für Mensch und Tier Nahrung zusammentragen (6,21: vgl. Gen 1,29–30) und ‚zu sich‘ in die Arche nehmen. In der Mitte der beiden Redeabschnitte steht als ‚überschüssiges‘ Element die Ankündigung der Berit (6,18a), die den ersten Teil mit der Mitte des zweiten Teils (8,2) und mit dem dritten Teil (9,8–15) verbindet. Den Abschluß des ersten Teils markiert eine zweigliedrige Abschlußnotiz, die kurz die Ausführung des vorher von Gott angesagten bzw. dem Noach aufgetragenen Geschehens konstatiert. Daß 6,22; 7,6 als stilistische Abschlußnotiz fungieren, beweist nicht nur diese auch an anderen Stellen der P^g-Komposition auftretende Technik (vgl. besonders Ex 7,6.7; 12,28.40), sondern die Beobachtung, daß sowohl das Kommen der Flut als auch das Hineingehen in die Arche im zweiten Teil noch einmal detailliert erzählt werden. Die Abfolge der zwei Glieder der Abschlußnotiz ist spiegelbildlich gegenüber der vorangehenden Gottesrede gestaltet (Gottesrede: Flut – Tun Noachs; Abschlußnotiz: Tun Noachs – Flut) und entspricht so im Detail der Technik der Gesamtkomposition der Fluterzählung.

In die Mitte der beiden skizzierten Abschnitte des ersten Teils setzt P^g gezielt die Ankündigung der ‚Berit‘, die auf den zweiten und dritten Teil hinweist und die drei Teile durch das entscheidende Schlüsselwort, auf das alles hingeordnet ist, semantisch zusammenbindet.

Die Rahmung des *zweiten Teils* wird durch die detaillierten chronologischen Angaben 7,11 bzw. 8,13a.14 gebildet, die das Hereinbrechen der Chaoswasser und die Rückkehr der Erde zu dem in Gen 1 von Gott geschaffenen Zustand (vgl. die Anspielung an Gen 1,9!) als ‚Lebenshaus‘ signalisieren. Das Geschehen selbst zerfällt in zwei Phasen, wobei Gen 8,1 als Mitte und Wende des Geschehens herausgehoben ist. Die Flut ist im ersten Abschnitt als sukzessive Vernichtung der Erde als ‚Lebenshaus‘ erzählt. Zunächst wird die Erde als Lebensraum zerstört; die Wasser wachsen so hoch an, daß die Erde bis über die Berge vollständig in eine „Wasserwüste" verwandelt wird (7,17–19). Danach wird konstatiert, daß alle Lebewesen umkommen (7,21), genau in der Reihenfolge, in der sie in Gen 1 geschaffen wurden[26]. Das Geschehen folgt damit konsequent der

---

[26] Gen 7,21: Fluggetier (vgl. 1,20–23: 5. Tag; die Wassertiere fehlen in 7,21 verständlicherweise); Vieh, Wildgetier, Gewimmel auf der Erde (vgl. 1,24–25: 6. Tag); Menschen (vgl. 1,26–28: 6. Tag).

im ersten Teil der Gottesrede angekündigten Perspektive („ich verderbe die Erde" – „zu verderben alles Fleisch"), was durch Stichwortwiederholung unterstrichen wird (6,17; „alles, was auf der Erde ist, wird umkommen"; 7,21: „es kam um alles Fleisch"). Der zweite Abschnitt erzählt das Geschehen in antithetischer Reihenfolge (8,2): die Öffnungen der Chaoswasser schließen sich; die Wasser, die vorher 150 Tage lang anschwollen, nehmen nun 150 Tage ab – und die Arche bleibt auf einem hohen Berge (Weltberg, Schöpfungsberg?) stehen (8,4); am Neujahrstag (s. u.) sind die Wasser von der Erde verschwunden (8,13a) und nach abermals zwei Monaten ist die durch die Flut morastig-naß gewordene Erde wieder völlig trocken (8,14) – und kann von den geretteten Lebewesen abermals als ‚Lebenshaus' in Besitz genommen werden[27].

Wie konsequent P[g] beide Abschnitte dieses zweiten Teils als Kontrastgeschehen zeichnet und wie zentral auch hier wieder der ‚theologische' Satz in der Mitte der Komposition steht, um den deutenden (!) Zusammenhang mit Teil 1 herzustellen, zeigt die folgende Strukturskizze:

Chronologische Angabe (7,11a)

1 ⎡ es spalten sich alle Quellen der großen Urflut
⎣ und die Schleusen des Himmels öffnen sich (7,11b)
2   die Wasser schwellen an (7,18a)
3   die Arche beginnt zu schwimmen (7,18b)
4   die Spitzen der Berge verschwinden (7,19b)
5   alles Fleisch kommt um (7,21)

Gott gedenkt Noach und derer die ‚mit ihm' sind (8,1a)

1 ⎡ es schließen sich die Quellen der Urflut
⎣ und die Schleusen des Himmels (8,2a)
2   die Wasser nehmen ab (8,2b)
3   die Arche ‚landet' auf dem höchsten Berg (8,4)
4   die Spitzen der Berge werden sichtbar (8,5b)
5 ⎡ die Wasser trocknen weg,
⎣ und die Erde ist wieder ‚trockenes Land' (8,13a.14)

Chronologische Angabe (8,13a.14)

---

[27] Das Flutgeschehen wird durch folgende chronologische Angaben strukturiert:

Der *dritte Teil* der Fluterzählung (8,15–9,15*) besteht wie der erste abermals nur aus einer auffordernden und ankündigenden Gottesrede, die zunächst ein Tun der Menschen befiehlt und dieses segnet (erster Abschnitt: 8,15–9,7*) und die danach ein Tun des Schöpfergottes ankündigt und konstatiert (zweiter Abschnitt: 9,8–15*), das die vorweg erzählte Flut hinfort verhindern will. Anders als die Gottesrede des ersten Teils ist diese im dritten Teil durch vier Redeeinleitungsformeln untergliedert[28]. Doch zeigen semantische Querverbindungen ebenso wie der jeweils enge Geschehenszusammenhang, daß je zwei dieser Gottesreden paarweise als (Abschnitts-)Einheit gelesen werden sollen[29]. Während der erste Abschnitt vom Thema ‚Segen‘ bestimmt ist, entfaltet der zweite Abschnitt das neue Schlüsselwort ‚Berit‘, das in der Mitte des ersten Teils kurz angeklungen war, ohne näher erläutert zu werden. Die ‚Berit Gottes‘ mit seiner in Gen 1 geschaffenen und in Gen 6–9 gereinigten und den Lebewesen erneut zur ‚Landnahme‘ übergebenen Schöpfung wird in diesem zweiten Abschnitt nicht nur angekündigt, sondern zugleich „errichtet“ und „gegeben“ – dadurch, daß der Schöpfergott seinen Bogen in die Wolken „gibt“[30]. *Was* Pᵍ programmatisch mit der Metapher vom Bogen Gottes verbindet, soll erst unter 3.3 geklärt werden. Strukturell ist der ‚Bund‘ Gottes im Zeichen seines Bogens die Kontrastantwort auf die Ankündigung der Flut; und der ‚Segen‘ über die herausgehenden nachflutlichen Menschen ist die nach-flutliche Entsprechung zu der Rettung in der Arche. Diese theologisch bedeutsamen Zusammenhänge gibt Pᵍ durch auffallend viele Stichwortbezüge und Motivanalogien an, die den ersten

7,6		Beginn der Flut	600
7,11		Beginn der Flut	17. 2. 600
	(7,24)	(Anschwellen der Wasser)	(150 Tage)
	(8,2a)	(Abnehmen der Wasser)	(150 Tage)
8,4		‚Landung‘ der Arche	17. 7.
8,5		Sichtbarwerden der Berge	1. 10.
8,13		Ende der Flut	1. 1. 601
8,14		Ende der Flut	27. 2.

Ohne das komplexe Problem der P-Chronologie hier diskutieren zu können, ist aus der Tabelle zu erkennen, daß Beginn und Ende der Flut mit jeweils zwei in sich unterschiedlichen Angaben bezeichnet werden. Sie lassen sich – dies ist die bislang plausibelste Erklärung (vgl. z.B. *Westermann*, Genesis 603, aber auch schon *Gunkel*, Genesis 146f) – in der Linie 7,6 → 8,13 als ein Mondjahr und in der Linie 7,11 → 8,14 als ein Sonnenjahr (Mondjahr = 354 Tage + 11 Tage = 365 Tage = Sonnenjahr) verstehen. Mit dem Ende der Flut beginnt also ein *neues* Jahr, d. h. eine neue Weltzeit. Zu dieser Doppelung von Mond- und Sonnenkalender vgl. auch Gen 1,14–19.

[28] (1) 8,15; (2) 9,1abα; (3) 9,8; (4) 9,12aα.

und den dritten Teil der Komposition miteinander verbinden. Unsere nachstehende Skizze will diese Querverweise bündeln und sichtbar machen:

---

1. Teil

A Siehe, ich verderbe die Erde. (6,13)
B Siehe, ich bringe die Flut, Wasser, über die Erde,
    um zu verderben alles Fleisch. (6,17)

→ C Mit dir richte ich meinen Bund auf. (6,19a)

D Geh hinein in die Arche,
    du und deine Söhne und deine Frau und die Frauen
    deiner Söhne. (6,18b)
E Und von allem Lebendigen sollst du hineingehen lassen
    in die Arche,
    um sie am Leben zu erhalten. (6,19a)
F . . . soll dir und ihnen zur Nahrung sein. (6,21b)

---

3. Teil

D' Geh heraus aus der Arche,
    du und deine Frau und deine Söhne und die Frauen
    deiner Söhne. (8,16)
E' Und alles Lebendige . . . sollst du herausgehen lassen
    zusammen mit dir,
    so daß sie . . . fruchtbar sind und zahlreich werden. (8,17)
F' . . . soll euch zur Nahrung sein. (9,3a)

→ C' Mit dir richte ich meinen Bund auf. (9,9)

A' Nie mehr soll eine Flut sein,
    um zu verderben die Erde. (9,11b)
B' Nie mehr sollen die Wasser zur Flut werden,
    um zu verderben alles Fleisch. (9,15b)

---

[29] Vgl. das Strukturbild der Gesamtkomposition in VIII. Anhang.
[30] Die Korrespondenz von „Bund aufrichten" (Gen 9,9.11), „Bund geben" (Gen 9,12) und „meinen Bogen geben" (Gen 9,13) macht schon deutlich, daß „den Bogen geben" auf keinen Fall, wie oft gesagt wurde (vgl. oben I.), meint, daß Gott „seinen (Kriegs-)Bogen" beiseitestellt, um ihn funktionsuntüchtig zu machen.

3. Die Bildersprache der Fluterzählung

3.1 Todes- und Lebensmetaphorik

Schon die Exposition 6,11 gibt mit ihrem Rückgriff auf Gen 1,31 das hermeneutische Signal, daß die Flutgeschichte vor dem Hintergrund der Schöpfungsgeschichte zu sehen ist. Dementsprechend ist die Metaphorik des Flutgeschehens selbst als fundamentale Störung des in Gen 1 erstellten ‚Lebenshauses‘ (vgl. die zweimal betonte Wendung: „um am Leben zu erhalten": 6,19a.20b) ausgestaltet. Zwar bewirkt die Flut nicht die Rückkehr in das totale Chaos[31], wie dies in Gen 1,2 charakterisiert war, doch ist es die große Urflut von Gen 1,2, die auf die Erde einstürzt und sukzessiv das ‚Lebenshaus‘ von Gen 1 in ein ‚Todeshaus‘ verwandelt – über dem freilich das ‚Lebenshaus‘ der Arche schwimmt[32]. Die Abfolge des Flutgeschehens ist als Kontrastgeschehen zu Gen 1,6–13.20–30 gestaltet (Vernichtung des Lebensraumes – Vernichtung der Lebewesen), was besonders 7,21 durch die Reihenfolge der in der Flut umkommenden Lebewesen hervorhebt. Analog bewirkt das Verschwinden der Wasser, daß die Erde abermals als Lebensraum offensteht (vgl. das Zitat aus Gen 1,9!). Das Verlassen der Arche ist deshalb semantisch für die Tiere als Weg in die Lebensfülle (8,17)[33] und für die Menschen als Beauftragung

---

[31] So auch *Schmidt*, Schöpfungsgeschichte 105f Anm. 7; *Steck*, Der Schöpfungsbericht 146 Anm. 586: „P formuliert auch hier ihren Bericht äußerst sorgfältig und läßt keinen Augenblick den Anschein aufkommen, Gott nähme den erstellten Kosmos überhaupt zurück: bei der Sintflut stürzt eben nicht die Himmelsfeste ein, und die oberen und unteren Wasser laufen nicht total ineinander ... So ist das Sintflutgeschehen bei P eben nicht das negative Pendant zur Schöpfung überhaupt; die Beendigung der Sintflut macht ja beileibe keine Wiederholung der Schöpfung notwendig, sondern lediglich einen partiellen, geradezu technischen Akt: die Quellen unten und die Luken oben werden wieder verschlossen (8,1.2a), das Wasser läuft ab, das gerettete Leben kann in einer für es nach wie vor bereiteten Welt neu beginnen." Mit Blick auf Gen 1 werden die drei ersten Schöpfungswerke, die dort eine ‚Benennung‘ = ‚Berufung‘ (vgl. dazu III. Anm. 15) erhalten haben, beim Flutgeschehen nicht außer Kraft gesetzt.

[32] In der Arche sind *alle* Lebewesen, die der Schöpfergott in Gen 1 in die Lebensräume ‚gesetzt‘ hatte (mit Ausnahme der Wassertiere), vertreten, samt ‚*aller* Nahrung, die gegessen wird‘ (6,21), womit gemäß Gen 1,29–30 die gesamte Vegetation (Gen 1,11–13!) repräsentiert ist: die Arche ist damit ein kleines ‚Erd-Modell‘.

[33] Den Landtieren, denen schon bei der Schöpfung kein Segen zugesprochen wurde (vgl. Gen 1,24–25), wird auch nach der Flut von P^g eine ausdrückliche Segnung *Gottes* vorenthalten. Zu einer weiter gehenden möglichen Deutung vgl. *Steck*, Der Schöpfungsbericht 127f.

und Ermächtigung zur lebensförderlichen Abwehr des Bösen[34] gekennzeichnet. Vor allem aber geht das Ziel der Berit auf die Erhaltung des
Lebens (9,11.15).

Aus der Flut geht keine neue, andere Erde hervor; insofern ist die
Flutgeschichte der P[g] keine Geschichte der Neuschöpfung[35]. Die Anspielung auf das Neujahrsdatum soll andeuten, daß Gott ‚nach der Flut‘ einen
Neuanfang macht – mit der ‚gereinigten‘ Erde und den aus dem ‚Lebenshaus‘ der Arche kommenden Lebewesen. Mit der ‚geretteten‘ Menschheit, die angesichts der sie umbrandenden Chaoswasser ihr Leben nicht
anders denn als Geschenk des guten Schöpfergottes begreifen kann, wagt
der Schöpfergott eine ‚neue Weltzeit‘[36]. Für das ‚Lebenshaus‘ und die für
das Leben in ihm geschaffenen Lebewesen bleiben die in Gen 1 gesetzten
‚guten‘ Lebensordnungen. Doch angesichts der in Gen 6,11f formulierten
‚Realitäten‘ verstärkt der Schöpfergott die Rolle der Menschen (Gen
9,1–3.7) und seine eigene Rolle (Gen 9,8–15), damit „die Wasser nicht
mehr zur Flut werden können bzw. brauchen"[37]. Beides sind Weiterfüh-
rungen von Gen 1 in metaphorischer Sprache, die sich erschließt, wenn
ihr altorientalisches Kolorit bedacht wird. Das soll im folgenden versucht
werden.

---

[34] Vgl. dazu den nächsten Abschnitt 3.2: Die Menschen als ‚Herren der Tiere‘.

[35] Darin unterscheidet sich P[g] von der Eschatologie der exilischen Prophetie und
radikal von der Apokalyptik. Vgl. dazu auch *Lohfink*, Die Priesterschrift
215–225 und *Ska*, Séparation 523–528.

[36] Die Funktion der Chronologie wird durch die Gen 8,13 einleitende Zeitangabe
„und es war, und es geschah" (*waj^ehī*) angezeigt. Diese Angabe markiert den
Abschluß eines Geschehens. *Jetzt* ist das Ziel erreicht: am 1. Tag des 1. Monats
im 601. Jahr, d. i. genau ein Jahr nach Gen 7,6. Der Text läßt in Gen 8,13 bei der
Angabe „im 601. Jahr" die nähere Eingrenzung „*Noachs*" weg, um die Zeitangabe als solche, die gezielt dreimal die Zahl 1 verwendet, hervorzuheben: Der
Tag, an dem die Wasser von der Erde abgetrocknet sind, ist der erste Tag eines
neuen Jahres, ja eines „*ersten*" Jahres. Mit diesem Neujahrstag beginnt der Äon
der erneuerten Schöpfung. Der Prozeß der (reinigenden) Erneuerung dauert
genau ein Jahr (nach Sonnen- und Mondkalender: vgl. Anm. 27). P[g] hält hier
also an der bereits in Gen 1,1–2,4a* schöpfungskonstitutiven Rolle der ‚Zeit‘
fest (nach ‚Tag‘ und ‚Woche‘ [Gen 1,1–2,4a] ist es hier das ‚Jahr‘). Und zugleich
gibt P[g] damit dem israelitischen Neujahrsfest eine theologische Dignität, durch
die es sich gegenüber dem babylonischen Neujahrsfest zu behaupten weiß: Am
Neujahrsfest Israels hat der Schöpfergott die faktische Weltordnung vollendet
und in der Noachberit allen Menschen verkündet.

[37] *lo’* + Präfixkonjugation in Gen 9,11 (2×). 15b ist nicht sicheres Futur, sondern
Prohibitiv („nicht soll . . ."). Analog ist *jihjæh* in Gen 9,2f ‚heischendes Prä-
sens‘: „soll sein".

3.2 Die nachflutlichen Menschen als ‚Herren der Tiere'

Die Deutung der in Gen 9,1–3.7 verwendeten Metaphorik muß davon ausgehen, daß der hier formulierte Segen (!) sich als Ergänzung und Weiterführung von Gen 1,28–30 versteht. Daß P^g dies so verstehen haben will, kann die folgende Skizze unschwer erkennen lassen:

Gen 1,28–30

A Und Gott segnete sie und Gott sprach zu ihnen:
B Seid fruchtbar und werdet zahlreich und füllt die Erde.
C Herrscht (wie Hirten) über die Fische im Meer,
　　　　　　über das Fluggetier am Himmel,
　　　　　　(über alles Vieh),
　　　　　　über alles Wildgetier auf der Erde,
　　　　　　über alles Kriechgetier, das über die Erde . . .
D Siehe hiermit gebe ich euch alle Pflanzen . . .: euch sollen sie zur Nahrung sein. Und allem Wildgetier . . . gebe ich alles Blattwerk zur Nahrung.

Gen 9,1–3.7

A Und Gott segnete . . . und er sprach zu ihnen:
B Seid fruchtbar und werdet zahlreich und füllt die Erde.
C Furcht vor euch und Schrecken vor euch soll sein
　　　　　　über allem Getier der Erde,
　　　　　　über allem Fluggetier am Himmel,
　　　　　　über allem Kriechgetier des Erdbodens,
　　　　　　über allen Fischen im Meer.
　　In eure Hand sind sie gegeben.
D *Alles* was sich regt und was lebendig ist, soll euch zur Nahrung sein. Wie das Blattwerk der Pflanzen gebe ich euch hiermit *alles*.
B Ihr aber seid fruchtbar und werdet zahlreich, wimmelt auf der Erde und werdet zahlreich auf ihr.

Die Ausweitung des über die nachflutlichen Menschen erneuerten Schöpfungssegens betrifft sowohl die Relation Menschen – Tiere (Element C) als auch die Übereignung des Lebensraums (Element D). Beide Ausweitungen sollen dazu beitragen, daß das ‚Lebenshaus' nicht abermals zu einem ‚Haus' der Gewalt, der Verderbnis und des Todes pervertiert wird. Deshalb sind beide Elemente gemäß der Redeeinleitung, aber auch wegen des Rückbezugs auf Gen 1,28–30, als *Segens*worte zu interpretieren. Alle Interpretationen, die aus Gen 9,2 verordneten Krieg oder tolerierte Sünde herauslesen[38], sind allein deshalb schon methodisch suspekt, weil sie den ‚Segensrahmen' Gen 9,1.7 nicht beachten. Daß diese Deutungen auch theologisch wenig ‚erleuchtend' sind, mag sie zusätzlich als wenig textgemäß ausweisen[39]. Die Ringkomposition, die durch die Elemente BCDB gebildet wird, hebt zusätzlich hervor, daß die Elemente C und D eine Voraussetzung dafür sind, daß der Segen wirksam werden kann.

Für das rechte Verständnis von 9,2 können mehrere Beobachtungen hilfreich sein:

(1) *Semantisch* greift Gen 9,2 auf die Theologie der gottgewirkten Landnahme[40] zurück. Die engsten sprachlichen Parallelen sind Dtn 2,25; 11,25: in ihnen geht es aber nicht, wie fälschlich gesagt wird, um einen Kriegszustand[41], sondern um den Gottesschrecken, der über die Feinde Israels fällt und sie buchstäblich ‚ver-nichtet', so daß Israel *kampflos* das ihm übereignete Land in Besitz nehmen kann[42]. Von daher ist es absurd zu sagen, in Gen 9,2 werde ‚ein Krieg des Menschen gegen das Tier', ob real oder metaphorisch verstanden, gestiftet. Auch in Gen 9,2 bleibt P[g] ihrer ‚pazifistischen' (s.o.) Tendenz treu: durch den Gottesschrecken, den der Schöpfergott über die Tiere wirft, soll die menschliche Inbesitznahme der Erde ohne Gewalttat und Krieg ermöglicht werden.

(2) Die Anhänger der ‚kriegsideologischen' Deutung von Gen 9,2 verweisen darüber hinaus auf die Schlußwendung des Verses: „in eure Hände sind sie gegeben". Da dies „der tragende Ausdruck des Heilsorakels im Krieg" sei, klinge 9,2 „im ganzen wie ein Heilsorakel, das den Krieg der

---

[38] Vgl. die oben I.1 skizzierten Positionen.

[39] Zur ökologisch-theologischen Problematik vgl. oben I.2.

[40] Furcht und Schrecken, Mutlosigkeit und Verzagtheit der ‚Urbewohner' ist ein Motiv, das im Zusammenhang der Landnahme eine wichtige Rolle spielt: Ex 15,14–16; 23,27f; Dtn 2,25; 11,25; Jos 2,9.24; 5,1; 10,2; 11,20; Jos 24,12. Die bei *Lohfink,* Gewalt und Gewaltlosigkeit 88 Anm. 79 angeführten Belege „zur Verbindung des Wurzelpaares *jr'* + *ḥtt* mit dem Krieg vgl. Dtn 1,21; 31,8; Jos 8,1; 10,25; 1 Sam 17,11; 1 Chr 22,13; 28,20; 2 Chr 20,15.17; 32,7" haben mit Gen 9,2a weder formkritisch (‚Ermutigungsformel' in der ‚Kriegsansprache'!) noch sachlich (Adressat der zugesprochenen Furchtlosigkeit ist Israel selbst: „fürchte dich *nicht*"!) etwas zu tun.

[41] Vgl. *Lohfink* aaO. 88 Anm. 79.

[42] Dtn 2,24f gibt als entscheidende Aktion, zu der Jahwe durch ‚Furcht und Schrecken der Völker vor Israel' mithilft, an: „Fang an, in Besitz zu nehmen!" In Dtn 11,24f ist es sogar „das Land" selbst, auf das Jahwe „Furcht und Schrecken" vor Israel gibt, damit das bloße Betreten (!) schon zur Inbesitznahme wird.

Menschen gegen die Tiere legitimiert und eröffnet"[43]. Daß P[g] sich hier *sprachlich* am Kriegsorakel inspiriert, ist möglich, sogar wahrscheinlich[44]. Daß sie aber einen Krieg zwischen Mensch und Tier als struggle for life oder als Möglichkeitsbedingung für kultische Opfer, die die Tötung von Tieren voraussetzen, anzielt, ist wenig wahrscheinlich, wenn man die aufgezählten Tierarten beachtet: es sind *alle* nichtmenschlichen Lebewesen[45]. Es geht also um eine urgeschichtliche Relation Mensch – Tier, bei der der Mensch die Oberhand behält. Die urgeschichtliche, mythische Figur, die altorientalisch und in veränderter Gestalt auch ägyptisch, kleinasiatisch und sogar inneralttestamentlich im Kampf mit Tieren belegt ist, ist der Typos ,Herr bzw. Held der Tiere'[46]. Während in Gen 1,28 die Metapher vom (gott-königlichen) *,Hirten der Tiere'* vorliegt, verwendet P[g] in Gen 9,2 die Metapher vom (gott-königlichen) *,Herrn der Tiere'*. Kommt in Gen 1,28 die Dimension der Fürsorge zur Sprache, so in Gen 9,2 die Dimension der Abwehr des Bösen und der autoritativen Herrschaft. Weil der ,Hirte' von Gen 1 nicht verhindern konnte, daß das Lebenshaus zu einem Ort des Todes wurde, wird in Gen 9,2 den Menschen der Auftrag und die *Befähigung* gegeben, wie der ,Herr der Tiere' das bedrohte Leben zu schützen. Wie in Gen 1 wird also auch in Gen 9 durch die metaphorisch gemeinte Beziehung ,Mensch – Tier' eine schöpfungstheologische Aussage gemacht[47].

P[g] steht mit dieser Metapher im Späthorizont einer langen Menschheitstradition, in der die Menschen sich selbst in ihrer intensiv erlebten Beziehung zu den Tieren zu begreifen suchten. Wie archäologische Funde belegen, beginnt im 8. Jahrtausend v. Chr. mit der ,neolithischen Revolution' (Einführung des Ackerbaus, Seßhaftwerdung des Menschen, Vorratswirtschaft, intensivere Haustierhaltung, Arbeitsteilung) die geistige

---

[43] *Lohfink* aaO. 88 Anm. 79; ähnlich *Westermann,* Genesis 619 (mit Verweis auf *McEvenue*) sowie *Liedke,* Im Bauch des Fisches 142f.

[44] Zu den 134 Vorkommen und dem ursprünglichen Sitz im Leben der sog. ,Übereignungsformel' vgl. *Richter,* Richterbuch 21–24. Schon *Richter* macht darauf aufmerksam, daß in einem kriegerischer Kontext gegeben ist. In der Gen 9,2 sprachlich am nächsten stehenden Stelle Dtn 11,24f ist *„das Land"* in die Hand Israels gegeben, d. h. übereignet.

[45] Sogar *„alle* Fische" sind in die Totalität miteinbezogen, die in der Flutgeschichte selbst nicht ,auftraten'.

[46] Vgl. dazu besonders die materialreichen Überblicke: Art. „Held" in: RLA 4, 287–302; sowie Art. „Herr der Tiere"; „Herrin der Tiere", in: aaO. 334f sowie bei *Keel,* Jahwes Entgegnung 86–125; zur Rezeption in den Simsongeschichten vgl. *Wenning-Zenger,* Der siebenlockige Held Simson.

[47] Gen 9,2 hebt also Gen 1,28 nicht auf, sondern führt die in Gen 1,28 entworfene Anthropologie weiter.

Auseinandersetzung des Menschen mit seiner Umwelt. „Dabei zeigt es sich, daß bisher das Tier der große Gegner des Menschen gewesen war, das man besänftigen mußte, weil man es kaum bekämpfen konnte. Bis in dieses Jahrtausend hatte der Mensch im Tier die stärkere Macht gesehen, und sein Bestreben war allein gewesen, dieser Macht zu entgehen. Dieses von Urzeiten her im Menschen wache Angsterlebnis prägte auch im Augenblick, in dem er sich geistig mit der Umwelt auseinanderzusetzen begann, das Bild, das er sich von den Mächten der Welt machte. Sie nahmen ganz selbstverständlich Tiergestalt an, wenn sie in ihrer überlegenen Machtfülle erschienen"[48]. Mit dieser im Tier erlebten ‚numinosen' Machtfülle setzt sich der Mensch geistig, rituell und real auseinander und gewinnt darin sein Selbstverständnis und Selbstbewußtsein. So verwundert es nicht, daß in Schöpfungs- und Urzeitüberlieferungen das Verhältnis Mensch – Tier einen bedeutenden Platz einnimmt[49]. Auch in den beiden Schöpfungsgeschichten Gen 1 und Gen 2 wird das Proprium humanum gerade in der ambivalenten Relation Mensch – Tier dargestellt[50]. Indem in solchen Erzählungen die Tiere den Menschen untergeordnet werden, wird ihre ‚geheimnisvolle' Mächtigkeit gebannt. Eine tiefschichtige Auseinandersetzung mit der im Tier erlebten Mächtigkeit liegt darüber hinaus dort vor, wo ‚Tiere' vergöttlicht werden, sei es daß ‚positiv' die ‚Götter' von den Menschen tiergestaltig dargestellt oder vorgestellt werden und analog die Könige als Inkarnation der Götter ihr Selbstverständnis in Tiermetaphorik abbilden und rituell spielen[51], sei es, daß die Tiere ‚negativ' zu Symbolen des Bösen, ja des Chaos' werden und dann bildhaft oder rituell bekämpft, ja getötet werden müssen[52]. In diese zweite Vorstellungswelt, in der Tiere als Feinde des Menschen, als Verkörperung des Bösen und als Repräsentanten der chaotischen Mächte von Göttern und Halbgöttern bekämpft, vertrieben und getötet werden, wobei die Könige im göttlichen Auftrag diesen Kampf gegen das Böse rituell oder auf Darstellungen ‚nachspielen', gehört auch Gen 9,2. Die Vorstellung begegnet einmal so, daß die Gottheit/der König die Tiere jagt

---

[48] *Helck,* Jagd und Wild 7.
[49] Vgl. die ‚kanonische' Tradition vom Tierkampf des ur- und frühzeitlichen ‚Helden' (sog. Gilgamesch-Herakles-Figur); zur Hominisation als ‚Abschied' von der Tierexistenz vgl. die Enkidu-Gestalt im Gilgamesch-Epos (1. Tafel II 35–38 [Text bei: *Schott-von Soden,* Das Gilgamesch-Epos 18–21) und den Mythos ‚Mutterschaf und Getreide' (Text bei *Pettinato,* Menschenbild 86–90).
[50] Zu dieser Sicht vgl. *Müller,* Jahwistische Schöpfungserzählung 278–282.
[51] Vgl. dazu besonders *Cassin,* Le roi et le lion.
[52] Gerade in diesem Kampf erringt der König die Herrschaft über die ganze Erde (sogar über die nichtbewohnten Gebiete); vgl. *Cassin* aaO. 399.

und tötet, und sie deutet zum anderen in der klassischen Ausprägung vom ‚Herrn der Tiere' die Fähigkeit des Halbgottes/des Helden/des Königs an, das bedrohliche Chaos in ‚Grenzen' zu halten, so daß kein ‚totales Chaos' entsteht[53].

Inneralttestamentlich sind beide Vorstellungskomplexe, wie O. Keel gezeigt hat, besonders eindrucksvoll in den Gottesreden des Buches Ijob aufgegriffen und entfaltet[54]. In der ersten Gottesrede (Ijob 38,1–39,30) entfaltet das Ijob-Buch, inwiefern die Welt trotz aller Störung und Widersprüchlichkeit dennoch nicht ohne Plan und ohne Ordnung ist. Durch die Aufzählung von zehn in der alten Welt besonders gefürchteten Tieren wird zunächst die ganze Wildheit und Fremdartigkeit der Welt eingefangen, unter der der Mensch leidet, um dann aber zu betonen, daß Gottes Herrschaft über diese Tiere das totale Chaos und ein definitives Gegeneinander verhindert. Als ‚König der Tiere' schützt und verteidigt der Weltkönig Jahwe nach Ijob 38,39–39,30 die von ihm geschaffene Welt als Lebensraum gegenüber wilden, zerstörerischen und bösen Mächten, symbolisiert in gefährlichen Tieren (vgl. auch Ps 22) – so freilich, daß er ihnen einen gewissen Spielraum beläßt[55]. Die zweite Gottesrede des Ijob-Buches (Ijob 40,6–41,26) zeichnet Jahwes Weltkönigtum abermals durch ein mythisches Motiv, das vom Handeln einer Gottheit gegenüber Tieren bestimmt ist. Diesmal ist es das Motiv vom ägyptischen Gott Horus, der Nilpferd und Krokodil bekämpft und tötet. Durch die Übertragung dieses Motivs auf Jahwe wird einerseits eingeräumt, daß es das Böse auch in der Welt Jahwes gibt, zugleich aber wird andererseits unterstrichen, daß Jahwe willens und mächtig ist, dieses immer wieder auftretende Böse zu vernichten[56]. Göttliche Herrschaft über die Tiere meint also: die Welt als Lebensraum in Vollmacht ordnen, schützen und verteidigen.

Die innergeschichtliche Verwirklichung dieser göttlichen Weltherrschaft geschieht durch die Könige, die die Aufgabe und die Vollmacht haben, die Integrität und den Frieden ihrer Länder im Inneren und nach außen zu verteidigen. So lassen sie sich gerne bei der Bändigung von Feinden aus dem menschlichen und tierischen Bereich gleicherweise darstellen und rituell feiern[57]. Die zahlreichen Bilder vom König, der von seinem

---

[53] Möglicherweise sind beide Aspekte in Gen 9,2 sprachlich unterschieden: „Furcht und Schrecken vor euch" = Abwehr des Bösen; „in eure Hand sind sie gegeben" = Vernichtung des Bösen.

[54] *Keel*, Jahwes Entgegnung; zur Rezeption in Ps 8 vgl. *Zenger*, „Was ist das Menschlein".

[55] Vgl. *Keel* aaO. 51–125.

[56] Vgl. *Keel* aaO. 126–156.

[57] Zur Parallelisierung von Krieg und Jagd vgl. *Keel*, Der Bogen (Lit.!).

Kampfwagen aus gefährliche Tiere verfolgt oder sich rühmt, wilde Tiere gezähmt zu haben, wollen hervorheben, daß der König wie die Gottheit als ‚König der Tiere' die Ordnung und das Zusammenleben in seinem Reich garantiert und schützt. Und analog gehört nach der ägyptischen Königsideologie die Jagd der gefährlichen Wassertiere, Nilpferd und Krokodil, zu den das Königtum konstituierenden Akten. Es geht dabei nicht um das konkrete Nilpferd als solches, sondern insofern es (in Sonderheit das rote Nilpferd!) als Symbol des Bösen, also als Äquivalent des Wasserdrachens der kanaanäischen und mesopotamischen Tradition, gejagt, gefangen und getötet werden mußte. „Schon aus der 1. Dynastie haben wir ein Zeugnis für die Existenz von Skulpturen, die den König zeigen, wie er mit bloßer Hand ein Nilpferd überwindet bzw. ein solches vom Papyrusboot aus mit der Harpune jagt ... Eine Statue mit diesem Thema fand sich 1000 Jahre später im Grab des Tutanchamun (um 1345 v. Chr.)"[58]. Der König erweist sein Königsein als Teilhabe am Weltkönigtum der Götter dadurch, daß er rituell oder sogar nur im Bild an der Tempelwand die feindlichen Mächte bekämpft und besiegt – die politischen Feinde oder die chaotischen Mächte, deren reale oder symbolische Inkarnation der Tierwelt entstammen. Und indem der König die störenden und zerstörenden Mächte abwehrt und bändigt, schafft und sichert er Lebensraum und friedliches Zusammenleben.

Daß die rituell ‚gespielte' und ikonographisch oder narrativ ‚verwirklichte' Bändigung oder Tötung der Tiere durch Götter, (urzeitliche) Helden und Könige eine metaphorische Handlung ist, die den Schutz des kosmischen und politischen Heils anzielt, wird ikonographisch oft noch dadurch unterstrichen, daß der ‚Herr der Tiere', dem die Tiere buchstäblich ‚in die Hand gegeben sind', von Lebensräumen oder anderen Symbolen der ‚heilen Welt' flankiert wird[59] oder daß der urzeitliche bzw. königliche ‚Held', dessen kanonische Funktion von den ältesten Belegen an der Tierkampf ist, auch als Schützer des Lebensraums oder als Träger eines Gefäßes, aus dem Wasserströme (Leben!) quellen, abgebildet wird[60]. Weil es demnach bei dieser Relation Mensch – Tier um die metaphorische Wahrheit der ‚heilen Welt' geht, verwundert es nicht, daß auch Fische und Vögel zu Symbolen des Chaotischen werden. „Ganz allgemein ist darauf hinzuweisen, daß Fische und Vögel die Grenzberei-

---

[58] *Keel,* Jahwes Entgegnung 132.
[59] Meist hält der ‚Herr der Tiere' in jeder Hand je ein Tier fest; Raubvögel u. ä. hält er am Hals, Raubtiere (z.B. Löwen) hält er am Schwanz hoch. Vgl. die zahlreichen Abbildungen und Belege bei *Keel,* Jahwes Entgegnung 87–125.
[60] Vgl. die Belege in: RLA 4, 293–302.

che des menschlichen Lebensraumes bevölkern." Sich ikonographisch „mit Pfeil und Bogen der Fische und Vögel zu bemächtigen, mag generell einen Anspruch auf diese Grenzbereiche menschlicher Existenz anmelden"[61].

Gen 9,2 spricht also über die Menschen den Segen aus und gibt die Vollmacht, die lebensbedrohenden chaotischen Mächte in Schranken zu halten, sie zu bekämpfen und sie sogar zu beseitigen. Das ‚Hirtenamt' von Gen 1 wird in Gen 9,2 erweitert und ergänzt: zum Auftrag der Fürsorge tritt die Ermächtigung zur Abwehr des Bösen.

(3) Die in Gen 9,2 vom Schöpfergott gegebene Vollmacht über die Tiere soll die Menschen in besonderer Weise befähigen, die ihnen übereignete Erde in Besitz zu nehmen. Dahinter steckt durchaus die bereits angesprochene reale Erfahrung der alten Welt, daß die menschlichen Lebensräume und Lebensmöglichkeiten permanent durch die Tiere bedroht waren. Auch zur Zeit der Priesterschrift „war das Tier nicht nur der schwächere, oft ausgenützte Gefährte, sondern auch der gefürchtete, unter Umständen überlegene Feind. Das können wir uns im Zeitalter des World Wildlife Fund und seinen Versuchen, zahlreiche Tierarten vor der Ausrottung zu bewahren, nicht mehr recht vorstellen. Aber das war so, und gerade dieser Umstand hat dem Tier einen Respekt eingetragen, den es heute nicht mehr genießt. Sobald man eine Siedlung verließ und über Land ging, riskierte man, von einem aufgeschreckten Löwen, Panther oder Bären angegriffen und hingestreckt zu werden (Gen 37,33; 1 Kön 13,24; 2 Kön 2,24)"[62]. So ist die im alten Israel, aber auch in seiner Umwelt verbreitete Vorstellung verständlich, daß der Mensch mit den wilden Tieren in einem permanenten Kampf um Lebensraum liegt. Wenn eine Stadt oder eine Region durch Krieg als Lebensraum vernichtet wird, kann dies metaphorisch als Übereignung dieser Gebiete in die ‚Hände' der Tiere bezeichnet werden. Daß verwüstete Städte und Landstriche dadurch als den Menschen entzogener Lebensraum charakterisiert sind, daß sie von allerlei wilden Tieren in Besitz genommen werden, ist „eine im 8.–5. Jh. v. Chr. in Vorderasien sehr häufig belegte Vorstellung. Sie findet sich z.B. in Jes 13,19–22 (Babylon); 32,12–14 (Jerusalem); 34,8–15 (Edom); Jer 50,39–40 (Babylon); 51,36–43 (Babylon); Zef 2,13–15 (Ninive); in den Verträgen von Sfire, wo es heißt: ‚Sein (nämlich Arpads) Gras soll zur Einöde werden, als Lagerstätte des Wildgetiers und der Gazellen und Schakale und der Hasen und der Wildkatzen und der Eulen und der . . . und der

---

[61] *Keel*, Der Bogen 158 Anm. 88.
[62] *Keel*, Tiere als Gefährten und Feinde 51f; vgl. auch Jes 30,6; Jer 5,6; Spr 22,13.

Elstern' und in den Annalen Assurbanipals, der sich rühmt: ‚In 30 Tagen warf ich Elam in seinem ganzen Umfang nieder. Den Lärm der Menschen, den Tritt der Rinder und Schafe, frohes Jubelgeschrei schloß ich von ihren Fluren aus. Wildesel, Gazellen, die Tiere des Feldes, soviel es deren gibt, ließ ich darin ... lagern' "[63]. Jahwes Gericht kann deshalb darin bestehen, daß er die wilden Tiere gegen eine Stadt oder sein Volk schickt, um es als Lebensraum zu vernichten[64].

Vor diesem Hintergrund bedeutet Gen 9,2 als Segen die Zusage Gottes, daß der Lebensraum der Menschen erhalten und geschützt bleiben soll. Das ist die Voraus-Setzung dafür, daß die in 9,1.7 gegebene Perspektive „füllt die Erde!" realisiert werden kann[65]. Der ‚Gottesschrecken', der die Tiere abhalten soll, die Lebensräume der Menschen zu verwüsten, ist also ein ‚Schöpfungssegen', der dem Leben dient[66].

(4) Gen 9,3 weitet die Übereignung des menschlichen Lebensraumes in Konsequenz von Gen 9,2 universal aus[67], unterstreicht aber durch die Angabe „zur Nahrung" die Lebensperspektive[68], die abermals durch die sich unmittelbar anschließenden Segensimperative von Gen 9,7 zusammengefaßt wird. Auch 9,3 ist damit eine Voraus-Setzung des Schöpfergottes, die der Verhinderung der Flut dienen soll.

Gen 1,28–30 und Gen 9,1–3.7 müssen als spannungsreiche Einheit begriffen werden. Der ‚nachflutliche' Schöpfungssegen, der den Menschen die Vollmacht gibt, als ‚Herren der Tiere' die Lebensordnung zu verteidigen und durchzusetzen, hebt den ‚vorsintflutlichen' Schöpfungssegen nicht auf, der die Menschen als ‚Hirten der Tiere' eingesetzt hat. Beide Metaphern entwerfen *zusammen* den Schöpfungsauftrag, in dem der Mensch dafür sorgen *soll* (Gen 1) und dafür sorgen *kann* (Gen 9), daß die Erde nicht in den Zustand von Gen 6,11–12 absackt. In dieser dialektischen Spannung schwingt die melancholische Trauer mit, die in P^g (und in uns

---

[63] *Keel,* Jahwes Entgegnung 64.

[64] Vgl. Dtn 32,24; 2 Kön 17,25f; Hos 2,14; Jer 5,6; Ez 5,17; 14,15; 32,4.

[65] Den engen Zusammenhang von Inbesitznahme der Erde und Übereignung der (die Erde bedrohenden) Tiere belegen besonders Jer 27,5–6; 28,14; vgl. auch Ex 23,29–30; Dtn 7,22 sowie Dan 2.38; Jdt 11,7.

[66] Analog dazu formuliert Lev 26,22 als Fluch: „Ich lasse auf euch die wilden Tiere los, die euer Land entvölkern, euer Vieh vernichten und euch an Zahl so verringern, daß eure Wege veröden." Vgl. auch Jer 4,7; Ez 5,17; 14,15.

[67] Vgl. das zweimal betonte „alles" am Anfang und am Ende der Ringkomposition von Gen 9,3. Die Übereignung des menschlichen Lebensraums schließt hier, anders als in Gen 1,29–30, ausdrücklich das ‚Gebiet' der Tiere mit ein!

[68] Dies ist zugleich eine wichtige Begrenzung der ‚Übereignung'. Vgl. auch *Dequeker,* Green Herbage 118–127.

allemal!) angesichts der faktischen Welterfahrung aufsteigt, weil die Menschen weit hinter den ihnen vom Schöpfergott gesetzten Zielen (Gen 1) und Möglichkeiten (Gen 9) zurückbleiben. Gerade deshalb greift P^g als weitere schöpfungstheologische Metapher den Kriegsbogen als Symbol göttlicher Herrschaft auf, um damit dem gefährdeten ‚Lebenshaus' der Schöpfung ein programmatisches und stimulierendes Hoffnungszeichen des Schöpfergottes selbst zu geben.

3.3 Die metaphorische Wahrheit des ‚Bogens Gottes in den Wolken'

Das Motiv vom Bogen ist ein Proprium der priesterschriftlichen Flutgeschichte. Es fehlt nicht nur in der jehowistischen Parallelerzählung, sondern auch in den bislang bekannten altorientalischen Sintflutgeschichten[69]. In kosmogonischem Kontext begegnet dagegen der Bogen als Waffe der Schöpfergottheit, die damit die chaotische Wassermacht bekämpft oder tötet.

Zwei Beispiele aus der altorientalischen Ikonographie können den Bogen als kosmogonisches Motiv erläutern. Ein assyrisches Rollsiegel[70] aus der 1. Hälfte des 1. Jahrtausends zeigt eine Gottheit, die mit einem mächtigen Kriegsbogen, der mit Sternen besetzt ist, einen Chaosdrachen verjagt. Neben dem sich aufbäumenden Ungetüm steht eine stilisierte Palme, eine Art Lebensbaum. Das hier gemeinte (Ur-)Geschehen ist unzweifelhaft: eine Schöpfergottheit vertreibt das sintflutgleiche Urchaos (Regensturm und peitschende Urflut) von der Erdscheibe, damit auf ihr Vegetation und Leben entstehen bzw. unbedroht gedeihen können. Für den altorientalischen Menschen handelt es sich freilich bei solchem Geschehen nicht um ein abgeschlossenes, sondern um ein andauerndes Geschehen. Das Urchaos ist eine lebensbedrohende, aggressive Macht, gegen die das

---

[69] In der elften Tafel des Gilgameschepos und ähnlich im sumerischen Flutmythos (vgl. auch den Abschnitt 4.2 „Die Eridu-Genesis") signalisiert die Sonne, die in die Arche fällt, das Ende der Flut: „Da tat ich eine Luke auf, Sonnenglut fiel aufs Antlitz mir" (Gilgamesch 11, 135). „(Dann) kam der Sonnengott Utu heraus, der Himmel und Erde mit Licht überschüttet. Ziusudra öffnete ein Fenster(?) des gewaltigen Schiffes. Der Held Utu erleuchtete(?) das riesige Schiff" (Sum. Flutmythos). Textzitate aus: *Schott-von Soden*, Das Gilgamesch-Epos 98.121. *De Boer*, Remarques 110 macht darauf aufmerksam, daß der Regenbogen ohnedies ein seltenes meteorologisches Phänomen im Nahen Osten sei. Zum Vorkommen des Regenbogenmotivs in Erzählungen aus Frühkulturen vgl. *Westermann*, Genesis 544f.

[70] Vgl. Abb. 45 bei *Keel*, Bildsymbolik 42.

Leben auf der Erde permanent verteidigt werden muß. Das kommt in einem ebenfalls assyrischen Rollsiegel[71] des 9./8. Jahrhunderts zur Darstellung, wo der Lebensbaum, den der göttliche Bogenschütze bewacht und verteidigt, zwischen ihm und dem in Schlangengestalt mit gehörntem Kopf abgebildeten Chaos steht. Auf beiden Siegeln ist der Bogen die Waffe, mit der das Chaos gebändigt wird; er ist Zeichen und Instrument einer schöpfungssichernden Macht.

Die Vorstellung von Vertreibung und Bändigung der Urflut zur Ermöglichung von Leben auf der Erde liegt in alttestamentlicher Ausprägung in Ps 104,5–7.9[72] vor, wobei allerdings der Donner/die Stimme des Schöpfergottes genügt, um den Urflut-Drachen zu verjagen:

Der die Erde gründet auf ihre Pfeiler,
daß sie nie und nimmer wankt.
Das Urmeer bedeckte sie wie ein Kleid,
bis über die Berge standen die Wasser.
Vor deinem Anschreien flohen sie,
vor der Stimme deines Grollens hasteten sie davon.
Eine Schranke setztest du, die sie nicht überschreiten
können,
daß sie nicht zurückkehren können, um die Erde zu
bedecken.

Auch im Enuma-Elisch-Epos (= Ee)[73] ist der Bogen – neben dem vernichtenden oder schaffenden Wort – die entscheidende Waffe des Schöpfergottes Marduk im Kampf gegen die Urflut Tiamat und zugleich das Emblem seines Götter- und Weltkönigtums. Ja, in Ee VI 90 wird sogar die semantische Gleichsetzung Kriegsbogen = am Himmel erscheinender ‚Bogenstern‘ vollzogen. Als die Götter Marduk zum königlichen Kampf gegen Tiamat und ihre Meute beauftragt hatten, beginnt dieser seine Aktion folgendermaßen:

Er bildete einen Bogen und bezeichnete ihn als ‚seine Waffe‘,
einen Pfeil legte er auf,
die Sehne befestigte er an ihm.
Er hob die Miṭṭu-Waffe, ließ seine Rechte sie fassen,

---

[71] Vgl. Abb. 47 bei *Keel* aaO. 43.
[72] Vers 8 ist eine Erweiterung, die den Zusammenhang unterbricht.
[73] Übersetzung und wertvolle Hinweise für die Interpretation von Enuma Elisch verdanke ich meinem Münsteraner Kollegen Professor *Manfried Dietrich*.

Bogen und Köcher hängte er an seine Seite.
Er stellte den Blitz vor sich,
mit glühender Flamme füllte er seinen Leib (Ee IV 35–40).

Als dann zum Abschluß der Schöpfung die Götter im Heiligtum zu Babylon, das sie in einjähriger(!) Arbeit für Marduk erbauten, sich am Neujahrstag(!) zur Königshuldigung versammeln, findet eine besondere Zeremonie zu Ehren gerade dieses Bogens, den Marduk zur Vernichtung der Tiamat eingesetzt hatte, statt:

Die großen Götter, ihrer fünfzig, setzten sich,
die Schicksalsgötter, ihrer sieben, wurden zur Schicksalsbestimmung eingesetzt.
Der Herr (Marduk) empfing den Bogen, die Waffe legte er vor sie hin.
Das Netz, das er gemacht hatte, sahen die Götter, seine Väter.
Sie sahen den Bogen, wie kunstvoll (gemacht seine) die Gestalt,
das Werk, das er gemacht, preisen seine Väter.
Anu hob (ihn) auf, spricht nun in der Versammlung der Götter,
indem er den Bogen küßt: ‚Er sei meine Tochter‘.
Er gab dem Bogen folgende Namen:
‚Lang-Holz‘ sei der erste, der zweite ‚Er möge treffen/erfolgreich sein‘,
sein dritter Name: ‚Bogenstern‘, am Himmel ließ er ihn sichtbar werden,
er setzte seinen Standort fest unter den Göttern, seinen Gefährten.
Nachdem Anu die Geschicke des Bogens bestimmt hatte,
stellte er hin den Königsthron, der unter denen der Götter der höchste ist.
Anu ließ in der Versammlung der Götter ihn (den Bogen) Platz nehmen.
Es versammelten sich die großen Götter,
das Schicksal Marduks erhöhten sie, wobei sie sich niederwarfen.
Sie sprachen gegen sich selbst eine Verfluchung aus,
mit Wasser und Öl schworen sie, faßten die Kehlen an.
Sie gaben ihm die Macht, die Königsherrschaft über die Götter auszuüben,
zur Herrschaft über die Götter von Himmel und Erde
setzten sie ihn ein (auf Dauer). (Ee VI 80–100)

Dieser Abschnitt hält zwei Eigenheiten fest, die der Bogen Marduks durch den Sieg über Tiamat erhalten hat:

(1) Anu, der Himmelsgott, nimmt ihn als seine Tochter an, d.h. er „läßt ihn hinfort als Bogenstern am Himmel sichtbar werden" (VI 87.90).

(2) Der Bogen wird damit aber nicht zum ‚bloßen' Himmelsphänomen, sondern ihm wird „das Geschick" bestimmt, weiterhin zu „treffen, erfolgreich zu sein" (VI 89), d.h. die schöpfungsbedrohenden Mächte zu bannen. Weil der Bogen göttliches ‚Realsymbol' des Königtums Marduks ist, kann er auch „in der Versammlung der Götter Platz nehmen" (VI 94): Er ist Waffe des Schöpfergottes gegen das Chaos sowie am Himmel erscheinendes Signal und Medium seiner ein für allemal angetretenen Weltherrschaft.

Dieser knapp skizzierte Vorstellungshintergrund liegt auch unserer priesterschriftlichen Erzählung zugrunde. Auf die Nähe zu Ee hatte schon *H. Gunkel* hingewiesen. Doch ordnet er das Motiv sowohl in Ee als auch in Gen 9 seiner Vorentscheidung unter, hier läge die abgeblaßte Weiterentwicklung einer „uralten mythologischen Idee" vor. „Wenn Jahwe müde geworden ist, seine Pfeile abzuschießen – so etwa mag man ursprünglich gesagt haben –, dann stellt er seinen Bogen beiseite: darum erscheint der Regenbogen nach dem Gewitter am Himmel. Und dieser Erscheinung freut sich der Alte, weil er sieht, daß jetzt der Zorn seines Gottes vorüber ist"[74]. Verweise auf den arabischen Kuzah, der von seinem Bogen Pfeile schießt und den Bogen dann in die Wolken hänge, aber auch auf indische oder allgemeine Märchenmotive[75] sollen diese These vom Regenbogen als „Zeichen für das Ende des Zornes der Götter" und als „Versöhnungszeichen", das „der gnädige, um seine Schöpfung besorgte Gott . . . in die Gewitterwolken zeichnet, um den Menschen und den Tieren den Schrekken vor dem schrecklichen Gott zu nehmen"[76], stützen. Im Blick auf Ee ist diese Interpretation vom Text selbst her auszuschließen: nicht nur der Name des Bogens „er soll [weiterhin] treffen" (Ee VI 89) und seine Funktion als Herrschaftssymbol Marduks sprechen dagegen, sondern die gesamte ‚theologische' Tendenz von Ee liegt fernab von Vorstellungen wie Zorn und Versöhnung; es geht, wie angedeutet, um den kosmogonischen Prozeß von Instabilität zu Stabilität der Götter- und Weltordnung, deren Garant und Schützer Marduk und sein das Chaos abschreckender Bogen sind[77]. Nicht um die (übrigens stark europäisch gefärbte) Regenbogenidylle als emotionales Friedenssignal einer umfassenden Harmonie

---

[74] *Gunkel*, Genesis 151.
[75] So *Wellhausen*, Prolegomena 317 Anm. 1.
[76] *Scharbert*, Genesis 98.
[77] Zur Gesamtinterpretation von Ee vgl. *Maag*, Kultur 329–341; *von Weizsäcker*, Tragweite 20–37; *von Soden*, Konflikte.

geht es in Ee, sondern um die bange Sorge des altorientalischen Menschen, ob und wie angesichts der vielfältigen Bedrohung des Kosmos' durch das Chaos die Weltordnung nicht total zusammenbricht – zum Wohle der Götter und der Menschen! Insofern ist der Bogen Marduks, der „am Himmel sichtbar" wurde (Ee VI 90), nicht primär ein Zeichen göttlicher Güte, die Störungen gnädig hinnimmt, sondern göttlicher Mächtigkeit, Störungen abzuwehren und so das Leben zu sichern.

Aber auch der Text der priesterschriftlichen Flutgeschichte selbst gibt Hinweise genug, den ‚Bogen Gottes' nicht als ‚Friedensschlußzeichen', sondern als Machtsymbol des Schöpfergottes zu begreifen[78]:

(1) Schon *J. Wellhausen* hat beobachtet, daß ein Regenbogen eigentlich besser passen würde „zu dem simplen Regen", der in JE „die Flut herbeiführt, als zu den geöffneten Schleusen des Himmels und Brunnen der Tiefe, welche sie in P bewirken"[79]. Die Flut in P^g gleicht viel eher der Chaosmacht, wie wir sie in der altorientalischen Ikonographie, in Ps 104 und in Ee gesehen haben, als einem Regen, so daß sich weniger die ‚natürliche' Relation Regen – Regenbogen, denn die ‚mythische' Relation Chaosmacht – Bogen des Schöpfungsgottes nahelegt.

(2) Die in Gen 9,13 gebrauchte Formulierung „*meinen* Bogen habe ich in die Wolke gegeben" setzt den Bogen durch das Suffix in eine sehr enge Beziehung zu Elohim; dadurch unterscheidet sich Gen 9,13 sehr deutlich von Ez 1,28, wo der Bogen „am Tage des Regens" eben nicht als Bogen Jahwes ausgewiesen ist[80].

(3) Der in Gen 9,14f angesagte Geschehensablauf modifiziert das übliche Aufscheinen des Regenbogens an einem entscheidenden Punkt. Der Bogen soll nicht erst aufleuchten, wenn das Gewitter seinem ‚natürlichen' Ende zugeht. Vielmehr soll das Feuer des Bogens aufleuchten, wenn der Schöpfergott daran geht, „Wolken zu wölken", d.h. sein Strafgericht zu wirken (vgl. besonders Ez 30,3). Dann soll der Bogen, den er ein für allemal in die Wolken gegeben hat, ihn daran erinnern, daß er als Schöpfergott zugleich die Königsherrschaft über diese Erde angetreten hat. Als König dieses ‚Lebenshauses' kann er gewiß die gewalttätigen Störungen des Lebens nicht tatenlos hinnehmen und deshalb muß er „Wolken wölken". Aber zugleich will er als guter König ‚sein Land' und ‚seine Untertanen' insgesamt am Leben halten. Der ‚Bogen in den Wol-

---

[78] Vgl. den ähnlichen Ansatz, wenn auch mit anderen Folgerungen bei: *de Boer*, Remarques; *Kloos*, The Flood.

[79] *Wellhausen*, Prolegomena 316.

[80] Zum Bildhintergrund von Ez 1,28 vgl. *Keel*, Jahwe-Visionen 260–263 und *Mettinger*, Dethronement 103f.

ken' ist Erinnerungszeichen seiner Königsherrschaft, die sich dem Leben zuallererst verpflichtet weiß. Der ‚Bogen' ist deshalb nicht Zeichen von Resignation oder von Schwäche, sondern das über die Erde gewölbte Fanal der machtvollen Königsherrschaft des Schöpfergottes.

(4) Die alttestamentliche Überlieferung kennt durchaus eine Redeweise, in der der Kriegsbogen als Friedenssymbol fungiert – aber nicht indem er aufgehängt oder aufgestellt, sondern indem er zerbrochen oder verbrannt wird[81]. Das ist gegen die in der Nachfolge von *Wellhausen* und *Gunkel* immer neu wiederholte These, die oben skizziert wurde, festzuhalten[82].

(5) Unsere Deutung des ‚Bogens in den Wolken' fügt sich voll in die Bild- und Vorstellungswelt der altorientalischen und ägyptischen Tradition ein, in der der Kampfbogen Symbol für Königsherrschaft und Macht gegen das Böse war. In einer gut dokumentierten Studie hat O. *Keel*[83], ohne freilich auf den ‚Bogen' von Gen 9 einzugehen, die verschiedenen Motiv- und Lebenszusammenhänge dargestellt, in denen der Kampfbogen sowohl in Ägypten als auch in Israel als Herrschaftssymbol galt. Die Symbolik bzw. Metaphorik ist von der Parallelisierung von Krieg und königlicher Jagd her zu begreifen, der wir schon oben im Kontext von Gen 9,2–3 begegnet sind. Das dort nur implizit sichtbar gewordene Amt des Königs, durch die Vernichtung der Feinde sich als „Schützer Ägyptens und Neuschöpfer der Weltordnung"[84] zu präsentieren, wird im Kontext des Bogenmotivs mehrfach explizit so abgebildet, daß der Pharao auf seinem Königsthron sitzend mit gespanntem Bogen Tiere oder Menschen oder beide zugleich beherrscht. Könnte das Auftreten dieses Motivs im Grabschatz Tutanchamuns noch eine biographisch-historische Deutung möglich erscheinen lassen, so ist dieser Aspekt bei den Siegelamuletten, die O. *Keel* zusammengestellt hat, schlechterdings auszuschließen. „Im Gegensatz zu den Belegen aus der Zeit Tutanchamuns ... kann bei dieser Gruppe ... in keinem Augenblick der Gedanke aufkommen, es könnte sich um die Darstellung einer Lustbarkeit handeln. Die Art des Thrones ... und/oder die des ‚Wildes' (Löwe; Antilope; Mensch) verbieten eine solche Deutung kategorisch. Hier geht es nicht um ‚Begebenhei-

---

[81] Vgl. besonders Hos 2,20; Sach 9,10.

[82] Gegenüber den in Anm. 81 genannten Stellen gibt es noch zahlreiche Stellen, vor allem aus dem Bereich der Zionstheologie (z.B. Ps 46,10; 76,4), wo das von Jahwe bewirkte Zerbrechen der Bogen der Feinde Israels nicht unbedingt als Friedenssymbol, sondern als kriegerisches Siegsymbol gedeutet werden muß; so gegen *Bach*, „... der Bogen zerbricht" mit Recht: *Albertz*, Schalom 22.

[83] *Keel*, Der Bogen.

[84] *Decker*, Die physische Leistung Pharaos 150; zitiert bei *Keel* aaO. 153.

ten', sondern um die im Bogen dargestellte Macht und Herrschaft, die der rechtmäßig inthronisierte Pharao über alle Geschöpfe ausübt, die seine göttliche Herrschaft in Frage stellen könnten. Die Legitimität dieser Herrschaft und der Anspruch darauf werden durch den Thron, die Kraft, sie durchzusetzen, durch den gespannten Bogen, die Hindernisse, gegen die sie sich durchsetzt, und die Kreaturen, auf die sie sich erstreckt, durch die Menschen und Tiere dargestellt, die durch diesen Bogen bezwungen werden bzw. bezwungen sind"[85]. Die ‚theologische‘ Reduktion dieses Motivs liegt vor, wenn der Pharao einfach als Bogenschütze dargestellt wird, ohne irgend ein Zielobjekt vor sich zu haben: „Die Darstellung seiner geballten Macht garantiert die unangefochtene Herrschaft der rechten Ordnung und damit des Lebens"[86]. So braucht es nicht zu verwundern, daß der Bogen sogar in der Darstellung des thronenden Königs mit einem der traditionellen Regalia (Geißel und Krummstab) kombiniert werden kann. So hält auf einer Plakette mit dem Namen Thutmosis' IV. der Pharao in der Rechten das Szepter und in der Linken den Bogen[87]. In der Konsequenz dieser theologischen Reduktion liegt es, wenn die Macht des Pharaos über unterworfene Völker, ja sogar die Macht des Götterkönigs Min-Amon über andere Götter dadurch ausgedrückt wird, daß deren Bogen dem Götterkönig bzw. dem Pharao unter die Füße gelegt werden oder daß er ihre Bogen zertritt[88].

In den Vorstellungskomplex vom Kampfbogen als Symbol von Herrschaft und Macht gehört schließlich das demonstrative Zerbrechen des eigenen Bogens als Zeichen von Kapitulation und Unterwerfung. Dieser Gestus ist sowohl im ägyptischen als auch im vorderasiatischen Raum bildlich und textlich gut belegt[89].

Daß die skizzierte Vorstellungswelt Ägyptens und Mesopotamiens im Blick auf das AT keine unerlaubte *metabasis eis to allo genos* verlangt, beweisen die alttestamentlichen Texte selbst. Diese kennen nicht nur den Ritus vom königlichen Bogenschießen als Symbol von Herrschaftsantritt und Sieg (vgl. 2 Kön 13,14–19; Ps 18,35; Gen 49,24), sondern vor allem

---

[85] *Keel* aaO. 166.

[86] *Keel* aaO. 169.

[87] Vgl. *Keel* aaO. Abb. 35.

[88] Vgl. *Keel* aaO. Abb. 28 und 29.

[89] Vgl. *Keel* aaO. Abb. 30.31. Zum Zerbrechen des Bogens als Folge von Vertragsbruch vgl. die bedingte Selbstverfluchung in einem aramäischen Vertragstext: „Und wenn vertragsbrüchig wird Matīᶜ-'el . . . gleichwie dieser Bogen und diese Pfeile zerbrochen werden, so sollen Anāhitā [?] und Hadad zerbrechen den Bogen des Matīᶜ-'el und den Bogen seiner Großen" (*Donner-Röllig*, Inschriften Nr. 222 A, Z. 38f).

das Motiv vom Zerbrechen des Bogens als Metapher für das Ende von Macht, Kraft und Herrschaftsanspruch[90]. Der ‚Kampfbogen‘ kann sogar zu so allgemeiner Metapher für Mächtigkeit werden, daß er im Parallelismus zu dem Begriff ‚Kabod‘ stehen kann. Wenn Ijob im Rückblick auf sein Lebensglück sich an seine damaligen Wünsche „Mein Kabod erneuere sich bei mir, mein Bogen in meiner Hand werde immer wieder frisch" (Ijob 29,20) erinnert, sieht er sich gewiß nicht als Bogenschützen, sondern, wie der Kontext (vgl. besonders Ijob 29,12–17!) unterstreicht, als den, der Unrecht machtvoll abwehrt und das Leben der Armen und Gefährdeten schützt[91].

Der ‚Seitenblick‘ auf die vielfältige Bedeutung des Kampfbogens in der altorientalischen, ägyptischen und alttestamentlichen Bilderwelt zwingt m.E. geradezu, die Rede des Schöpfergottes von *„seinem* Bogen", den er zum Schutz der Schöpfungsordnung in die Wolken „gegeben hat", im Horizont genau dieser Bilderwelt zu verstehen: Die Wendung ist eine Metapher für die Ausübung der Herrschaft des Schöpfergottes. Als machtvoller König übernimmt er (richtend und rettend) Verantwortung für sein Land (die Erde) und für seine ‚Untertanen‘ (die Lebewesen), damit die urgeschichtliche Flut nicht (noch einmal) Wirklichkeit wird. Der Bogen, der in den Wolken aufleuchtet, ist Symbol des Kabod Jahwes in und über seiner Schöpfung.

Gerade den letztgenannten Aspekt zeigt P^g durch eine gezielte sprachliche Anspielung an, die nicht übersehen werden darf. Über den Bogen, den er ein für allemal in die Wolke gegeben hat, sagt Elohim: „Und es soll sein: Wenn ich (in Zukunft) Wolken wölke über der (die) Erde, dann *wird* der Bogen *in den Wolken erscheinen"* (Gen 9,14). Diese Ankündigung zielt auf eine Geschehenskette, die explizit in der Sinai- und Landgabegeschichte entfaltet wird, implizit aber auch in der Exodusgeschichte präsent ist[92].

4. Ein vergleichender Blick auf zwei schöpfungstheologische Entwürfe der Umwelt Israels

Das Profil der erarbeiteten Schöpfungstheologie der Flutgeschichte kann durch einen abschließenden kurzen Blick auf zwei schöpfungstheologische Entwürfe aus Israels Umwelt noch schärfer hervortreten. Auch wenn

---

[90] Vgl. 1 Sam 2,4; Jer 49,35; 51,56; Hos 1,5; Ps 37,14f.
[91] Vgl. auch Jes 21,16f.
[92] Vgl. unten Kapitel VI.

eine detaillierte Interpretation dieser Texte hier nicht möglich ist, so kann die vergleichende Darstellung ihrer Grundlinien und Grundintentionen doch hilfreich sein.

4.1 Der ägyptische Mythos von der Himmelskuh

Seit 1982 liegt eine neue Textausgabe mit Kurzkommentar des vermutlich im Umkreis der Amarnazeit, also um die Mitte des 2. Jt. v. Chr., entstandenen und mehrfach in ägyptischen Königsgräbern erhaltenen „Buches von der Himmelskuh", wie es modern genannt wird, vor[93].
Der Mythos setzt mit dem Zustand der vollkommenen Schöpfung ein, die als Einheit und Harmonie von Göttern und Menschen unter der Herrschaft des Schöpfergottes, des Sonnengottes Re, gekennzeichnet wird. Dieser Ur-Zustand zerbricht, weil die Menschen sich gegen ihren Schöpfer und die von ihm gesetzte Ordnung empören.

(1) Nun geschah es, daß Re erstrahlte – der Gott, der von selber entstand,
(2) nachdem er das Königtum bekleidet hatte,
(3) als Menschen und Götter (noch) vereint waren.
(4) Da ersannen die Menschen Anschläge gegen Re,
(5) denn seine Majestät war ja alt geworden, und seine Knochen waren Silber,
(6) seine Glieder waren Gold,
(7) sein Haar war echter Lapislazuli.

Im Bild vom altgewordenen Schöpfergott deckt der Mythos die tiefe Ursache der ‚Rebellion' auf. Es ist „das Schicksal alles Seienden: es nutzt sich ab und altert. Die Schöpfung trägt in sich den Keim des Verfalls, aber nur so wird es möglich, daß sie sich regeneriert und verjüngt. Das ist ein zunächst schmerzlicher Prozeß – für den einzelnen Menschen der Tod, für die Welt und den sie erklärenden Mythos das Auseinanderbrechen der gefügten Ordnung und der vorübergehende Triumph von Gegenmächten, von Kräften der Auflösung. Nicht im Erstarren darf die Schöpfungswelt das Heil suchen, sondern in stetiger Erneuerung, in Gestaltung und Umgestaltung. Aus der einheitlichen, vollkommenen Welt des Anbeginns geht durch diesen ersten ‚Sündenfall' eine differenziertere, notwendig

---

[93] *Hornung*, Mythos von der Himmelskuh; nach dieser Ausgabe wird im folgenden zitiert.

aber auch unvollkommenere Welt hervor"[94]. Auf den ‚Sündenfall' der Menschen reagiert der Schöpfergott zunächst mit der universalen Strafe. Allerdings ist dies in Ägypten, wo die jährliche Nilüberschwemmung Segen bedeutete, nicht eine Sintflut, sondern ein Sintbrand, das Feuer der tödlichen Wüstenglut, womit Hathor die rebellische Menschheit vernichten soll. Doch ein Rest wird vom Schöpfergott selbst gerettet – durch eine List, indem er den Blutdurst der Göttin durch blutrot gefärbtes Bier stillt, das er drei Handbreit hoch über das Ackerland ausgießen läßt:

(87)   Diese Göttin ging nun am frühen Morgen aus
(88)   und bemerkte, daß dieses (Land) überschwemmt war.
(89)   Ihr Gesicht wurde schön dadurch, und sie trank –
(90)   da war (es) lieblich in ihrem Herzen.
(91)   Trunken kam sie zurück und konnte die Menschen nicht erkennen.

Für die gerettete Menschheit bringt das Ende des Sintbrands freilich eine massive Wende zur Unvollkommenheit. Der Schöpfergott zieht sich in seinen Palast zurück und überläßt die Menschen ihrem gegenseitigen Streit. Die neue Welt-Ordnung, die dann im Bild der Himmelskuh errichtet wird, ist noch anfälliger gegen Störungen als die alte, sie kann nur mühsam *gestützt* und ‚hochgehalten' werden durch eigens dafür geschaffene Götter und durch den Luftgott Schu sowie durch den Pharao, der wie Schu als „Sohn des Sonnengottes" gilt; beide tragen in je ihrem Bereich die ‚Überlebensordnung': „Schu gestaltet und schützt den kosmischen Raum, der König seinen irdischen Herrschaftsbereich; auf beiden ruht der Bestand der Ordnung"[95]. In ihr gibt es keine Rückkehr zur anfänglichen Vollkommenheit. Erst im bzw. nach dem Tode ist die verlorengegangene Einheit zwischen Göttern und Menschen wieder erreichbar – in den Räumen des Jenseits. Zur Entrückung dorthin will der Mythos letztendlich die Menschen durch Bereitstellung der entsprechenden Zauberworte in seinem abschließenden Teil befähigen.

Wie die priesterschriftliche Urgeschichte ist auch dieser Mythos von der grundlegenden Spannung einer vorgestellten (gewünschten) vollkommenen und einer real erfahrenen unvollkommenen Welt bestimmt. Er sieht die Unvollkommenheit nicht nur negativ: sie ist für ihn die Folge des ‚Altwerdens' der Schöpfung, was er zugleich als Voraussetzung für Veränderung und Erneuerung begreift. Die ‚neue' komplexere Welt ist

---

[94] *Hornung* aaO. 76f.
[95] *Hornung* aaO. 78.

für ihn die Folge der ‚Rebellion'. Andererseits übt der Mythos zugleich (implizit) Kritik am Schöpfergott, der sich enttäuscht zurückzieht und die ‚neue' Ordnung nur mühsam absichert. Obwohl die Götter und ein Teil der geretteten Menschen den Schöpfergott auffordern, aus seinem Himmelspalast auf die Erde zurückzukehren, resigniert er und überläßt die Menschen ihrem Schicksal, aus dem sie erst der Tod befreien kann:

(107) Was die Götter sagten, die in seinem Gefolge waren:
(108) „Ziehe dich nicht zurück in deiner Müdigkeit,
(109) (denn) du bist wirkungsvoll durch das, was du wünschst!"
(110) Dann sprach die Majestät dieses Gottes
(111) zur Majestät des (Gottes) Nun:
(112) „Mein Leib ist kraftlos zum ersten Mal,
(113) und ich will nicht zurückkehren, daß mich ein anderer angreift."
. . .
(124) Diese Menschen [kamen zurück?]
. . .
(127) Da sprachen diese Menschen zu ihm: [Die . . . haben sich empört?]
(128) [Komme] zu uns, damit wir deine Feinde zu Fall bringen,
(129) die gegen den Anschläge ersonnen haben, der sie geschaffen hat.
(130) (Aber) seine Majestät begab sich zu [seinem] Palast
(131) [auf dem Rücken] dieser Kuh,
(132) er kam [nicht] mit ihnen, und so war die Welt nun in Finsternis.

Hier wird der fundamentale Unterschied gegenüber P^g sichtbar. Auch P^g setzt in Gen 1 mit dem Konzept der vollkommenen Schöpfung ein, die als sich selbst überlassen, zu einer verderbten Erde voller Gewalt wird. Gerade dies aber führt nicht zum enttäuschten Rückzug des Schöpfergottes, sondern zur Zusage seines aktiven Eingreifens ‚im Zeichen der Wolke', das sein Wohnen nicht im fernen Himmelspalast, sondern inmitten seines Volkes zum Ziel hat[96].

---

[96] Vgl. die priesterschriftliche Sinaigeschichte; dazu unten V.7 und VI.2.

4.2 Die Eridu-Genesis

Der meist als ‚sumerische Flutgeschichte' bekannte Mythos, den *Th.*
Jacobsen in der 1981 vorgelegten neuesten Bearbeitung[97] einerseits wegen
seiner Strukturparallelität zur priesterschriftlichen Urgeschichte und
andererseits wegen seines göttlichen Hauptakteurs Enki, dessen ‚heilige
Stadt' Eridu war, ‚Eridu-Genesis' nannte, besteht aus drei Teilen, die in
beinahe logischer Dynamik aufeinanderfolgen. Leider ist die Textüberlieferung unvollständig und nicht immer eindeutig verstehbar. Vor allem
fehlen bislang Anfang und Schluß des Mythos, was jede versuchte Interpretation verständlicherweise unter Vorbehalte stellt. Doch hat *Jacobsen*
die Grundstruktur soweit herausarbeiten können, daß ein kurzer Vergleich zwischen P^g und der Eridu-Genesis möglich ist.

Der *erste Teil* erzählt einen Kultur- und Staatsmythos. Aus Mitleid mit
dem harten und ungesicherten (Halb-)Nomadenleben der anfänglichen
Menschheit beschließt die Muttergöttin Nintur, durch die Gabe von Stadt
und Königtum das Leben der Menschen und der Tiere zu erleichtern und
dauerhaft zu sichern. So entsteht das System der sumerischen Stadtstaaten
mit ihrer Bewässerungskultur, die ihrerseits eine straffe durch die Institution des Königtums verwirklichte Administration verlangt. Daß dabei
auch an das Wohl der Götter gedacht wird, versteht sich von selbst:

> Sie sollen kommen und Städte und Heiligtümer erbauen,
> daß ich mich in ihrem Schatten abkühlen kann!

Der *zweite Teil* zeichnet dann im Stil der bekannten sumerischen Königsliste das Glück dieser ‚neuen' Zeit, das durch das ‚göttliche Königtum'
den Bewohnern der Städte vermittelt wird. Die Könige besitzen, wie ihre
außergewöhnlich langen Lebensjahre unterstreichen, die Fülle des
Lebens[98], nicht zuletzt deshalb, weil sie Erscheinungsweisen des Dumuzi,
des sterbenden und wiederauferstehenden Fruchtbarkeitsgottes, sind.

Der *dritte Teil* bringt die große Katastrophe. Der Kulturfortschritt und
die politische Stabilität führen zu einem Anwachsen der Bevölkerung, die
(den alten sumerischen Gott von Nippur) Enlil stört und bedroht. Der
Lärm der zahlreich gewordenen Menschen hindert ihn beim Schlaf und so
beschließt er, die Menschheit insgesamt durch eine Flut zu vernichten, um

---

[97] *Jacobsen*, The Eridu Genesis; aus dem dabei abgedruckten englischen Text wird
im folgenden zitiert (von mir ins Deutsche übersetzt).
[98] Vgl. dazu unten V.2.

die göttliche Ruhe für sich, aber auch für die Götterwelt insgesamt wiederherzustellen. Doch Enki rettet die Menschheit, indem er dem Priester-König Ziusudra den Plan Enlils verrät und den Bau einer rettenden Arche empfiehlt, in der Ziusudra zusammen mit einer Auswahl von Tieren überlebt. Die nach der Flut über diese gelungene Aktion überraschte Götterwelt überzeugt Enki, die Menschen in ihrem höchst eigenen Interesse, selbst wenn sie ,lärmen', anzunehmen.

Aus diesem Mythos spricht ein gewaltiger Optimismus: die Flut wird nicht wiederkommen, weil die Götter die Menschen brauchen und bereit sind, ein Stück ihrer göttlichen ,Ruhe' dafür aufzugeben. Die eigentliche Ursache der Flut ist hier nicht ein Versagen von Menschen, nicht eine Rebellion, sondern eine Widersprüchlichkeit in der Götterwelt, die durch die Flut aufgedeckt und aufgehoben wird. „Die Götter haben ihre Lektion gelernt"[99]. Sie müssen akzeptieren, daß die Menschen ihre *eigene* Dynamik entfalten – zumal sie ihnen einen Auftrag in der Schöpfung zugewiesen haben, den sie selbst nicht erfüllen *wollen*. Weil die Götter um ihres ,göttlichen Standards' willen nicht auf die Menschen verzichten können, wird es hinfort keine Flut mehr geben. Ob die ,nachflutliche' Menschheit irgendwelche Einschränkungen hinnehmen muß, wie im Atramḫasis-Mythos[100], ist auf Grund der Textlücke nicht zu entscheiden. Daß ihre ,Möglichkeiten' wie in P^g aber noch gesteigert werden, ist vollends unwahrscheinlich.

---

[99] *Jacobsen* aaO. 527.
[100] Vgl. dazu oben I.3 Anm. 41. Die nach dem Atramḫasis-Mythos der Menschheit auferlegten Einschränkungen sind verschiedene Maßnahmen (naturgegeben oder freiwillige Unfruchtbarkeit, Kinder- und Wöchnerinnensterblichkeit durch Dämonen), die ein zu starkes und die Weltordnung (die Götter!) störendes Bevölkerungswachstum verhindern sollen.

V. Schöpfungs- und Flutgeschichte als Strukturelemente der priesterschriftlichen Gesamtkomposition

„P repräsentiert ein Spätstadium in der Geschichte der israelitischen Erzählung. Was wir aus deren Anfängen mit einiger Sicherheit greifen können, sind kurze, in sich geschlossene volkstümliche Einzelgeschichten. Sie haben sich in JE oft noch recht gut erhalten, so sehr es dort bereits eine Disposition des Ganzen gibt, die ihre Stelle im Ensemble bestimmt und oft ihren alten Skopos aufhebt oder doch relativiert. Bei P dagegen beherrscht die Disposition alles. Die Einzelgeschichten stehen völlig im Dienst des Ganzen."[1].

Daß dies auch von Schöpfungs- und Flutgeschichte gilt, erweist sich am Bauplan der P^g, der im folgenden skizziert und für die Interpretation der Urgeschichte fruchtbar gemacht werden soll[2].

1. Die zweiteilige Makrostruktur der P^g

Auf vier Ebenen läßt sich eine grundlegende Zweiteilung[3] der priesterschriftlichen Gesamtkomposition erkennen.

(1) Durch die bereits oben angesprochenen Rahmungen in Gen 1,28 – Ex 1,7 und Ex 6,9 – Dtn 34,9 wird ein zweifacher Spannungsbogen ‚Segen – Erfüllung' und ‚Negative Reaktion des Volkes – Positive Reaktion des Volkes' gebildet, der die Teilung der P^g in die zwei Teile Gen 1,1 – Ex 1,7 und Ex 1,13 – Dtn 34,9 anzeigt[4].

(2) Daß P^g tatsächlich diese Zweiteilung anvisiert, wird durch zwei unterschiedliche Überschriftenketten[5] unterstrichen, die zugleich als hermeneutische Sinngeber fungieren.

a) Der erste Teil von P^g (Gen 1,1 – Ex 1,7*) wird zusammengehalten durch die zehnmalige Verwendung des Nominalsatzes[6] „dies sind die

---

[1] *Smend*, Entstehung des Alten Testaments 51.

[2] Vgl. die Skizze unten VIII.2.1 sowie die Skizze. S. 141.

[3] Diese für das Verständnis der Priesterschrift weichenstellende These hat mehrfach *P. Weimar* formuliert; vgl. *ders.*, Exodusgeschichte 105 Anm. 72; Toledot-Formel 87–93; Pentateuch 171.

[4] Vgl. oben II.3.

[5] Auf dieses doppelte Strukturprinzip hat besonders, wenn auch mit anderen Folgerungen, *Lohfink*, Die Priesterschrift 204f hingewiesen; vgl. auch *Weimar*, Toledot-Formel 90f Anm. 110.

[6] Die Toledot-Formel kommt im Pentateuch überhaupt nur zwölfmal vor: Gen 2,4a; 5,1; 6,9; 10,1; 11,10.27; 25,12.19; 36,1.9; 37,2; Num 3,1. Das letzte

tōlᵉdōt (Zeugungen) von N.N.". Die gezielte Verwendung dieses Satzes, der erstmals, wie wir gesehen haben, in Gen 2,4a als zusammenfassende Unterschrift unter der Schöpfungsgeschichte und letztmals innerhalb der Jakobsgeschichte in Gen 37,2 als (Teil-)Überschrift begegnet, zeigt einen Erzählzusammenhang an, der von Gen 1,1 bis nach Ex 1,7 reicht und diesen als Grundlegung und Weitergabe gottgeschenkten Lebens kennzeichnen will. Wie der enge Anschluß der Toledot-Formeln an den jeweiligen Mehrungssegen des Schöpfergottes in der Urgeschichte[7] hervorhebt, haben die Formeln die theologische Funktion, angesichts des vielfältig erfahrenen Todes die Erde als einen unter dem Segen und Schutz des Schöpfergottes stehenden Lebensraum für alle Lebewesen, insbesondere für den ‚Samen (Leben!) Abrahams und Jakobs', festzuschreiben. Im Hinblick auf den zweiten Teil von P^g, der die ‚unabgeschlossene' Geschichte Israels von Ägypten bis hin zur Grenze des den Vätern verheißenen Landes erzählt, liefert dieser erste Teil das theologische Fundament: Israels Volksgeschichte ruht auf dem Leben, das der Schöpfergott in seiner Schöpfung und durch die Väter ein für allemal und unzerstörbar gegeben hat. Wie sehr das Thema ‚Leben angesichts der Erfahrung des Todes' den Horizont von P^g dominiert, belegt nicht nur das außergewöhnlich häufige Wortfeld „sterben" und „leben" bzw. „am Leben bleiben"[8], sondern auch das Stilmittel, daß die Abrahams- und Jakobsgeschichte einerseits und die Volksgeschichte andererseits jeweils durch den Tod (und das Begräbnis) der Hauptfiguren abgeschlossen wird (Abraham: Gen 25,7–9; Jakob: Gen 49,33; 50,12f; Aaron: Num 20,28f; Mose: Dtn 34,7f).

b) Der zweite Teil von P^g (Ex 1,13 – Dtn 34,9*) wird zusammengebunden durch eine Reihe von topographischen und chronologischen Angaben, die ebenfalls als Unter- bzw. Überschriften eingesetzt sind[9]. Diese Angaben

---

Vorkommen (Num 3,1) ist nicht von P^g, wie *Weimar*, Toledot-Formel 90 Anm. 110; Jakobsgeschichte 177f begründet.

[7] Vgl. den Zusammenhang Gen 1,28 → 5,1; Gen 9,1.7 → 10,1; 11,10; siehe dazu vor allem *Westermann*, Genesis 23f.488–490.704–706.751.

[8] Im Bereich der von uns behandelten Urgeschichte (vgl. den Text unten VIII. Anhang): „sterben" (*MūT*): Gen 5,5.8.11.14.17.20.27.31; 9,28; „umkommen" (*GWʿ*): Gen 6,17; 7,21; „leben" (*ḤJH*) bzw. „lebendig" (*ḥaj*): Gen 5,3.5.6. 7.9.10.12.13.15.16.18.19.21.25.26.28.30; 6,19.20; 9,3.29; 11,11.12.13.14.15.16. 17.18.19.20.21.22.23.24.25.26; „lebendiges Wesen" (*næfæš ḥajjāh*): Gen 1,20. 21.24.30; „Leben" (*ḥajjīm*): Gen 6,17; 7,11.15.

[9] *Lohfink*, Die Priesterschrift 204f stellt eine Reihe von (sehr unterschiedlichen!) Texten zu einem System von acht Wanderungen zusammen. Abgesehen von der oben (II.3) bereits besprochenen Problematik, das Itinerar bis ins Buch Josua

haben ihren gemeinsamen Bezugspunkt im Auszug aus Ägypten und charakterisieren den Weg Israels als Suche jener „guten, ja sehr guten Erde" (vgl. Num 14,7), die der Schöpfergott geschaffen und Israel, ja der Menschheit anvertraut hat. Die nachstehende Zusammenstellung dieser Angaben, deren abschnittgliedernde und hermeneutische Funktion bei der Erläuterung der einzelnen Abschnitte näher besprochen wird, kann verdeutlichen, daß sie Israels Weg in drei Etappen einteilen: Israel im Machtbereich Ägyptens (Ex 1,13–14, 29*) – Israel im Herrschaftsbereich Jahwes am Sinai (Ex 16,1 – Lev 9,24*) – Israel in der Wüste unterwegs in das Land des Lebens (Num 10,11 – Dtn 34,9*).

---

auszuziehen, benennt *Lohfink* aaO. selbst die Schwierigkeit seines Systems: „Einige Zuteilungen zu Pᵍ sind nicht ganz sicher . . . Einige Notizen sind nur noch verstümmelt bewahrt." Vor allem aber fragt *Lohfink* nicht nach der Leitidee, die Pᵍ ihrem System dieser Notizen geben will.

I. Ex 1,13 bis Ex 14,29	Ex 12,40	Und der Aufenthalt der Söhne Israels, den sie sich aufhielten in Ägypten, war 430 Jahre.
	Ex 12,41	Und es war am Ende der 430 Jahre, und es war an eben diesem Tage: da zogen alle Heerscharen Jahwes heraus aus dem Lande Ägypten.
II. Ex 16,1 bis Lev 9,24	Ex 16,1	Und sie kamen, die ganze Gemeinde der Söhne Israels, in die Wüste Sin, am 15. Tage des zweiten Monats seit ihrem Auszug aus dem Lande Ägypten.
	Ex 19,1	Im dritten Monat seit dem Auszug der Söhne Israels aus dem Lande Ägypten, an eben diesem Tage, da kamen sie in die Wüste Sinai.
	Ex 40,17	Und es war im ersten Monat, im zweiten Jahr, am Ersten des Monats, da war die Wohnung aufgerichtet.
III. Num 10,11 bis Dtn 34,9	Num 10,11 f	Und es war im zweiten Jahr, im zweiten Monat, am 20. des Monats, da stieg die Wolke auf und die Wolke ließ sich (wieder) nieder in der Wüste Paran.
	Num 20,1	Und die Söhne Israels, die ganze Gemeinde, kamen in die Wüste Zin.
	Num 20,22	Und die Söhne Israels, die ganze Gemeinde, kamen zu dem Berge Hor.

(3) P^g kennzeichnet das Handeln des Schöpfergottes in den beiden Teilen konsequent durch unterschiedliche theologische Schlüsselwörter[10] und durch unterschiedliche Bezeichnungen Gottes[11] selbst. Die folgende Skizze mag dies für unseren Zusammenhang hinreichend andeuten:

Komposition	Gottesbezeichnung	Theologische Schlüsselwörter
Schöpfung (1. Akt)	Elohim (Gott)	Elohim SEGNET die Menschen
Flut (Schöpfung 2. Akt)	Elohim (Gott)	Elohim SEGNET die Menschen und errichtet / gibt seinen *BUND (b^{e}rīt)*
Abraham	Elohim als El-Schaddai (der Allmächtige)	El Schaddai errichtet / gibt seinen *BUND (b^{e}rīt)* und segnet Abraham und dessen Samen
Jakob	Elohim als El-Schaddai (der Allmächtige)	El Schaddai SEGNET Jakob und dessen Samen
Exodus	JHWH	JHWH schafft sich HERRLICHKEIT vor den Göttern Ägyptens
Sinai	JHWH	JHWSs schöpferische HERRLICHKEIT erscheint und läßt sich nieder inmitten seines ganzen Volkes
Wüste → Land	JHWH	JHWHs richtende und die Schöpfung bewahrende HERRLICHKEIT wirkt in der Wüste

---

[10] Vgl. auch die Tabelle bei *Groß*, Gottebenbildlichkeit 255.

[11] Die einmalige Verwendung des Gottesnamens JHWH in Gen 17,1 zu Beginn der Gotteserscheinung (im übrigen Kapitel: Elohim) markiert eine Zäsur und hängt zugleich theologisch mit dem Spannungsbogen Gen 17,7b → Ex 29,45f zusammen. Mit den unterschiedlichen Gottesbezeichnungen korrespondiert auch eine unterschiedliche Form der Offenbarungsweise.

141

Daß P^g von dieser *theologischen* Zweiteilung her gelesen werden soll, sagt der Verfasser selbst in der programmatischen Gottesrede am Beginn des zweiten Teiles, indem er ausdrücklich die mit dem Exodus beginnende Zeit als Offenbarung des tiefsten Wesens JHWHs von der vorangehenden Zeit des Offenbarwerdens El Schaddais abhebt (vgl. Ex 6,2–8). Gerade diese Gottesrede bündelt faktisch alle im ersten Teil ‚offen' gebliebenen Verheißungen und entwirft einen Erwartungs- bzw. Handlungshorizont, der bis zum Sinai hin sukzessiv eingelöst und danach erneut geöffnet wird[12].

(4) Daß mit Ex 1,13 ein wichtiger Neueinsatz gegeben ist, signalisiert P^g schließlich durch eine Reihe von Rückverweisen und Kontrastbildern in der dreigeteilten Exposition des zweiten Teils (Ex 1,13–14; 2,23; 2,24–25).

a) Die in der Exposition mehrfach genannte ‚Sklavenarbeit'[13] ist nicht nur im Blick auf Gen 1 schöpfungswidrig[14]; sie steht auch in Kontrast zur Könige-Völker-Verheißung von Gen 17,6; 35,11[15]. Beide Negative verlangen einen Fortgang des Geschehens.

b) Durch Ex 1,14 (‚bitteres Leben'!) stellt P^g einen ebenfalls nach Auflösung drängenden Widerspruch zwischen der ‚gesegneten Lebenskette' des ersten Teils und der faktischen Ägyptensituation Israels am Beginn des zweiten Teils her.

c) Nach Ex 2,24 beginnt insofern ausdrücklich eine neue ‚Phase' der Relation Gott – Israel, als nun das Handeln Gottes als Konsequenz des im ersten Teil errichteten Bundes gekennzeichnet wird. Während der erste Teil erzählte, *wie* Gott seinen Bund *errichtet* hat, wird der zweite Teil erzählen, *wie* Gott dieses Bundes *gedenkt*.

d) Die singuläre Formulierung Ex 2,25b weist nach Ex 29,43[16]. Innerhalb dieser zweiteiligen Makrostruktur arrangiert P^g den Geschehensablauf in sieben Abschnitte, die zunächst sukzessiv in der gebotenen

---

[12] Vgl. dazu: *Weimar,* Exodusgeschichte 165–173; *Zenger,* Das Buch Exodus 265; *Ska,* La place. Ex 6,6–8 gibt durch die syntaktische Struktur auch die *Dreiteilung* (Exodus – Sinai – Landgabe) an, die den zweiten Hauptteil der P^g bestimmt.

[13] In den fünf Versen dieser Exposition steht siebenmal(!) die Basis ʿBD („Sklavenarbeit, Dienst"); vgl. auch die weiteren Angaben, die diese Sklaverei kennzeichnen: „hart", „jegliche Sklavenarbeit", „mit Gewalt".

[14] Sie widerspricht vor allem der in Gen 1,28–30 *allen* Menschen zugesprochenen ‚Gottebenbildlichkeit' und der damit verbundenen Übergabe der ‚guten, ja sehr guten Erde' (vgl. oben III).

[15] Vgl. besonders den Kontrast Sklave – König!

[16] Zu den Problemen und Lösungsvorschlägen vgl. *Weimar,* Exodusgeschichte 56–70.

Kürze beschrieben werden sollen, damit schließlich die Funktion der Urgeschichte innerhalb der Makrostruktur von P^g gedeutet werden kann.

2. Von der Weltschöpfung bis Noach (Gen 1,1–5,32*)

Als Struktursignale des ersten Abschnitts von P^g dienen die beiden ,Toledot-Formeln' Gen 2,4a; 5,1 in der Mitte dieses Abschnitts. Sie haben nicht nur die Funktion einer Unter- (2,4a) und einer Überschrift (5,1), sondern binden durch ihre unmittelbare Aufeinanderfolge die Geschichte menschlichen Lebens, das in der zehngliedrigen(!) genealogischen Liste Gen 5,1–32 geradezu monoton auf die Abfolge ,leben – zeugen – sterben' reduziert wird, sehr eng an die ,Schöpfung von Himmel und Erde' an. Die Genealogie entfaltet so das theologische Schlüsselwort ,Segen', unter das P^g ihre Schöpfungstheologie durch die Komposition von Gen 1,1–2,4a gestellt hat[17]. Daß die Schöpfungsgeschichte und die genealogische Kette Gen 5,1–32 als zusammenhängender Abschnitt gelesen werden wollen, wird an der Klammer[18] sichtbar, die P^g durch das Motiv der Gottebenbildlichkeit in Gen 5,3 anbringt: „Und es lebte Adam 130 Jahre, da zeugte er einen Sohn als seine Ähnlichkeit und als sein Bild. Und er rief seinen Namen Set." Die Fähigkeit und der Auftrag, die königliche Hirtenfunktion zum Segen des Lebens auszuüben, bleiben also ausdrücklich nicht auf die von Gott selbst geschaffenen Menschen beschränkt, sondern werden in der Lebenskette weitergegeben. Um so schärfer ist deshalb der Kontrast, mit dem P^g dann den nächsten Abschnitt einführen muß.

Die Genealogie Gen 5,1–32, die den ganzen Zeitraum von der Weltschöpfung bis zur Zeugung der Noachsöhne umspannt, ist eine durch und durch menschliche Geschlechterfolge, die menschliches Leben reduziert auf Geburt und Tod sowie auf das Weitergeben von Leben wieder durch Geburt. An die Stelle der im Alten Orient verbreiteten urgeschichtlichen Göttergenealogien[19] ist hier die Menschengenealogie getreten. Die Urge-

---

[17] Vgl. die Strukturskizze unten VIII. Anhang.

[18] Die Klammerfunktion wird durch den dezidierten Rückgriff in Gen 5,1b auf Formulierungen von Gen 1,26–31 angezeigt, wobei der chronologische Rückgriff („an dem Tage, da . . .") besonders hervorgehoben ist.

[19] Vgl. den Überblick „Schöpfung durch Geburt bzw. Geburtenfolge" bei *Westermann*, Genesis 36–39. Für den mesopotamischen Raum ist Enuma elisch mit der Göttergeburtenfolge Apsu + Tiamat → Lachmu + Lachamu → Anschar + Kischar → Anu → Ea + Damkina → Marduk das wichtigste Beispiel; in

schichte der Schöpfung ist für P^g zuallererst Folge des Schöpfersegens, der die einmal von Gott geschaffene menschliche Existenz in ihrer grundlegenden vitalen Möglichkeit fortleben läßt, also menschliches Leben als verdanktes und begrenztes Leben ausweist. Daß diese Menschen der Urzeit laut Gen 5 ein so hohes Alter erreichen, ist zunächst eine Vorstellung, die die Bibel mit der altorientalischen Welt teilt[20]. Das bekannteste vergleichbare Dokument ist die ,sumerische Königsliste', die um 2000 v. Chr. entstanden ist und insgesamt 140 Herrscher aufführt, die a creatione mundi im Zweistromland geherrscht hätten. Die Liste ist inzwischen in mehreren Rezensionen/Varianten überliefert[21]. Diese Liste ist ursprünglich eine gelehrte Fiktion, die eine Eigenart hat, die auch Gen 5 aufweist: Sie unterscheidet ausdrücklich die Zeit vor der Flut und die auf die Flut folgende Zeit[22]. Und wie Gen 5 die Zeit von Adam bis Noach mit 10 Genealogien überbrückt, so nennt auch eine späte Rezension dieser sumerischen Liste 10 Könige vor der Flut (es gibt aber auch Listen mit 9 oder 8 vorflutlichen Königen!). Mit der sumerischen Tradition hat Gen 5 weiter gemeinsam, daß diesen Menschen der Urzeit eine außergewöhnlich lange Lebenszeit zugesprochen ist. Freilich liegen die Zahlen dieser Königsliste noch höher als in der biblischen Überlieferung[23].

Was die Bedeutung oder Symbolik der einzelnen Zahlen ist, wissen wir bis jetzt weder für die mesopotamische noch für die biblische Tradition. Allgemein wird man sagen können: Die Zahlen unterstreichen den Unterschied zwischen Ur-Zeit und Zeit, zwischen mythischer und historischer

---

Ägypten ist die Göttergeburtenfolge sogar das beherrschende ,Schöpfungsmodell'.

[20] Vgl. den Überblick über die mesopotamischen Listen der Urzeit-Könige bei *Westermann*, Genesis 473–480. Allerdings ist auf einen wichtigen ,qualitativen' Unterschied zwischen den Zahlen von Gen 5 und denen der Königslisten hinzuweisen: die Listen zählen Regierungsjahre, Gen 5 nennt Lebensjahre (Perspektive der P^g-Urgeschichte: Leben!).

[21] Vgl. den Textausschnitt der Hauptrezension bei *Beyerlin*, Religionsgeschichtliches Textbuch 113f. Zur Legitimationsfunktion der sumerischen Königslisten vgl. *Krecher-Müller*, Vergangenheitsinteresse 24; zum Vergleich mit Gen 5;11* siehe auch *Hartmann*, The Sumerian List 25–32.

[22] Die Hauptrezension deutet die Zäsur literarisch durch folgende zusammenfassende Teil-Unterschrift an: „Das sind 5 Städte; 8 Könige regierten 241 200 Jahre. (Dann) strömte die Flut über (die Erde) . . ." (Text aus *Beyerlin* aaO. 114).

[23] Während Gen 5 für die Generationenfolge Adam bis Noach (bis zur Flut!) nach dem masoretischen Text 1656 Jahre (der Samaritanus hat 1307, die griechische Bibel 2242) zählt, gibt die Hauptrezension der sumerischen Königsliste für die Zeit von der Schöpfung bis zur Flut 241 200 Jahre an, eine andere Tradition hat gar 432 000 Jahre.

Zeit[24]. Schon allein die Beachtung dieser formalen Eigenheit verwehrt es, die lange Zeit üblichen falschen historischen Fragen an diese Texte zu stellen. Das ist das erste wichtige Ergebnis, das die Gemeinsamkeit von Gen 5 mit der altorientalischen Tradition erbringt.

Ein zweites Ergebnis zeigt ein auffallender Unterschied zwischen Gen 5 und den mesopotamischen Listen der vorsintflutlichen Könige an. Während das chronologische Raster der mythischen Zeit zwischen Schöpfung und Flut in Mesopotamien ausdrücklich durch Könige und ihre langen Regierungszeiten gefüllt wird, ist es in der biblischen Tradition eine Genealogie von bloßen Eigennamen[25]; es sind Menschen ohne irgendein Amt, schon gar nicht sind sie Träger eines königlichen Amtes, das im Alten Orient seine Träger zu Göttersöhnen machte; es sind Namen von Menschen, die reduziert sind auf die Spanne von Geburt und Tod. Die Menschen der biblischen Ur-Zeit sind ihrem Wesen nach und vor ihrem Gott keine anderen Menschen als die Menschen in der historischen Zeit. Sie sind die Prototypen und Modelle menschlicher Existenz der historischen Zeit. Konkret also: in den ‚Urmenschen‘ von Adam bis Noach haben die Erzähler verdichtet, was sich immer und überall ereignet. Als Menschen der Ur-Zeit sind sie Modelle der historischen Zeit[26]. Um dies

---

[24] Anders *Westermann*, Genesis 479: Durch die Zahlen von Gen 5* wird „zum Ausdruck gebracht, daß sich die Menschheitsgeschichte in eine große Weite der Vergangenheit erstreckt, die mit den Maßen der gegenwärtigen Geschichte nicht zu messen sind".

[25] Über das Phänomen der Literarisierung von Genealogien in historiographischer Absicht finden sich weitere Beobachtungen bei *Oberforcher*, Die Flutprologe 630–644, wo zugleich ein gedrängter Forschungsüberblick (Lit.!) geboten wird.

[26] Oft wird die These vertreten, P^g wolle mit den Zahlen von Gen 5 die zunehmende Sünde der Urzeitmenschen andeuten. So jüngst auch *Mosis*, Alttestamentliches Reden 219: „es gibt . . . Teilstrecken, die als allmähliche Verderbnis, als laufende Minderung begriffen werden; man vergleiche zum Beispiel die nach und nach geringer werdenden Lebensalter in Gen 5,1ff aufgezählten zehn Urväter." Der Text selbst widerspricht dieser Dekadenztheorie, da er (im masoretischen Text) folgende Angaben bietet: Adam 930 Jahre; Set 912; Enosch 905; Kenan 910 (Steigerung!); Mahalalel 895; Jered 962 (Steigerung gegenüber allen vor ihm Lebenden!); Metuschelach 969 (nochmalige Steigerung!); Lamech 777. – Eine für die Interpretation von Gen 5*, die in unserer Studie nicht im einzelnen entfaltet wurde, wichtige Beobachtung findet sich bei *Lohfink*, Die Priesterschrift 210f: „Die Lebensalter vor der Flut sind so eingerichtet, daß . . . alle Urväter zugleich die Entrückung des vollkommenen Henoch miterleben konnten [Anm.: Henoch wurde nach dem MT *anno mundi* 987 entrückt. In diesem Jahr lebten noch und schon alle vorsintflutlichen Väter außer Adam, der 930 gestorben und Noach, der erst 1056 geboren wurde. Nach dem Samaritanus,

zu betonen, gebraucht Gen 5 die beiden Elemente, die in der ansonsten gleich strukturierten Genealogie Gen 11,10ff fehlen[27]: „Die gesamte Lebenszeit von NN betrug XY Jahre. Dann starb er." Die lange Lebenszeit charakterisiert NN als Menschen der Ur-Zeit, aber die Notiz von seinem Tod macht deutlich, daß Mensch-Sein heißt: Geboren werden und sterben, wie es die Erfahrung des historischen Menschen ist. Dadurch, daß die genealogische Kette aber an den in Gen 1,28 ergehenden Schöpfersegen angeschlossen ist, wird dieses begrenzte, vom Tod überschattete Menschen-Leben gleichwohl als ‚Lebenskette' in der Fülle der Schöpfungswirklichkeit begründet, die in Gen 1,1–2,4a entfaltet ist.

3. Von der Flut bis Abraham (Gen 6,9–11,26*)

Wie oben dargestellt wurde, markiert die Toledot-Formel Gen 6,9 den Neueinsatz, wobei durch die abschließende Notiz der Flutgeschichte Gen 9,28f ein Rahmen entsteht, der sich in das Grundmuster einfügt, das auch die Genealogie von Gen 5,1–32 verwendet[28]. Dadurch wird der zweite Abschnitt der P^g eng an den ersten Abschnitt angebunden.

Wie im ersten Abschnitt wird auch der nach der Flut abermals ergehende Schöpfungssegen über die Menschen durch Toledot-Listen entfaltet. Diesmal folgen zwei Toledot, wobei die erste (Gen 10: ‚Völkertafel') die Ausdehnung über die Lebensräume der Erde und die zweite (Gen 11,10–26: ‚Semitengenealogie') die Ausdehnung über die Lebenszeit hin

---

der vermutlich die ursprünglichen Zahlen hat, wurde Henoch 887 entrückt, und auch Adam, der 930 starb, und Noach, der schon 707 geboren wurde, konnten es miterleben]."

[27] Vgl. das Grundmuster der beiden Listen:

Gen 5* (z. B. 5,6–8)*	Gen 11,10ff (z. B. 11,16f)
Und Set lebte 105 Jahre,	Und Eber lebte 34 Jahre,
und er zeugte Enosch.	und er zeugte Peleg.
Und Set lebte, nachdem er Enosch gezeugt hatte, 807 Jahre,	Und Eber lebte, nachdem er Peleg gezeugt hatte, 430 Jahre,
und er zeugte Söhne und Töchter.	und er zeugte Söhne und Töchter.
Und es waren alle Tage Sets 912 Jahre,	–
und er starb.	–

[28] Zugleich bildet die Wiederaufnahme von Gen 5,32b in Gen 6,10 eine Klammer, die den literarischen und geschehensmäßigen Zusammenhang zwischen Gen 5* und der Flutgeschichte unterstreicht.

entfaltet[29]. Daß beide Toledot zu diesem Abschnitt gehören, zeigt P[g] durch zwei Strukturelemente an:

(1) der ausdrückliche Rückverweis „nach der Flut" (9,28; 10,1.32; 11,10) bindet die drei Toledot zusammen.

(2) 11,26 bildet einen zu 5,32 parallelen Abschluß der beiden Abschnitte ‚Schöpfungsgeschichte' und ‚Flutgeschichte'; diese Doppelungstechnik ist typisch für P[g][30].

P[g] schließt an den Noach-Segen zunächst die ‚Völkertafel' an, weil sie das in Gen 9,1–3 angesprochene Thema der ‚Inbesitznahme der Erde durch die Menschen' konkretisiert und ‚urgeschichtlich' erfüllt, wie 10,32 zusammenfassend hervorhebt: „von diesen haben sich abgezweigt *die Völker auf der Erde nach der Flut*". Schon hier lenkt P[g] freilich den Leser auf Israel, dem ihr Interesse gilt.[31] Das geht aus dem Aufbau von Kap. 10 der Genesis hervor: der Stammbaum Sems steht an letzter Stelle, obwohl Sem der Älteste Sohn Noachs ist. Dadurch richtet der Text die Aufmerksamkeit ... vor allem auf die Nachkommenschaft Sems ... Die Völkertafel in Kap. 10 hat offenbar den Hauptzweck, Israel in den Kreis der Völker auf Erden einzuordnen und ihm den Platz in ihrem Mittelpunkt zuzuweisen. Nach der Gliederung zu urteilen, scheint es, als ob der Text zielbewußt auf dies Zentrum hinarbeitet und dabei von der Peripherie ausgeht, und zwar von den Nachkommen Japhets, deren Wohnsitz sich bis zu den ‚Inseln der Heiden' (V.5) erstreckt, d.h. bis zum westlichen Ende der bekannten Welt, das man traditionell als ihren entferntesten Teil betrachtet. Im allgemeinen zentraler im Verhältnis zu Israel wohnen die Nachkommen Hams, die im Text folgen, und von denen die Kanaaniter ... zuletzt genannt und damit Gegenstand größeren Interesses werden"[32]. Mit der Nennung des Landes Kanaan beginnt dann ja auch die topographische Szenerie der priesterschriftlichen Abrahamsgeschichte[33].

---

[29] So zuletzt *Tengström*, Die Toledotformel 25–27.

[30] Auch die hohen ‚mythischen' Zahlen der Genealogie Gen 11,10–26*, die weit über den ‚historischen' Lebensjahren Abrahams (175 Jahre) und des Mose (120 Jahre) liegen, weisen auf den Zusammenhang mit Gen 5* hin. Und nicht zuletzt ist die Struktur der Abrahamsgeschichte (s.u.) ein weiteres Argument für die Zugehörigkeit der ‚Semitengenealogie' zur Urgeschichte.

[31] P[g] entwirft keine theologische Welt- und Menschheitsgeschichte, sondern sie erzählt die Geschichte Israels als einen in der Schöpfung gegründeten und auf das Heil der Schöpfung insgesamt hingeordneten Prozeß.

[32] *Tengström*, Die Toledotformel 26f.

[33] Gen 11,31: „und *sie zogen aus* (vgl. Ex 12,41 am Höhepunkt des Exodus Israels: „und alle Heerscharen Jahwes *zogen aus*..."), um zu gehen in das Land Kanaan."

Die ‚Semitengenealogie' (Gen 11,10–26*) hat im Bauplan der P^g eine mehrfache Funktion:

(1) Durch ihre mit Gen 5* parallele Komposition deutet sie an, daß der Strom des Lebens trotz der Flut weiterfließt, nicht zuletzt mit der in Gen 5,3 hervorgehobenen Qualität der ‚Zeugung' als Weitergabe der Gottebenbildlichkeit!

(2) Durch die Genealogie Gen 11,10–26* siedelt P^g die Geburt Abrahams noch in der Ur-Zeit an: Abraham ist ein ‚Sohn Noachs'; damit bereitet P^g bereits die Strukturanalogie der beiden Gestalten Noach und Abraham vor, die für die theologische Gesamtkonzeption der P^g von zentraler Bedeutung ist[34].

(3) Kompositionell ‚verbreitert' sich durch die Entsprechung von Gen 5* und Gen 11,10–26* die Entsprechung von Gen 1,1–2,4a und Gen 6,9–9,15*[35]. Somit kann die Komposition Gen 1,1–11,26* mit Recht als ‚priesterschriftliche Urgeschichte' bezeichnet werden.

4. Die Lebensgeschichte Abrahams (Gen 11,27–25,10*)

Den Neueinsatz der Abrahamsgeschichte markiert in Gen 11,27 eine Toledotformel[36]. Der erzählerische Spannungsbogen ist die Lebensspanne von Abrahams Zeugung bis zu seinem Begräbnis in der Höhle von Machpela bei Mamre[37]. Die Struktur der Geschichte ist außerordentlich

---

[34] Auch die chronologischen Angaben stellen die Geburt Abrahams in den Horizont der Urgeschichte: „Alle Väter von Noach ab, im ganzen 10 Generationen, konnten zugegen sein, als Abraham das Licht der Welt erblickte, dann erst starben sie nacheinander [Anm.: Nach dem MT, der hier die ursprünglichen Zahlen haben dürfte, wurde Abraham *anno mundi* 1946 geboren. Noach starb 2006, Sem 2094, Schelach 2124, Heber 2185, Peleg 1994, Regu 2014, Serug 2047, Nahor 1995, Terach 2098 – also alle nach Abrahams Geburt.]" (*Lohfink*, Die Priesterschrift 210f).

[35] Vgl. in der Strukturskizze unten VIII. Anhang die kompositionelle Entsprechung: Schöpfung + Genealogie // Flut (Erneuerung der Schöpfung) + Genealogie.

[36] Die folgenden Überlegungen greifen die Beobachtung bei *Weimar*, Jakobsgeschichte 201 auf, wonach Abrahams- und Jakobsgeschichte bei P^g parallel gestaltet sind.

[37] In dem kurzen Abschnitt Gen 25,7–10* über Tod und Begräbnis Abrahams, womit P^g ihre Abrahamsgeschichte abschließt, wird die Lebensperspektive semantisch besonders betont. In Gen 25,7 greift P^g auf das Schlußglied zurück, mit dem in Gen 5* die Einzelabschnitte der Genealogie gestaltet waren: „Und es waren alle Tage des N.N. . . . Jahre, und er starb", zeichnet aber nachdrücklich die Dimension des Lebens ein: „Und dies sind die Tage der *Lebens*jahre Abrahams, die er lebendig war: 175 Jahre."

straff und mit den typischen Mitteln der Satzwiederholungen und der spiegelbildlichen Rahmungen gestaltet[38]:

Auszug und Wanderung nach Kanaan (Gen 11,27–13,12*)

    Geburt Ismaels (Gen 16*)

        GOTTESERSCHEINUNG (Gen 17*: BUND)

    Geburt Isaaks (Gen 21*)

Tod und Begräbnis im Lande Kanaan (Gen 23*;25,7–10*)

Im Zentrum der Komposition steht eine Gottesrede, in der dem Abraham und seinem Samen die Gabe bzw. die Errichtung eines Bundes zugesprochen wird[39]. Der Inhalt dieses Bundes ist zum einen die Wiederholung des Schöpfersegens aus der Urgeschichte, nun freilich gesteigert durch die Angabe „sehr, gar sehr" und durch die Entfaltung, Gott wolle aus Abraham Völker und Könige hervorgehen lassen[40]. Neu ist die Zusage, daß dem Abraham und dem Samen nach ihm das Land Kanaan übergeben wird, mit der Zielangabe, damit ein besonderes Gottesverhältnis zu ermöglichen: „um dir und deinem Samen zum Gott zu werden"[41]. Die Zusage an Abraham greift zunächst Formulierungen der Urgeschichte

---

[38] Auszug und Wanderung nach Kanaan werden zweimal durch folgende Satzwiederholungen herausgestellt: „Und Terach nahm . . . und sie zogen aus, um zu gehen in das Land Kanaan und sie kamen bis nach Haran und sie blieben/ließen sich nieder dort" (11,31); „und Abraham nahm . . . und sie zogen aus, um zu gehen in das Land Kanaan, und sie kamen in das Land Kanaan . . ., und Abraham blieb/ließ sich nieder im Land Kanaan" (12,5*; 13,12a). Analog ist am Schluß des Abschnitts das Begräbnis Saras und Abrahams durch Satzwiederholung angeführt (vgl. 23,19 mit 25,9). Die spiegelbildlich vor und nach der Gotteserscheinung berichtete Geburt Ismaels bzw. Isaaks ist ebenfalls durch Satzwiederholung und gleiche Abfolge der Erzählelemente (Geburt, Namengebung, Altersangabe) miteinander in Beziehung gesetzt (vgl. 16,15f mit 21,2a.3.5).

[39] Zu Gen 17 vgl. vor allem *McEvenue*, The Narrative Style 145–178; *Kutsch*, „Ich will euer Gott sein" 361–388; *Westermann*, Genesis 17 und die Bedeutung von berit 161–170; *Groß*, Bundeszeichen 109–115.

[40] Die Völker-Könige-Verheißung von Gen 17,6 ist die priesterschriftliche Transformation der jahwistischen Abrahamverheißung Gen 12,1–3.

[41] P^g greift in Gen 17,7–8 nur das erste Glied der sog. Bundesformel (vgl. das ‚klassische' Vorkommen in Dtn 26,17f) auf, das auch in Ex 29,45f die Sinnmitte der Sinaigeschichte angibt. Dadurch daß die Zusage des besonderen Gottesverhältnisses aber nicht (wie in der vorspriesterschriftlichen Tradition) am Sinai mit dem theologischen Schlüsselwort ‚Bund' (*b^{e}rīt*) verbunden ist, wird die Abrahamverheißung zum Fundament des Sinaigeschehens.

auf, wendet den dort ausgesprochenen Segensimperativ nun aber zu einer Verheißungsberit; sodann spezifiziert sie die auch in Gen 1,29 bzw. Gen 9,3 mit dem Verbum ,geben' eingeleitete Übergabe des Lebensraumes an die Menschen als Verheißung des Landes Kanaan, wobei jedoch diese Landgabeverheißung dem Ziel des Gottesverhältnisses untergeordnet bleibt[42].

Wie für die ,Noachberit' gibt Gott auch für die Abrahamberit ein ,Zeichen der Berit'. Dieses Zeichen unterscheidet sich seinem Zustandekommen nach vom Zeichen der Noachberit. Während der Bogen Gottes in Gen 9 ein von Gott selbst ein für allemal gesetztes Zeichen ist, muß das Zeichen der Abrahamberit von den Menschen je neu gesetzt werden, dadurch, daß „alles Männliche unter euch beschnitten wird" (Gen 17,10)[43]. Die Beschneidung ist das Zeichen, durch das die Wirksamkeit der von Gott gegebenen Abrahamberit angenommen wird. Dieses Zeichen ist weder ein Element menschlicher Leistung im Sinne einer Gebotserfüllung noch der Vollzug eines opus operatum im Sinne eines Sakraments, sondern es ist wie der Bogen ein ,Merkzeichen' für Gott, die dem Abraham gegebene Verheißung an dem Träger der Beschneidung zu erfüllen[44].

Während die beiden inneren Unterabschnitte unmittelbar vor und nach der Gotteserscheinung mit der Erzählung von der Geburt der Abrahamssöhne Ismael und Isaak das Wirksamwerden des allgemeinen (Ismael) und des besonderen (Isaak) Schöpfungssegens konkretisieren[45], reden die äußeren Unterabschnitte über das Thema Land[46]. Dabei werden durch die Wiederholungen von Motiv und Satzfolgen offenkundig theologische Akzente gesetzt. Zweimal unterstreicht die Verbfolge „sie zogen aus, um in das Land Kanaan zu gehen und sie kamen . . . und sie ließen sich

---

[42] Die immer wieder diskutierte Frage, ob ,das Land' oder ,der Kult' das zentrale Thema der P^g sei, könnte von dieser Beobachtung aus neu aufgerollt und vermutlich beantwortet werden; anders freilich *Weimar,* Exodusgeschichte 134.

[43] Die Präzisierungen und Erweiterungen Gen 17,12–14 stammen nicht von P^g.

[44] Die von Gott ,gegebene' bzw. ,aufgerichtete' Berit kann deshalb auch von Menschen nicht gebrochen werden: Gen 17,14b ist nicht P^g-Theologie! Als Gebotserfüllung deutet *Westermann,* Genesis 17 die Beschneidung, wie ein Sakrament beschreibt *Groß,* Bundeszeichen 113–115 das Zeichen von Genesis 17.

[45] Während Ismael in der durch den Segen über Noach und dessen Söhne (Gen 9,1.7) begründeten Geschlechterfolge steht, wird Isaak ausdrücklich erst *nach* der an Abraham ergangenen Mehrungsverheißung Gen 17,2.6 geboren (Gen 21*).

[46] Auszug und Wanderung in das Land Kanaan (2×); Begräbnis im Land Kanaan (2×).

nieder" (Gen 11,31; 12,5; 13,6b) die Notwendigkeit eines Aufbruchs, um die in Gen 17 gegebene Verheißung zu ermöglichen. Gleich zu Beginn der Abrahamsgeschichte wird hier also das Land als Ziel eines Exodus und eines Weges präsentiert – gewiß ein deutlicher Hinweis für den Adressatenkreis der Priesterschrift[47]. Die Dignität des Landes wird unterstrichen durch Satzwiederholungen in den beiden Unterabschnitten, die die Abrahamsgeschichte abschließen: „Und es starb Sara . . . im Lande Kanaan. Und Abraham kam (ging hin), um Sara zu beklagen und sie zu beweinen . . . Und danach begrub Abraham Sara, seine Frau, in die Höhle von Machpela bei Mamre im Lande Kanaan" (Gen 23,1.2.19); „und es verschied und starb Abraham . . . und er wurde versammelt zu seinem Volk. Und es begruben ihn Isaak und Ismael seine Söhne in die Höhle von Machpela bei Mamre . . ." (Gen 25,8–9). Sowohl die Tatsache des Begräbnisses als auch die präzise Ortsangabe setzen unüberhörbare Akzente. Von keiner der vor Sara und Abraham in P^g auftretenden Gestalten ist erwähnt, daß sie begraben wurden, obwohl von allen ‚Stammvätern' von Adam bis Noach immer ausdrücklich vermerkt wurde, daß sie starben[48]. Auch von einer Bestattung des Vaters Abrahams, Terach, ist nicht die Rede. Nicht einmal Aaron und Mose werden begraben[49]. Nur bei Ismael, Isaak und Jakob werden die Sätze wiederholt, die P^g erstmals für das Begräbnis von Sara und Abraham formuliert[50]. Es handelt sich also um ein klares Theologumenon: das Land *ist* das Land der Väter Israels, es ist der Ort, an dem Israel „zu seinem Volk versammelt wird"[51]. Gerade diese Formulierung, die vom Erzählverlauf her für Abraham als Einzelfigur sinnlos wäre, da er ja der erste ist, der im Lande Kanaan beigesetzt wird, ist proleptisch gemeint; der Weg in dieses Land ist für alle Abrahamkinder die Heimkehr zu den Stammeltern, eben „Versammlung zu *seinem* Volk". Der dreiteilige Aufbau der Abrahamsgeschichte ist eine programmatische Reduktion der Geschichte Israels insgesamt: Aufbruch in das Land der Väter – Gotteserscheinung – Versammlung zu den Toten im Lande der Väter. Wer diesen Weg gegangen ist, der kann „alt und lebenssatt" sterben wie Abraham (Gen 25,8).

---

[47] Zum Adressatenkreis der P^g vgl. oben II.4 (besonders Anm. 52.55).

[48] Vgl. das wiederholte Schlußglied der Genealogie Gen 5*.

[49] Vgl. Gen 11,32 (Terach); Num 20,29 (Aaron); Dtn 34,7–9 (Mose).

[50] Vgl. Gen 25,7–9 (Ismael); Gen 35,28f (Issak); Gen 49,33b; 50,13 (Jakob).

[51] Im Unterschied zur vorpriesterschriftlichen Tradition (vgl. Gen 15,18–21) wird ‚das Land' nicht als territoriale Größe (mit ‚gottgegebenen' Grenzziehungen) definiert. Zur Landtheologie der Priesterschrift vgl. auch *Cortese,* La terra die Canaan; *ders.,* La teologia del documento sacerdotale 126.

5. Die Lebensgeschichte Jakobs (Gen 25,21 – Ex 1,7*)

Der Aufbau der Jakobsgeschichte ist ähnlich gestaltet wie der der Abrahamsgeschichte[52]:

Toledot Ismaels und Isaaks, der Söhne Abrahams (Gen 25,12–28,9*)
(+ Vorblick: Isaaks Bitte um den Segen Jahwes über Jakob: Gen 28,3)

Rückkehr Jakobs zu seinem Vater (Gen 31–33*)

GOTTESERSCHEINUNG (Gen 35*: SEGEN)

Rückkehr Jakobs zu seinem Vater (Gen 35*)

Toledot Esaus und Jakobs, der Söhne Isaaks (Gen 36,1–Ex 1,7*)
(+ Rückblick: Zitat des Segens Jahwes über Jakob: Gen 48,4)

Die Jakobsgeschichte ist strukturell und semantisch vom Thema ‚Segen‘ bestimmt. Das betonen zunächst die vier Toledotformeln, die als Überschriften die jeweils paarweise zugeordneten Brüder-Toledot einleiten[53]. In beiden Paaren wird zuerst der Repräsentant der ‚Nebenlinie‘ (Ismael, Esau) angeführt. Dann folgt jeweils der Repräsentant der ‚Hauptlinie‘ (Isaak und Jakob). Ihr gilt das eigentliche theologische Interesse von P[g], worauf nicht nur der beinahe dreifache Umfang der Abschnitte über die Isaak- und Jakob-Toledot hinweist, sondern vor allem die Einfügung des Themas Segen in diese beiden Abschnitte. Im Abschnitt ‚Isaak-Toledot‘ spricht Isaak eine Segensbitte aus über Jakob, die sich durch die Einleitung „El Schaddai segne dich" (Gen 28,3) ausdrücklich auf das dann in Gen 35 erzählte Geschehen bezieht. Auf diese Bitte bzw. auf Gen 35 blickt dann das Zitat Jakobs in Gen 48,3 zurück.

In der Mitte der Komposition steht wie in der Abrahamsgeschichte eine Gotteserscheinung des El Schaddai[54]. Die Gottesrede wiederholt dabei den Mehrungssegen aus der Urgeschichte[55], der an Abraham in Form der Verheißung (*b*ᵉ*rīt*) ergangen war. Auch die Landgabeverheißung wird

---

[52] Vgl. zum folgenden vor allem: *Weimar*, Jakobsgeschichte.

[53] Vgl. den detaillierten Aufriß bei *Weimar* aaO. 200.

[54] P[g] parallelisiert beide Gotteserscheinungen vor allem durch die gleiche Rahmenszenerie (Gen 17,1; 35,9: „Jahwe/Gott erschien dem Abraham/Jakob"; Gen 17,22; 35,13: „und Gott stieg auf weg von ihm") und Eröffnung der Gottesrede durch die Selbstvorstellung „Ich bin El Schaddai" (Gen 17,1; 35,11).

[55] Während Gen 17,2.6 die Mehrungsverheißung in Präfix- bzw. Suffixkonjugation formuliert („ich werde/will . . ."), gebraucht Gen 35,11 den Imperativ wie die Urgeschichte (Gen 1,28; 9,1.7).

wiederholt[56]. Doch es fehlt hier die ‚Bundesformel' von Gen 17. P^g gibt dadurch zu erkennen, daß sie dem Abraham ein größeres theologisches Gewicht zuschreibt als dem Jakob: Jakob ist der Mann des Segens[57], den er mit der Schöpfung teilt – Abraham ist der Mann des Bundes, in dem Israels besonderes Gottesverhältnis gründet. Diese herausgehobene Stellung Abrahams ist festzuhalten, auch wenn der Abrahambund seinerseits den universalen Noachbund als Fundament hat.

Die enge Verbindung von ‚Weg ins Land Kanaan' und ‚Gotteserscheinung', die wir in der Struktur der priesterschriftlichen Abrahamsgeschichte beobachtet haben, begegnet auch in der Jakobsgeschichte, freilich in bedeutsam veränderter Form. Anders als die vorpriesterschriftliche Geschichtstheologie, die Jakobs große Gotteserscheinung beim *Verlassen* des Landes der Väter ‚ansiedelt'[58], lokalisiert P^g die Erscheinung ausdrücklich *nach* Jakobs Rückkehr: „Und Jakob kam nach Lus, das im Lande Kanaan ist... Und es erschien Elohim dem Jakob, als er aus Paddan Aram kam" (Gen 35,6.9). Entsprechend sagt Jakob bei seinem Rückblick auf dieses Geschehen: „El Schaddai ist mir erschienen in Lus im Lande Kanaan" (Gen 48,3).

Inwiefern das Land Kanaan der Ort par excellence der Gotteserscheinung ist, hebt P^g durch eine rahmende Itinerarnotiz hervor, die vor und nach der Gotteserscheinungsgeschichte steht[59]: Jakob verläßt Paddan Aram, wo er sich seine Frau gesucht hatte, „um zu kommen zu Isaak, seinem Vater, hin nach Mamre, wo Abraham und Isaak sich als Schutzbürger niedergelassen hatten" (Gen 35,27). Jakobs Weg, auf dem ihm El Schaddai erscheint, ist in der Sicht von P^g (und darin eine theologische Aufforderung an den Leser!) „eine Rückkehr in die Heimat. Ziel seiner Reise ist nicht eigentlich das Land Kanaan, sondern sein Vater Isaak in Hebron"[60].

Mit der Feststellung von der Erfüllung des Schöpfersegens für Israel (Ex 1,7) schließt die Jakobsgeschichte und zugleich der erste Teil von P^g. Der massierte Rückgriff in Ex 1,7 auf die von Gott selbst über Israels Geschichte ausgerufenen Segensworte löst allerdings beim Leser die Frage nach den übrigen Elementen der als Segen und als Beritverheißungen gesprochenen Gottesworte aus: Was ist mit Gen 1,28b und mit Gen 9,2–3? Was ist mit der Völker-Könige-Verheißung von Gen 17? Was ist

---

[56] Vgl. Gen 35,12 mit Gen 17,8.
[57] Vgl. dazu *Groß*, Jakob, der Mann des Segens.
[58] Vgl. Gen 28,10–12.
[59] Zu dieser Beobachtung vgl. *Weimar*, Jakobsgeschichte 184f.
[60] *Weimar* aaO. 184f.

mit der Landverheißung? So sehr also Ex 1,7 als Erfüllungsnotiz fungiert, so sehr ist sie zugleich struktureller Spannungserreger für einen Fortgang der Geschichte, der im zweiten Teil erzählt wird.

6. Die Exodusgeschichte (Ex 1,13–14,29*)

Wie wir zu Beginn dieses Kapitels bereits notiert haben, bildet die stilistisch auffallende Doppelnotiz Ex 12,40f, die im übrigen strukturell der Doppelnotiz Gen 2,4a; 5,1 (zweimalige Toledot-Formel!) entspricht, den Ausgangspunkt der strukturprägenden Sätze des zweiten Teils der P[g]. Innerhalb der Exodusgeschichte markiert sie die zwei Unterabschnitte Ex 1,13–12,40* (,Aufenthalt in Ägypten') und Ex 12,41–14,29* (,Auszug aus Ägypten'). Daß Ex 1,13–12,40* und 12,41–14,29* als zusammengehörende Einheit gelesen werden sollen, wird durch folgende Beobachtungen nahegelegt:

(1) Im Vergleich zur vorpriesterschriftlichen Exodusgeschichte bindet P[g] die ,Meerwundergeschichte' semantisch und vorstellungsmäßig viel enger mit der ,Plagengeschichte' zusammen. Sowohl das Motiv vom ,Ausstrekken der Hand' als auch die analoge Geschehensstruktur (Rede Jahwes an Mose mit Auftrag zur Zeichenhandlung und Angabe der sicher eintretenden Wirkung – Durchführungsbericht mit Feststellung der eingetretenen Wirkung – Aktion der Magier/der Ägypter) unterstreicht, daß es um ein einziges zusammenhängendes Geschehen geht[61].

(2) Das Motiv vom ,Schreien der Söhne Israels' (Ex 2,23; 14,10) schlägt einen Geschehensbogen vom Anfang zum Höhepunkt der Exodusgeschichte[62].

(3) Die beiden Unterabschnitte sind auch formal analog gestaltet[63].

---

[61] Zu Ausgrenzung und Struktur der priesterschriftlichen ,Plagenerzählungen' vgl. *Weimar*, Hoffnung 329–347 sowie *Zenger*, Das Buch Exodus 87–101.269; zum Motiv vom Ausstrecken der Hand vgl. Ex 14,16a.21a.26a.27a mit Ex 7,19; 8,1f; 8,12f.

[62] P[g] arbeitet durch unterschiedliche Verwendung der Bais $\text{Ṣ}^{c}Q$ („schreien") zugleich einen theologischen Spannungsbogen heraus. Während in Ex 2,23 die Basis absolut gebraucht wird („und sie schrien"), womit „der nackte, ziellose Aufschrei aus der Not" (*Bergmann*, Rettung 58, zitiert bei *Weimar*, Exodusgeschichte 54 Anm. 20) ausgedrückt wird, formuliert Ex 14,10 „und sie schrien *zu Jahwe*", was die mit Ex 6,2–8 eingeführte Veränderung der Lage Israels hervorhebt.

[63] Beide werden durch semantisch und strukturell aufeinander bezogene Aussagen in je zwei Teile gegliedert (vgl. Ex 7,6f mit Ex 12,28.40: Ausführungsformel +

Beiden Unterabschnitten ist die theologische Programmatik gemeinsam, die Machtlosigkeit der (Chaos-)Macht Ägypten gegenüber Jahwe, dem Schöpfergott Israels, aufzuzeigen, und dieses Geschehen zugleich für Israel als Offenbarung des ‚Exodus-Gottes‘ zu deuten, der durch den Tod des Pharao das Leben gegenüber dem Tod verteidigt[64]. Diese Dialektik von Tod des Pharao, ja der Götter Ägyptens (vgl. Ex 12,12), und Leben für Israel, von Vernichtung und Rettung, die analog die Geschehensstruktur der Flutgeschichte prägt (Vernichtung ‚allen Fleisches der Gewalttat‘ und Rettung des Noach samt aller Lebenden bei ihm) wird in den zwei großen Gottesreden am Anfang des ersten Unterabschnitts der Exodusgeschichte von Jahwe selbst verkündet:

(1) „Und ihr sollt erkennen, daß ich Jahwe, euer Gott bin, euer Herausführer aus dem Frondienst der Ägypter" (Ex 6,7b).

(2) „Und die Ägypter sollen erkennen, daß ich Jahwe bin" (Ex 7,5).

Da der zweite Teil von P^g als die große Offenbarung des JHWH-seins Jahwes[65] konzipiert ist, beginnt die erste Gottesrede Ex 6,2–8 folgerichtig: „Ich bin Jahwe. Ich bin Abraham, Isaak und Jakob als El Schaddai erschienen, aber in meinem Namen Jahwe habe ich mich ihnen nicht zu erkennen gegeben (geoffenbart)" (Ex 6,3). Hier geht es nicht, wie bisweilen angenommen wird, um eine ‚Abwertung des Jahwenamens‘[66], sondern hier kommt die theologische Konzeption von P^g zu ihrem Höhepunkt, wonach sich Jahwes innerstes Wesen eben erst in Herausführung, Rettung und Schöpfung seines Volkes erweist. Deshalb auch setzt P^g am Beginn dieses Abschnitts die zweigliedrige ‚Bundesformel‘: „Ich nehme euch mir zum Volk und ich werde euch zum Gott" (Ex 6,7a)[67]. Das mit dem Exodus einsetzende Geschehen ist der Prozeß, durch den Israel als Jahwevolk erst konstituiert wird. Das ist gegenüber der vorpriesterschriftlichen Geschichtstheologie ein deutlich anderer Akzent. Während dort die mitleidende Solidarität Jahwes mit seinem Volk das zentrale Motiv seines Eingreifens ist (vgl. Ex 3,7: „Gesehen, ja gesehen habe ich die Unterdrückung *meines Volkes*" u. ö.), stellt Ex 6,2–8 zwei andere

---

Jahresangabe; vgl. Ex 14,22 mit Ex 14,29); die beide Unterabschnitte abschließende Notiz unterbricht darüber hinaus den zeitlich-sukzessiven Ablauf des Geschehens durch eine zusammenfassende Rückblende (vgl. Ex 12,40; 14,29).

[64] Vgl. die in der Exposition der Exodusgeschichte angegebene Perspektive: „und sie verbitterten ihr *Leben*" (Ex 1,13).

[65] Vgl. oben den ersten Abschnitt dieses Kapitels.

[66] So *Lohfink*, Abwertung 1–8; kritisch dazu vgl. jetzt auch *Ska*, La place 548.

[67] Gegenüber der vorpriesterschriftlichen Bundesformel, die die Zweiseitigkeit des ‚Bundesgeschehens‘ betont („ich will euer Gott sein – ihr sollt mein Volk sein"), führt P^g das Geschehen auf das *eine* Subjekt Jahwe zurück!

Motive in den Vordergrund: es ist einmal die Absicht Jahwes, sich ein Volk zu schaffen, dessen Gott er sein kann und das ihn als seinen Gott (an-)erkennt, und es ist zum anderen „das Gedenken des Bundes" mit Abraham bzw. mit allen Vätern (Ex 2,24; 6,5b); die offene Formulierung „ich habe meines Bundes gedacht" (Ex 6,5b) läßt sich sogar auf die Noachberit beziehen, da dort genau diese Formulierung begegnet (Gen 9,15).

Die beiden Unterabschnitte der Exodusgeschichte sind als sukzessive Entmachtung des Pharao und seiner Göttlichkeit gestaltet. Die fünf Szenen der Plagengeschichte folgen aufeinander wie fünf Runden eines öffentlichen Wettstreites um den Nachweis größerer numinoser Mächtigkeit[68]. Der magisch-kultische Apparat des Pharao kann zwar bei den ersten drei Runden ebenbürtig mithalten, doch bei der vierten Runde versagt die Mächtigkeit der ägyptischen Zauberpriester und zur fünften Runde können sie erst gar nicht mehr antreten, weil Mose und Aaron sie durch Pestbeulen wettkampfunfähig gemacht haben.

Damit kann es zur entscheidenden Auseinandersetzung mit dem Pharao selbst kommen. Nachdem dessen magisch-kultischer Apparat auf seine armselige Menschlichkeit und Hilflosigkeit (Pest!) reduziert ist, wird der militärisch-staatliche Apparat und der ‚Gott Pharao' selbst im Meer vernichtet[69]. P^g kontrastiert in ihrer Meerwundergeschichte[70] die Ungleichheit der beiden Kontrahenten. Während der Pharao an der Spitze eines gigantischen, kampfesgierigen Militärapparates den Israeliten nachstürmt, agiert auf Seiten Israels nur Mose durch Ausstrecken seiner Hand – freilich in genauer Befolgung des ihm jeweils gegebenen Gotteswortes. Es ist also letztlich ein Kampf zwischen dem Wort Jahwes und den militärischen Machtmitteln dieser Erde. Und nicht von ungefähr läßt P^g die Israeliten angesichts solch ungleicher Ausgangslage in der Meerwundergeschichte „zu Jahwe schreien" (Ex 14,10). Was vermögen Worte gegen das Waffenarsenal einer Weltmacht? Das ist in der Tat die Frage[71]. P^g gibt darauf eine eindeutige Antwort: Wie Jahwe dem Mose gesagt hatte, so „kehrten die Wasser zurück und bedeckten den Pharao und seine Streitmacht" (Ex 14,28).

---

[68] Zur Interpretation der fünf Szenen (I: 7,8–13; II: 7,19–20*.21b.22; III: 8,1–3.11*; IV: 8,12–15; V: 9,8–12) vgl. *Zenger*, Das Buch Exodus 87–101.

[69] Vgl. diese Akzente in Ex 14,17.23.26.28.

[70] Zur Interpretation vgl. auch *Schmitt*, Meerwundererzählung 139–155; *Scharbert*, Das „Schilfmeerwunder" 407–409.

[71] Die Frage drängt sich den Zeitgenossen der P^g angesichts der politischen ‚Realitäten' des sechsten Jahrhunderts besonders nachdrücklich auf.

In der Meerwundergeschichte begegnet erstmals das Thema ‚Herrlichkeit‘, das als theologisches Programmwort des gesamten zweiten Teils von P^g fungiert (vor allem in der Sinaigeschichte)[72]. Die Vernichtung des Pharao und die damit definitiv gelungene Befreiung Israels von ihm ist für P^g Erweis der Herrlichkeit Jahwes. In diesem Geschehen schafft sich Jahwe sozusagen die Qualität ‚Herrlichkeit‘ (Ex 14,4*.17.18 verwendet Nifal *KBD* mit Jahwe als Subjekt!), die er dann im weiteren Fortgang der Geschichte den Israeliten ‚zeigen‘ kann[73].

7. Die Sinaigeschichte (Ex 16,1 – Lev 9,24*)

Die Notiz Ex 16,1* signalisiert einen strukturellen Neueinsatz[74]. Durch ihre chronologische Angabe führt sie Ex 12,41 weiter und gibt zugleich durch die gegenüber Ex 12,41 veränderte Bezeichnung Israels die neue Dimension des Geschehens an. Während in Ex 12,41 Israel durch die Bezeichnung „alle Heerscharen Jahwes" in ironische Opposition zur gigantischen Militärmacht des Pharao[75] gesetzt wird, greift Ex 16,1* auf die bereits im Zusammenhang mit dem Pesach gebrauchte Bezeichnung „Gemeinde" zurück, um die ‚theologische‘ Dimension anzudeuten, um die es im folgenden gehen wird[76]:

Ex 16,1*: Und sie kamen, die ganze *Gemeinde* der Söhne Israels, in die Wüste Sin,
am fünfzehnten Tage des zweiten Monats seit ihrem Auszug aus dem Lande Ägypten.

. . .

Ex 16,10: Und siehe: *die Herrlichkeit Jahwes* erschien *in der Wolke.*

---

[72] Vgl. oben den ersten Abschnitt dieses Kapitels.

[73] Vgl. die Wendung „da erschien (wurde sichtbar) die Herrlichkeit Jahwes": Ex 16,10; Lev 9,23; Num 14,10; 20,6; in Ex 24,16 läßt die Herrlichkeit Jahwes sich über dem Berg Sinai nieder (*ŠKN*), in Ex 40,34 erfüllt sie/füllt sie aus (*ML'*) die Wohnung/das Heiligtum.

[74] Mit Ausnahme von „und sie brachen auf von Elim" sowie der präzisierenden Ortsangabe „die zwischen Elim und zwischen Sinai (ist)" geht V. 1 auf die Hand der P^g (dementsprechend ist *Zenger, Das Buch Exodus* 163 zu modifizieren). Der erste Narrativ fällt gegenüber dem dann folgenden Narrativ („und sie kamen, die ganze Gemeinde der Söhne Israels") durch das nur implizite Subjekt auf; die Ortsangabe unterbricht den syntaktisch engen Zusammenhang des zweiten Narrativs mit der Zeitangabe.

[75] Vgl. die wiederholte Nennung der hochgerüsteten Pharaotruppen in Ex 14,23.26.28.

[76] Zur zeitgeschichtlichen Brisanz dieser ‚nach-staatlichen‘ Konzeption vgl. oben II.4.

Das Erscheinen der ‚Herrlichkeit Jahwes' führt das Geschehen der Exodusgeschichte weiter und hebt es sozusagen auf eine qualitativ neue Ebene: die in der Auseinandersetzung mit den Göttern Ägyptens ‚entstandene' Herrlichkeit offenbart sich nun der im Exodusgeschehen ‚entstandenen' „Gemeinde". Daß es der ‚Exodus-Gott' ist, der sich nun in der Wüste Israel offenbart, hebt P[g] durch Wiederaufnahme eines Strukturelements hervor, mit der sie das Exodusgeschehen eingeleitet hat. Die breite Eröffnung, mit der Jahwe in Ex 16,12 die Gabe von Fleisch und Brot ankündigt, entspricht in der Abfolge „ich habe gehört – rede zu ihnen" dem Mittelteil der Gottesrede Ex 6,2–8[77].

Die überschriftartige Angabe Ex 16,1 wird in Ex 19,1 aufgenommen, wobei der Ortswechsel von der „Wüste Sin" zur „Wüste Sinai" eine literarisch-theologische Fiktion ist, da „Wüste Sin" eine von P[g] geschaffene künstliche Bildung ist, die die Mannagabe und die damit verbundene Offenbarung der „Herrlichkeit Jahwes in der Wolke" als ‚Sinaigeschehen' kennzeichnen will[78]. Die Notiz Ex 19,1 leitet in P[g] eine Geschehensstruktur ein, die analog in Ex 40,17.34.35a; Lev 9,1 wiederholt wird[79], wodurch eine weitere Gliederung erreicht wird:

A	Ex 19,1:	Im *dritten Monat* seit dem Auszug der Söhne Israels aus dem Lande Ägypten,
B		*an ebendiesem Tag*, da kamen sie in die Wüste Sinai.
C	Ex 24,15:	Und *die Wolke* bedeckte den Berg.
D	Ex 24,16:	Und *die Herrlichkeit Jahwes* ließ sich nieder (*ŠKN*) über dem Berg Sinai.
E		Und *die Wolke* bedeckte ihn sechs Tage lang.
F		Und er *rief* den Mose *am siebten Tag* mitten aus der Wolke heraus.
G	Ex 24,18:	*Und Mose ging* mitten in *die Wolke hinein*.

---

[77] Vgl. die Abfolge Ex 6,5a → 6,6a; zu den damit zusammenhängenden formgeschichtlichen Problemen vgl. die Diskussion bei *Ska*, La place.

[78] *Noth*, Exodus 106: „Es liegt nahe zu vermuten, daß ... bei P nur künstlich zwischen einer ‚Sin-Wüste' und einer ‚Sinai-Wüste' (Ex 19,1.2) unterschieden wird."

[79] Zu diesen Entsprechungen vgl. auch *Oliva*, Interpretación 345–354; *Weinfeld*, Sabbath 504–507; *Janowski*, Sühne als Heilsgeschehen 303–316.

Diese Struktur wiederholt sich in entsprechend abgewandelter Reihenfolge in Ex 40; Lev 9:

A Ex 40,17: Und es war im *ersten Monat,* im zweiten Jahr,
B   *am ersten Tag* des Monats, da war die Wohnung (*ŠKN*) aufgerichtet.
C Ex 40,34: Und *die Wolke* bedeckte das Zelt der Begegnung.
D   Und *die Herrlichkeit Jahwes* erfüllte die Wohnung.
[G] Ex 40,35: *Und Mose* konnte nicht in das Zelt der Begegnung *hineingehen,*
E   denn *die Wolke* hatte sich niedergelassen (*ŠKN*) über ihm.
F Lev 9,1: Und es war *am achten Tag,* da *rief* Mose den Aaron. [. . . Sühne].
[G] Lev 9,23: *Und Mose* und Aaron *gingen hinein* in das Zelt der Begegnung.

Beide Strukturmuster leiten, analog der Angabe Ex 16,1, jeweils einen Unterabschnitt der priesterschriftlichen Sinaigeschichte (Ex 16,1–35*; Ex 19,1–39,43*; Ex 40,17 – Lev 9,24*) ein und markieren die angezielte Aussageabsicht: das Zelt der Begegnung ist als ‚Sinai auf der Wanderung' der Ort, von dem aus Jahwe seine Herrlichkeit offenbart[80]. Dabei kommt „der Wolke"[81] in den drei Abschnitten sowohl geschehensmäßig als auch erzähltechnisch eine Signalfunktion zu: In Ex 16,10 erscheint sie „aus der Wüste" und leitet die Gabe von Brot und Fleisch ein[82]; in Ex 24,15 zeigt sie das Kommen Jahwes (*ŠKN*) zum Berg[83] Sinai an und ist zugleich der verhüllende Ort, an dem Jahwe dem Mose das himmlische Modell des Heiligtums offenbart; in Ex 40,34f hebt sich die Wolke vom Berg Sinai auf

---

[80] Daß Ex 16* und Lev 9* von P[g] aufeinander bezogen sind, beweisen zwei Stichwortaufnahmen, die nicht zufällig sein können: (1) „naht euch vor Jahwe" (Ex 16,9; Lev 9,5); (2) „erschien die Herrlichkeit Jahwes" (Ex 16,10; Lev 9.23).

[81] Zur traditionsgeschichtlichen Frage, woher P[g] ihre Wolkenkonzeption haben könnte, vgl. die Erwägungen bei *Luzzaraga,* Las tradiciones de la nube 92–98; der Zusammenhang von P[g] mit 1 Kön 8,10–12; Ez 10 ist hier gewiß zu beachten, zumal Ezechiels Neuansatz, daß die Wolke der Herrlichkeit Jahwes ‚beweglich' wird und ‚wandern' kann.

[82] In Ex 16,10 wird die Signalfunktion durch die deiktische Interjektion „und siehe" (*w⁽ᵉ⁾hinnē*) unterstrichen.

[83] Wahrscheinlich kennzeichnet die Wolke über dem Berg Sinai diesen als mythischen ‚Weltberg'; dazu vgl. *Ohler,* Mythologische Elemente 154–169; *Clifford,* The Cosmic Mountain 9–97.107–131.

das von den Israeliten errichtete Heiligtum und eröffnet das Geschehen, auf das die Sinaigeschichte insgesamt zusteuert: „heute wird euch Jahwe erscheinen" (Lev 9,4)[84].

Mit der Feststellung der auf die Erscheinung der Herrlichkeit Jahwes antwortenden Reaktion des Volkes schließt P[g] den Spannungsbogen, den sie in Ex 16,1f begonnen hatte. Während dort die ‚Wüstenzeit des Sinai' mit dem Murren der Gemeinde anfing[85], kulminiert sie in Lev 9,23f mit dem Jubel des Volkes angesichts des offenbar gewordenen Jahwe: „Mose und Aaron gingen hinein in das Zelt der Begegnung. Und sie gingen (wieder) heraus und sie segneten das Volk. Und die Herrlichkeit Jahwes erschien vor dem ganzen Volk. Und das ganze Volk sah es und sie brachen in Jubel aus und sie warfen sich nieder auf ihr Angesicht." In der mit Ex 16,1 beginnenden Geschehensfolge ist im Sinne von P[g] damit ein konstitutiver Abschluß erreicht. Die Feststellung am Ende dieses Abschnitts „und das ganze Volk sah es" (Lev 9,24b) nimmt im Blick auf das Aufbaugefüge der Sinaigeschichte, aber auch der Urgeschichte eine wichtige Rolle ein. Als die Israel-Söhne in Ex 16,15 das Manna „sehen", „erkennen sie nicht", was das ist, d.h. sie erkennen in ihm nicht die Gegenwart Jahwes, ihres Gottes. Anders nun zum Abschluß der Sinaigeschichte: als sie nun „sehen", brechen sie in Jubel aus und dokumentieren durch ihre Proskynese (vgl. auch Gen 17,3.17), daß sie nunmehr die Gegenwart der Gottesherrschaft Jahwes erkannt und angenommen haben. Die Notiz Lev 9,24b steht weiter in strukturellem Zusammenhang mit dem Abschluß des zweiten Unterabschnitts der Sinaigeschichte: „Und Mose *sah* all (ihre) Arbeit, und siehe: sie hatten sie gemacht . . ." (Ex 39,43). Der Zusammenhang Ex 39,43 – Lev 9,24b deutet an: erst jetzt, nachdem das Heiligtum zum Ort der Erscheinung der Gottesherrlichkeit ‚für das ganze Volk' geworden ist, ist der ‚Heiligtumsbau' vollendet. Mehr noch: erst jetzt ist der in Gen 1 eröffnete Geschehensbogen zu seinem Abschluß gekommen. Das in Gen 1 formelhaft wiederholt betonte ‚Sehen Gottes' auf sein Werk hat sich darin vollendet, daß nun ‚das ganze Volk' sieht und jubelt[86].

---

[84] Durch diese Formulierung, die „die Wolke" wegläßt, schlägt P[g] einen Geschehensbogen zurück zur entscheidenden Gotteserscheinung am ‚Anfang' der Urgeschichte Israels: „Und es erschien Jahwe dem Abram" (Gen 17,1).

[85] Ex 16* P[g] gehört zum Typ der ‚positiven' Murrgeschichten, in denen Gott die Ursache des Murrens beseitigt, anders als in den ‚negativen' Murrgeschichten, wo das Murren von Gott bestraft wird. Vgl. dazu *Lohfink*, „Ich bin Jahwe, dein Arzt" 18; *Zenger*, Israel am Sinai 69–71.

[86] Zu den semantischen Bezügen zwischen Gen 1 und der Sinaigeschichte vgl.

8. Die Landgabegeschichte (Num 10,11 – Dtn 34,9*)

Den Beginn dieses Abschnitts[87] markiert erneut eine Zeitangabe, die einen Ortswechsel der Wolke berichtet:

Num 10,11f*: Und es war im zweiten Jahr, im zweiten Monat, am Zwanzigsten des Monats, da stieg *die Wolke* auf, und *die Wolke* ließ sich (wieder) nieder in der Wüste Paran.

Diese Notiz, die letztmals in P[g] „die Wolke" nennt, führt die in Ex 12,40f begonnene Chronologie[88] weiter und hebt hervor, daß die nun folgende ‚nach-sinaitische‘ Zeit Israels durchaus im Zeichen „der Wolke" bleibt, d. h. Zeit und Ort der Offenbarung der Herrlichkeit Jahwes sein wird. So folgen denn auch zunächst zwei Geschichten, deren Höhepunkt jeweils die Erscheinung der Herrlichkeit Jahwes am Eingang des Zeltes der Begegnung (= ‚Sinai auf der Wanderung‘) bildet (vgl. Num 14,10; 20,6). Als Gliederungselemente dieses dritten Abschnitts ‚Israel unterwegs zum Land der Verheißung‘ dienen zwei parallel gestaltete ‚Ortswechselangaben‘, die zugleich den beiden Notizen Ex 16,1; 19,1 entsprechen und durch das gewählte Verbum einen gewichtigen theologischen Schlußakzent bringen[89]:

Num 20,1: Und die Söhne Israels, die ganze Gemeinde,
kamen in die Wüste Zin.

Num 20,22: Und die Söhne Israels, die ganze Gemeinde,
kamen zum Berg Hor.

Die drei Angaben Num 10,11f; 20,1; 20,22 markieren drei Unterabschnitte: die Kundschaftergeschichte Num 10,11–14,38* (Verleumdung

---

unten VI.2. Der ‚Jubel‘ des Volkes in Lev 9,24 ist auch ein offensichtlicher Kontrast zu Ex 1,13–14; 2,23: der schöpfungswidrige Zustand ist durch das Heiligtum beendet worden!

[87] Der in Num 1–3* gewöhnlich P[g] zugewiesene Textbestand (vgl. besonders: *Kuschke*, Lagervorstellung) ist nicht P[g], sondern P[s]; zur diesbezüglichen partiellen Infragestellung des ‚Konsenses‘ vgl. bereits *Kellermann*, Die Priesterschrift.

[88] Vgl. oben die Tabelle S. 140.

[89] Durch das bloße Verbum „kommen" (*bo'*) anstelle einer entfalteten Itinerarnotiz könnte von P[g] eine Parallelisierung der Rückkehr Jakobs in die Heimat (vgl. Gen 31,18b; 33,18a; 35,6) und des Weges Israels vom Sinai in das Land Abrahams/ Jakobs intendiert sein. Zu diesem Verständnis von *bo'* in der Jakobsgeschichte vgl. *Weimar*, Jakobsgeschichte 184 Anm. 43.

des von Jahwe übergebenen Landes)[90], die Wasserwundergeschichte Num 20,1–12* (Zweifel an der Mächtigkeit der von Jahwe gegebenen Verheißung)[91] und die Geschichte über Tod und Nachfolge des Aaron und des Mose Num 20,22 – Dtn 34,9* (Hören auf Jahwes Wort als Voraus-Setzung des Weges in das Land des Lebens)[92]. Als Leitmotiv und literarische Klammer fungiert die in jedem Unterabschnitt je einmal verwendete ‚Landgabeformel‘ (Num 13,2; 20,12; 27,12), die in Num 13,2 durch ihre semantische und syntaktische Gestalt unterstreicht, daß die ‚Landgabe‘ von Jahwe her ein (bereits) abgeschlossenes Geschehen ist und darauf ‚wartet‘, von Israel (an-)erkannt und angenommen zu werden[93]. In Num 13,2 wird das Land im Rückgriff auf die programmatische Gottesrede am Beginn der Exodusgeschichte „Land Kanaan" (vgl. Ex 6,4) genannt, auf dessen Übergabe Jahwe in einem partizipialen Relativsatz hinweist. P^g deutet damit an, daß das prozessionshafte(?) Abschreiten des Landes von Süd nach Nord durch die Kundschafter als symbolische Landnahme gemeint ist, die nun auf die Einlösung durch das Volk wartet. In Num 20,12; 27,12 steht deshalb bei der ebenfalls in einem Relativsatz formulierten ‚Landgabeformel‘ das Verbum in der bereits zurückblickenden Suffixkonjugation: „das Land, das ich den Israeliten gegeben *habe*". Den Aspekt der ‚Landnahme‘ deutet das in den einleitenden Notizen 20,1; 20,22 verwendete Verbum *bō'* (hineingehen, kommen) an, das damit in Korrespondenz zu *jāṣā'* (herausgehen, ausziehen) steht, womit der Exodus in 12,41 anfing: „Ist . . . in der Basis *jṣ'* das Aus-Ziehen im Blick, so meint die Basis *bw'* demgegenüber immer das Angespanntsein auf ein Ziel"[94].

P^g hält hier also die bereits in der Urgeschichte sichtbar gewordene Unterscheidung von Übergabe/Übereignung und Inbesitznahme des Landes durch. Die Übereignung ist ein von Jahwe her abgeschlossenes Geschehen, eine Heilsgabe, die der Schöpfergott bereitgestellt hat. Wie Israel mit dieser ‚Heilsgabe‘ umgeht bzw. in seiner Geschichte faktisch

[90] Zu Analyse und Interpretation: *McEvenue*, The Narrative Style 90–127; *Lohfink*, Die Ursünden 52–54.

[91] Zu Analyse und Interpretation: *Lohfink*, Die Ursünden 54–56; *Zenger*, Israel am Sinai 62–65.

[92] Zu Analyse und Interpretation: *Mittmann*, Deuteronomium 110f; *Lohfink*, Gewalt und Gewaltlosigkeit 78–80; vgl. jedoch oben II.3 Anm. 30.

[93] Vgl. zu dieser Interpretation der Formel in Num 13,2; 20,12; 27,12: *Weimar*, Exodusgeschichte 110f.

[94] *Weimar*, Jakobsgeschichte 184 Anm. 43.

umgegangen ist, erläutert P^g in den beiden Sündengeschichten[95] Num 13–14* und 20*. Israel stellt diese Heilsgabe doppelt in Frage: durch Zweifel am Land als einem ‚Lebenshaus' (Num 13–14)[96] und durch Zweifel an der Schöpfermacht Gottes (Num 20)[97]. Auf beide Sünden antwortet ‚Jahwes Herrlichkeit' (vgl. Num 14,14; 20,6) mit dem Gericht, das freilich – getreu der in der Noachberit gegebenen Zusage – nicht mehr die Dimensionen einer universalen Flut annimmt. Das Gericht trifft die Sünder, aber die Geschichte geht weiter in denen, die das Land als Schöpfungsgabe anerkennen und sich auf die ‚Suche' nach diesem Land machen, das Josua ausdrücklich als „gute, sehr gute Erde" (Num 14,7) bezeichnet. Das ist der Appell, den P^g durch die Gestalt des Josua und den offenen Schluß in Dtn 34,9 gibt.

Dieser letzte Abschnitt der Priesterschrift ist demnach Metapher für die ‚reale' Geschichte Israels, deren Fundament in dem Geschehensbogen ‚Schöpfung – Sinai' ein für allemal gelegt ist: Israel ist ein wanderndes Gottesvolk, aufgerufen, das Land anzunehmen, das ihm bereitet ist; es ist der Sünde und dem Tod verfallen, doch nicht der totalen Vernichtung; es ist seiner Propheten und Priester beraubt, doch nicht völlig der Vernichtung ausgesetzt wie eine Herde ohne Hirten (vgl. Num 27,18). Im Hören auf das Wort vom lebenspendenden Gott kann Israels Weg in das ‚Lebenshaus' des Schöpfergottes gelingen (Dtn 34,9), weil Jahwe ein für allemal die Zusage gegeben hat: durch ein Israel, das ihn in seiner Mitte ‚wohnen' läßt (Ex 29,45f), will er die Schöpfung vollenden. Das ist die Sinn-Vorgabe, die P^g ihren Zeitgenossen entgegenhält, die es angesichts ihrer negativen Erfahrungen vermutlich nur zu oft mit den murrenden und zweifelnden Israeliten von Num 13–14* und Num 20* halten: „Wären wir doch gestorben im Lande(!) Ägypten, oder in dieser Wüste,

---

[95] Im Anschluß an *Ska*, Séparation ordnet *Lohfink*, Gewalt und Gewaltlosigkeit 83f diese beiden Sündengeschichten mit der Flutgeschichte und der „Erzählung vom Auszug aus Ägypten und der Vernichtung der Ägypter" zu einem System von vier „Erzählungen von Sünde und Strafe in der P^g" zusammen. Das ist in zweifacher Hinsicht problematisch: (1) Literarisch gesehen wird ‚die Sünde' in Gen 6–9* und Ex 1–14* nicht erzählerisch als solche entfaltet, d.h. es sind keine Sünden*geschichten;* anders Num 13–14* und 20*. (2) Die eigentliche Sinnspitze von Gen 6–9* und Ex 1–14* ist nicht ‚Strafe' wie in Num 13–14* und Num 20* (besser wäre zu sagen: Gericht!), sondern die Rettung Noachs und der Lebewesen bei ihm bzw. Israels.

[96] Vgl. besonders Num 13,32.

[97] Vgl. besonders Num 20,10 als zweifelnde Infragestellung des Jahwewortes Num 20,8.

wären wir doch gestorben (in ihr)" (Num 14,2)! und: „Wären wir doch umgekommen, als unsere Brüder umkamen vor Jahwe" (Num 20,3). Solchen Absagen an die Heilsgabe der Schöpfung hält P^g die in der Schöpfung selbst verwurzelte Zusage Jahwes entgegen: „Ich will mitten unter den Söhnen Israels wohnen und ich will ihnen zum Gott werden. Und sie werden erkennen, daß ich JHWH ihr Gott bin, der sie herausgeführt (geschaffen) hat aus dem Lande Ägypten heraus, um mitten unter ihnen zu wohnen: ich JHWH ihr Gott" (Ex 29,45f).

9. Die Urgeschichte Gen 1,1–11,26* als Voraus-Setzung der Lebensgeschichte Israels

Angesichts des leidvollen Zerbrechens der jahrhundertelang tragenden Ordnungen Israels, die noch die deuteronomische Theologie des siebten Jahrhunderts in ihrer (Sinai-)Horeb-Bundestheologie sowohl auf Jahwes als auch auf Israels Tun aufruhen ließ, sucht P^g nach Fundamenten, die durch die Katastrophe von 587 v. Chr. nicht zerstört werden konnten. P^g findet dieses Fundament in der dezidiert vor-staatlichen Gründungsgeschichte des Jahwevolks. Auf dieses Fundament möchte P^g die Zukunft des Jahwevolks als einer nach-staatlichen Gesellschaft unter außenpolitischer und militärischer Fremdherrschaft bauen. Um die vor-staatliche Ursprungsgeschichte Israels als (quasi-mythische) Daseinslegitimation des realpolitisch bedeutungslos gewordenen Jahwevolks herauszuarbeiten, vollzieht P^g eine gewaltige Reduktion der Geschichte. Literarisch führt dies zu der im Vorangehenden dargestellten Makrostruktur mit sieben(!) Abschnitten. Theologisch bewirkt es zunächst die Anbindung der *gesamten* Geschichte Israels an die dem Abraham gegebene Zusage des Schöpfergottes, er wolle dessen und dessen Samens Gott werden (Gen 17,7f). Und diese Zusage löst der Schöpfergott am Sinai ein: seine Herrlichkeit läßt sich nieder inmitten seines im Exodus geschaffenen Volkes. Daß die Zusage, die für Israel Rettung aus dem Tod (Ex 1–14*), Gabe des Lebens (Ex 16*), soziale Gemeinschaft (Ex 19–39*) und Gemeinschaft mit Gott (Lev 9*) bedeutet, durch die Sünde Israels nicht hinfällig wird, ist der ‚offene Schluß', mit dem P^g ihre zweifelnden Zeitgenossen zum Aufbruch in ‚das Land des Lebens' aufrufen will. Um Israels Geschichte als spannungsreichen und gefährdeten, aber gleichwohl ein für allemal gebahnten Weg zum Leben einzuprägen, verzichtet P^g darauf, die ‚Helden' und ‚Anti-Helden' ihrer Geschichtsdarstellung als plastische Akteure in unverwechselbaren Szenerien auftreten zu lassen.

Statt dessen reduziert sie die Akteure zu theologischen Sinnträgern, an denen die elementaren Strukturen menschlichen Lebens offenbar werden sollen. Das der P^g bisweilen vorgeworfene Erstarren der Sprache und der Erzählung ist die Konsequenz der Entscheidung, die Anfangsgeschichte Israels als eine präfigurative und normative Setzung zu beschreiben, auf die das verwirrte Israel des sechsten Jahrhunderts bauen kann.

Während in der deuteronomischen Theologie Mose als menschlicher Hauptakteur und als entscheidender Sinnträger der Gründungsgeschichte Israels gezeichnet wurde, rückt P^g Abraham wieder in jene Anfangsposition ein, die diesem die jahwistische Geschichtstheologie gegeben hatte (vgl. besonders Gen 12,1–8*). Doch P^g gibt dem Abraham als dem Vater Israels, ja als dem Ursprung von Völkern und Königen (Gen 17,6), ein gegenüber der jahwistischen Theologie verändertes Fundament. Ist für diese Abraham als ‚Mann des Segens‘ eine Gegengestalt zu dem in der Urgeschichte vielfältig aufgebrochenen Fluch, so ist in der Sicht von P^g der dem Abraham zugesprochene Segen eine Explikation des Segens, der bereits allen Menschen bei der Erschaffung (Gen 1,28) und dem Noach nach der Rettung aus dem tödlichen Chaos (Gen 9,1–7*) gegeben wurde. Die Gründungsfigur Abraham gründet ihrerseits in Adam und Noach. Abraham ist nicht eine Gegenfigur zur Urgeschichte, sondern ihre Entfaltung.

Die unzerstörbare Lebensgeschichte Israels gründet also in der Urgeschichte der Schöpfung: Weil der Schöpfergott als guter König seiner Erde diese nicht sich selbst und ihrem Untergang überlassen will, kann Israel auf die dem Abraham gegebene und am Sinai Wirklichkeit gewordene Verheißung setzen. Israels Geschichte ist ein konstitutiver Teil der ‚Lebensgeschichte von Himmel und Erde‘ – und deshalb nicht auf Tod, sondern auf Leben hin angelegt. Diese ‚Lebensgeschichte von Himmel und Erde‘ (Gen 1,1) ist gewiß ein dramatischer, vom Chaos bedrohter Prozeß, wie die Urgeschichte in Aufnahme und kosmischer Ausweitung der Fluttradition einschärft. Aber in diesen dramatischen Prozeß hinein, in dessen Strudel Israel im sechsten Jahrhundert massiv hineingestoßen wurde, hat der Schöpfergott ‚seinen Bogen‘ gesetzt. Als ‚Leuchtfeuer‘ seiner Königsherrschaft steht der Bogen des Kabod Jahwes über der Geschichte Israels. Angesichts der schöpfungswidrigen Bedrohung des Lebens durch die Lebewesen selbst verkündet der Gottesbogen inmitten der Gewitterwolken das entschiedene Ja des Schöpfergottes zum Leben. So ist der Gottesbogen Metapher für die theologische Wahrheit: Gott will und wirkt das Heil der Schöpfung – und sei es durch Gericht.

Der erste Satz (Gen 1,1), mit dem P^g ihr Werk wie mit einem Motto beginnt[98], formuliert demnach bündig das Fundament, auf welches das nach-staatliche Israel seine Hoffnung setzen kann: Wer in der Schöpfermacht des lebendigen Gottes gründet, braucht ob der scheinbaren Übermacht der Geschöpfe nicht zu resignieren; der den Anfang des Lebens gesetzt hat, gibt dieses Leben nicht aus seiner Hand. Was dies nach Meinung der P^g für Israel bedeutet, soll unser nächstes Kapitel herausarbeiten.

---

[98] Vgl. *von Soden*, Mottoverse 237.

VI. Die Urgeschichte als hermeneutischer Schlüssel der priesterschriftlichen Geschichtstheologie

Durch vielfältige Stichwortaufnahmen und Motivanspielungen bildet P^g zwischen den in unserem vorangehenden Kapitel skizzierten Abschnitten ein kunstvolles Beziehungsgeflecht, das auf der Metaebene Geschehenszusammenhänge herstellt, die auf der bloßen Erzählebene nicht darstellbar wären. Gerade in diesen ‚tieferliegenden' Zusammenhängen ist das geschichtstheologische Programm der P^g zu erkennen[1]. Das so von P^g gewobene Netz von Zusammenhängen kann hier nicht vollständig nachgezeichnet werden. Im folgenden soll aber versucht werden, die semantischen und motivlichen Verbindungen zwischen der Urgeschichte (Gen 1,1–11,26*) und dem zweiten Teil von P^g, der ‚Volksgeschichte' (Ex 1,13 – Dtn 34,9*), zu sammeln und theologisch zu deuten. Die bereits mehrfach gewonnene Erkenntnis, daß der Urgeschichte im Geschichtsentwurf von P^g eine zentrale hermeneutische Funktion zukommt, wird sich dabei erhärten und vertiefen.

1. Urgeschichte und Exodusgeschichte

Vor dem motivlichen und strukturellen Hintergrund der Schöpfungs- und Fluterzählung gilt: Im Exodusgeschehen offenbart sich Jahwe als der mit seinem Wort allen anderen Göttern überlegene Schöpfergott, der sich dabei sein Volk ‚aus dem Chaos' schafft. Sein Götterkampf gegen Pharao offenbart ihn als den Gott, der in der Noachberit zugesagt hat, daß er nicht untätig zusieht, wenn schöpfungswidrige Gewalttat die Erde total korrumpiert und Leben verbittert (Ex 1,14) oder in Stöhnen verwandelt (Ex 2,23)[2].

Daß das Exodusgeschehen derart in der Urgeschichte ‚gründet', hebt P^g zunächst durch strukturelle Ähnlichkeiten mit der Schöpfungs- und Flutgeschichte hervor[3]. Der schematischen Abfolge der sieben Tage bei der Schöpfung entsprechen in der Exodusgeschichte die sieben ‚Zeichen',

---

[1] Geschichtstheologie unterscheidet sich u. a. gerade darin von Geschichtsschreibung, daß sie solche Netze von Zusammenhängen jenseits empirisch nachweisbarer Kausalketten annimmt.

[2] Die Perspektive des Götterkampfes wird von P^g zweimal ausdrücklich unterstrichen: Ex 7,1 und Ex 12,12.

[3] Vgl. zu dieser Entsprechung auch *Ska*, Séparation 512–532.

in denen P[g] den Götterkampf eindeutig zugunsten Jahwes entschieden sein läßt[4].

Auch die innere Struktur des Schöpferhandelns Gottes und des durch Mose vermittelten Exodushandelns ist in gleicher Weise bestimmt von den beiden Elementen ‚Anordnung durch das Wort' – ‚Ausführung mit Eintreten der angesagten Wirkung'[5]. Sogar den äußeren Geschehensablauf des Götterkampfes hat P[g], soweit es der zu erzählende Stoff zuließ, an die Urgeschichte angeglichen sowie durch semantische Anspielungen als Eingreifen des ‚Schöpfergottes' und als Vernichtung der schöpfungswidrigen Macht ‚Ägypten' gekennzeichnet. Die Geschehensperspektive der fünf Zeichen „vor Pharao in Ägypten" lehnt sich in der Abfolge des Geschehens und in der Auswahl der Motive an den Ablauf der Schöpfungsgeschichte an. Nach dem ersten Zeichen, das eine hermeneutisch-proleptische Funktion über den Ausgang des Götterkampfes hat[6], demonstriert P[g] die Schöpfermacht Jahwes vor Ägypten in der Reihenfolge von Gen 1*: Wasser – Erde – Mensch und Vieh als Lebewesen auf der Erde[7]. Der Untergang der Ägypter und die Rettung Israels in den Wassermassen wird dagegen mit Bildern der Flutgeschichte geschildert. Wie die Wasser der Flut die Erde bis über die Berge „bedecken", so daß alle Lebewesen auf ihr vernichtet werden, so „bedecken" *(kissāh)* die Wasser auf das Zeichen des Mose hin die Militärmacht des Pharao (Gen 7,19; Ex 14,28)[8]. Auch die Bewegung der Wasser der Flut und des Meers von Ex 14 bringt P[g] assoziativ durch das gleiche Verbum „spalten" *(bāqaᶜ)* in Verbindung. Nach Gen 7,11 „spalten sich" alle Quellen der großen Urflut, stürzen auf die Erde herein und bewirken die Vernichtung „allen Fleisches", während in Ex 14,16.21 das von Mose auf Anordnung Jahwes hin bewirkte (Sich-) Spalten der Wasser die Rettung der Israeliten ermöglicht. In dieser Ambivalenz des ‚Wasser-Spaltens' kommt die grundsätzliche Ambivalenz des Eingreifens Gottes für seine Schöpfung zum Ausdruck, wie sie schon oben bei der Erläuterung der Noachberit sichtbar wurde[9]. Wer in der Nachfolge des Noach steht, wird es als rettendes, wer wie „alles Fleisch"

---

[4] Fünf Zeichenhandlungen in Ägypten (I: 7,8–13; II: 7,19–20*.21b.22; III: 8,1–3.11*; IV: 8,12–15; V: 9,8–12) und zwei Zeichenhandlungen am Meer (VI: 14,1–22* [Spalten des Meeres]; VII: 14,23–29* [Schließen des Meeres]).

[5] Vgl. oben III.1.

[6] Ex 7,8–13: die ‚Stab-Schlange' Aarons verschlingt alle(!) ‚Stab-Schlangen' der Funktionäre des Pharao.

[7] Plage II: Wasser; Plage III: Erde; Plage IV + V: Mensch und Vieh.

[8] Zu *kissāh* als Gerichtsterminus der P[g] vgl. auch Ex 8,2.

[9] Vgl. oben IV.3.1.

handelt, wird es als richtend-vernichtendes Eingreifen erfahren. Daß der Exodus Israels ein mit der Rettung des Noach verwandtes, ja in der Noachberit gründendes Geschehen ist, deutet P[g] dreifach an:

(1) Durch die analog entfaltete ‚Ausführungsformel' in Ex 7,6–7 und in Ex 12,28.40 spielt P[g] auf die die Rettung des Noach einleitende Formel 6,22; 7,6 an[10].

(2) P[g] gebraucht in der Gottesrede die Wendung „ich habe meiner Berit gedacht", womit nicht nur die Abrahamberit gemeint ist, sondern auf Grund der Semantik auch die Noachberit in Erinnerung gerufen wird[11]. Gerade die Zusage an Noach muß Jahwe ja bewegen, der vom pharaonischen Ägypten an den Israel-Söhnen ausgeübten Gewalt *(pæræk)* ein Ende zu setzen, damit nicht noch einmal der Zustand von Gen 6,12 eintritt.

(3) Die dreimal in Ex 14 betonte Feststellung, daß Israels Rettung durch sein Gehen „auf dem Trockenen *(bajjabbāšā)* inmitten des Meeres" (Ex 14,16.22.29) gelang, muß auf dem Hintergrund des Schöpferhandelns gesehen werden, wonach „das Trockene" die durch den Schöpfergott vom Urmeer abgegrenzte (Gen 1,9) bzw. die durch die Flut gereinigte und erneuerte „Erde" (vgl. Gen 8,14) ist [12].

Am Exodusgeschehen wird also offenbar, daß der Schöpfergott zu der in der Noachberit gegebenen Zusage steht und mächtig ist, sie gegen politische Mächte und deren Götter durchzusetzen. Und zugleich zeigt sich hier, daß sein Ergreifen auf die Erhaltung des von ihm gewollten friedlichen Zusammenlebens abzielt. Die Vernichtung der Chaos-Macht Ägypten leitet ja die Schaffung des Jahwe-Volks ein, worauf die Gottesrede in Ex 6,7 nachdrücklich hinweist. Möglicherweise hat in P[g] auch die ‚Herausführungsformel' schöpfungstheologische Konnotationen, da das Hifil von *jṣ'* (herauskommen lassen, herausführen) bei P[g] mehrmals schöpfungstheologisch gebraucht wird[13].

---

[10] Die drei Ausführungsformeln stehen jeweils am Schluß eines (Unter-)Abschnitts.

[11] Vgl. die Wendung in Gen 9,15 und in Ex 6,5.

[12] Zu den bei *Ska,* Séparation noch weiter genannten semantischen Querverbindungen ist kritisch anzumerken: (1) Ex 14,21aβ ist nicht P[g]; damit entfällt der Bezug zu Gen 1,2b; 8,1b. (2) Daß *t[e]hōm* (Urflut) Schöpfungs- und Flutschichte miteinander in Verbindung bringen will, ist richtig; das Wort fehlt aber in Ex 14*: gemäß der Noachberit. (3) Die angebliche Anspielung „inmitten des Meeres" (Ex 14,16.22.27.29) an „inmitten der Wasser" (Gen 1,6) ist weder semantisch noch geschehensmäßig einsichtig.

[13] Vgl. Gen 1,12.24; vielleicht auch Ex 8,14.

Beide Abschnitte sind zunächst durch chronologische Angaben aufeinander bezogen[14]. Sowohl das die Schöpfungsgeschichte prägende System der sieben Tage als auch das die Flutgeschichte strukturierende Modell vom Anbruch einer neuen Weltära nach der einjährigen Flut am ersten Tag eines neuen Jahres wird in der Sinaigeschichte aufgegriffen, ja erhält hier erst ihre theologische Entschlüsselung.

Das Sieben-Tage-Schema prägt jeden der drei Unterabschnitte der Sinaigeschichte, allerdings in je unterschiedlicher Weise. Der Abschnitt Ex 16* läßt Israel zunächst die Struktur von sechs Arbeitstagen und einem darauffolgenden besonderen siebten Tag entdecken, ohne daß freilich die Zielsetzung dieser Entdeckung voll erkennbar wird[15]. Immerhin wird durch Stichwortanspielungen an die Schöpfungs- und Flutgeschichte der Sinn der sechs Tage erläutert: das Tun der Menschen ist *nicht* ein Herstellen und Schaffen von Welt analog dem Schöpferhandeln Gottes, sondern es ist ein ‚Einsammeln und Ernten' dessen, was der Schöpfergott gegeben hat und gibt[16]. Zwar spielt die Notiz, die von der Arbeitsruhe am siebten Tag in Ex 16,30 berichtet, an das bereits in Gen 2,2 gebrauchte Verbum „aufhören" *(šābat)* an, doch was der tiefe Sinn solchen „Aufhörens" nach sechs Tagen ist, erschließt erst der nächste Unterabschnitt Ex 19,1–39,43*.

Die Rahmung[17] weist darauf hin, daß dieser Unterabschnitt die ‚inhaltliche' Füllung und Explikation des ‚offenen Schlusses' der Schöpfungsgeschichte sein will. Worauf die in Gen 2,3 angedeutete ‚Segnung' und ‚Heiligung' des siebten Tages abzielte, wird hier konkretisiert. Am siebten Tag ruft Jahwe Mose zu sich, um ihm das Modell des Heiligtums zu

---

[14] Zur fundamentalen Bedeutsamkeit der Chronologie für P^g vgl. *Lohfink*, Die Priesterschrift 209–211.

[15] Vgl. am Schluß der P^g-Erzählung Ex 16*, über die *P. Kim* (Münster) eine Dissertation vorbereitet: „Sechs Tage sollt ihr es sammeln, aber am siebten Tag gibt es davon nichts. Und es geschah am siebten Tag: einige aus dem Volk gingen hinaus, um einzusammeln, aber sie fanden nichts. Und sie, das Volk, hörten auf (zu sammeln) am siebten Tag" (Ex 16,26*.27.30).

[16] Vgl. die Stichwortanspielungen: (1) „Dies ist das Brot, das Jahwe euch gegeben hat zur Nahrung" (Ex 16,15; vgl. Gen 1,29f; 9,3). (2) „Und es war am Abend . . . und am Morgen war" (Ex 16,13; vgl. dazu die ‚Tagesformel' in Gen 1).

[17] Auf die Beziehung zwischen Gen 1,1–2,3 und Sinaigeschichte hat schon *Buber*, Die Schrift und ihre Verdeutschung 39f hingewiesen; vgl. auch *Blenkinsopp*, Prophecy and Canon 62f; *Weinfeld*, Sabbath 503.

zeigen, durch das Jahwe inmitten Israels ‚wohnen' will und von dem aus Segen auf Israel strömen soll. Der gemeinsame Bau an diesem Heiligtum ist die Fortführung des Schöpferhandelns Gottes, wozu er am siebten Tag Auftrag und Inspiration[18] gibt. Das meint der strukturell und stichwortassoziativ angedeutete Zusammenhang von Schöpfungsgeschichte und Sinaigeschichte. Er läßt sich am Text wie folgt darstellen:

Ex 24,16aβ	Und die Wolke bedeckte ihn *sechs Tage* lang.	*sechs* Schöpfungstage	Gen 1
Ex 24,16bα	Und er rief den Mose am *siebten Tag.*	Und Gott vollendete am *siebten Tag* seine *Arbeit, die er gemacht hatte.*	Gen 2,2
Ex 25,8	... daß sie für mich machen ein *Heiligtum,* daß ich wohne in ihrer Mitte.		
Ex 39,32b	Und die Söhne Israels machten entsprechend allem, was JHWH dem Mose geboten hatte, so machten sie es.		
Ex 39,43a	Und Mose *sah all (ihre) Arbeit, und siehe: sie hatten sie gemacht,* wie JHWH geboten hatte, so hatten sie sie gemacht.	Und Gott *sah alles, was er gemacht hatte, und siehe:* es war sehr gut.	Gen 1,31
Ex 39,43b	Und Mose *segnete* sie.	Und Gott *segnete* den siebten Tag und *heiligte* ihn.	Gen 2,3a

---

[18] Ex 25,9: „Genau entsprechend dem Modell der Wohnung, das ich dir (hier) zeige (dich sehen lasse), so sollt ihr es machen." Vgl. dazu die kurze Diskussion (mit Lit.) bei *Janowski,* Sühne als Heilsgeschehen 311f.

Zwei Stichworte qualifizieren das Tun der Israelsöhne und bringen es in Beziehung zu Gottes ‚Schöpfungswoche': es ist „Arbeit" *(mᵉl'akā)* wie das Schöpferhandeln Gottes an den sechs Tagen (Ex 39,43; Gen 2,2), und sein unmittelbares Ergebnis ist ein „Heiligtum" *(miqdaš)*, das durch diese Bezeichnung Gottes Tun am siebten Tage, nämlich sein „Heiligen" *(qiddeš)*, in Erinnerung ruft[19]. Am Sinai also wird Israel das Geheimnis des siebten Tages aufgedeckt. An diesem Tag ruft Jahwe den Mose in die Wolke seiner Herrlichkeit, um ihm den Sinn und das Ziel der Schöpfung zu offenbaren. Der siebte Tag ist gesegnet und geheiligt (Gen 2,3), weil Jahwe an ihm Israel inspiriert, *sein* Schöpferhandeln fortzuführen. Frei vom alltäglichen ‚Sammeln' der Schöpfungsgaben (Ex 16*) soll Israel am siebten Tag sich dafür öffnen zu hören, „was Jahwe ihm gebietet", um „alle Arbeit so zu machen, wie Jahwe geboten hat" (Ex 39,32b.43a).

Wie sehr der gemeinsame Bau des Heiligtums die *Israel* (!) aufgetragene und von Israel verwirklichte Fortführung des Schöpferhandelns Gottes und damit ‚Vollendung' der Schöpfung ist, wird am Heiligtum als Entsprechung zu dem von Jahwe selbst dem Mose gezeigten Modell sichtbar. Es ist einerseits Resultat menschlicher Arbeit, aber zugleich ist es so gelungen, wie Jahwe selbst es nicht anders hätte machen können. Die Entsprechung zwischen Modell (Urbild) und Ausführung (Abbild) wird dann auch am Ende des Unterabschnitts nachdrücklich konstatiert (Ex 39,43): im Heiligtum hat Gottes Schöpferhandeln sozusagen seinen ‚irdischen' Haftpunkt und Ort angenommen[20]. Darin aber liegt eine tiefe Analogie zwischen Schöpfungsgeschichte und Sinaigeschichte: die von Gott geschaffenen Menschen sind als ‚Bilder Gottes' Medium göttlicher Wirkmächtigkeit und nicht zuletzt in Ausübung dieser Qualität schaffen sie das ‚Heiligtum' als weiteres Medium göttlicher Wirkmächtigkeit, das ihnen, wie der nächste Abschnitt der Sinaigeschichte zeigt, Gemeinschaft mit dem Schöpfergott und untereinander vermittelt[21].

Im Unterabschnitt Ex 40,17 – Lev 9,24* sind Sieben-Tage-Zählung und

---

[19] Vgl. oben III.7.

[20] Die Relation ‚Urbild' – ‚Abbild' ist allerdings nicht so zu verstehen, daß in der Sicht von P^g ein himmlisches Heiligtum vorausgesetzt sei. So mit Recht *Keel*, Jahwe-Visionen 51 Anm. 25: „Die Vorstellung von einem aus dem Himmel gekommenen Plan oder Modell, aufgrund dessen dann ein irdischer Tempel gebaut wird, ist etwas anderes als ein Tempel im Himmel ... Die Vorstellung vom himmlischen Plan für einen irdischen Tempel findet sich z.B. schon bei Gudea von Lagasch (*Falkenstein – von Soden*, Hymnen und Gebete 142) und ist wahrscheinlich aus Mesopotamien ins AT eingedrungen."

[21] Anders denkt *Mettinger*, Abbild oder Urbild 403–427 diese Analogie; vgl. dazu oben III.6.2 Anm. 110.

Neujahrschronologie miteinander verbunden. Zunächst parallelisiert die Angabe Ex 40,17 die ‚Aufrichtung' der Wohnung mit dem Ende der Flut[22]. Mit dieser chronologischen Relation gelingt es P[g], eine verbreitete altorientalische Vorstellung so in ihren Geschichtsentwurf zu integrieren, daß Weltschöpfung und Geschichtsüberlieferung aussagekräftig zusammengebunden sind. „Der Tempel ist in der Umwelt Israels der Bereich, von dem nach der Überwindung des Chaos die geordnete Welt und das durch sie ermöglichte Leben ihren Ausgang genommen haben. Er steht an dem Ort, wo das Chaos zum erstenmal gebannt wurde. Aus der Zeit der III. Dynastie von Ur (ca. 2050 bis 1950 v. Chr.) sind eine Reihe von Gründungsfiguren (die in den Tempelfundamenten eingemauert wurden) und auch ein Relieffragment bekannt, die diesen Vorgang darstellen. Ein Gott mit drei- oder vierfacher Hörnerkrone treibt mit beiden Händen einen riesigen Pfahl oder Nagel in die Erde, um den Baugrund des Tempels zu festigen. Links vom Gott mit dem Pfahl ist noch ein Teil des Kopfes und der Vorderpranken eines riesigen, anscheinend löwengestaltigen Ungetüms sichtbar, das durch den gottgesetzten Pfahl gebannt wird"[23]. Der Tempelbau für die Schöpfergottheit vollendet und stabilisiert, erneuert und belebt die Schöpfung. Das ist die Leitidee zahlreicher altorientalischer und ägyptischer Hymnen und Schöpfungserzählungen[24].

---

[22] Nach Ex 40,17 ist die Errichtung des Heiligtums abgeschlossen am 1.1. (= Neujahrstag!) des zweiten Jahres des Exodus, also genau ein Jahr nach dem Beginn des Exodus (vgl. Ex 12,41). Nach Gen 8,13 sind die Wasser der Flut weggetrocknet am 1.1. (= Neujahrstag!) des Jahres 601, also genau ein Jahr nach dem Beginn der Flut (vgl. Gen 7,6).

[23] *Keel*, Bildsymbolik 154.

[24] Vgl. die sumerischen Tempelhymnen, in denen kosmologische und apotropäische Motive eng verbunden sind (Beispiele bei *Falkenstein – von Soden*, Hymnen und Gebete 131–182, besonders 133–137); ägyptische Beispiele bei *Roeder*, Die ägyptische Götterwelt 48–63.140–152.259–276; *ders.*, Kulte und Orakel 37–71; *ders.*, Urkunden zur Religion 9–12. Zum engen Zusammenhang von Schöpfung und Tempelbau vgl. auch die oben zitierten Texte aus dem ‚Denkmal memphitischer Theologie' (S. 88) und aus der ‚Lehre für Merikare' (S. 94). Die Vorstellung vom Tempelbau als Vollendung der Schöpfung, die auch in Ijob 38,4–7; Esr 3,10f durchscheint, wurde in der rabbinischen Theologie breit ausgestaltet; Beispiele bei *Schäfer*, Tempel und Schöpfung 122–133. Die kosmogonische Funktion des Tempels wird auch in Anlage und Ausstattung der Heiligtümer sichtbar (vgl. dazu *Keel*, Bildsymbolik 99–155). So ist beispielsweise der ‚Urhügel' der ägyptischen und mesopotamischen Tempelbezirke mythische Vergegenwärtigung des „herrlichen Hügels des Uranfangs", der aus der Urflut auftauchte und von dem aus der Schöpfergott sein schaffend-ordnendes Tun begann. Üppige Parks, eigens angelegte ‚Seen' bzw. aufgestellte große Wasserbecken, die ikonographische Gestaltung von Außen- und Innenwänden der Bauten u. a.

Darüber hinaus ist der Tempel Zeichen der Königsherrschaft des Götterkönigs oder des Schöpfergottes[25]. Gerade das Motiv vom Heiligtumsbau
für den Götterkönig fügt sich in den Aufriß von P[g]: nach dem Sieg im
Götterkampf über die Götter Ägyptens tritt der Schöpfergott Jahwe
definitiv seine Weltherrschaft an. Ähnlich wie die ‚befreiten' Untergötter
im Enuma-Elisch-Mythos ihrem Befreier, dem Schöpfergott Marduk, das
Heiligtum seiner Weltherrschaft errichten[26], so bauen nach P[g] die vor der
‚Chaosmacht' Ägypten geretteten Israeliten ihrem Befreiergott Jahwe das
Heiligtum, von dem aus er Segen und Heil wirkt. Die durch das Heiligtum und aus ihm heraus geschehende Segensmitteilung erfolgt freilich erst
nach der Wartezeit von sieben Tagen (vgl. Ex. 40,17.34.35; Lev 9,1–24*):
über dem Heiligtum wiederholt sich gewissermaßen die Schöpfungswoche von Gen 1,1–2,4a, ehe von ihm aus die Herrlichkeit Jahwes, vermittelt durch den Segen von Mose und Aaron, erscheint (Lev 9,24).

Über das chronologische Bezugssystem hinaus stellt P[g] noch durch
mehrere Einzelanspielungen den Bau des Heiligtums in den Horizont der
Flutgeschichte. Die in Ex 26* gegebenen detaillierten Anweisungen für

---

sollten den Kosmos als Fülle des Lebens gegenwärtig machen. Auch der salomo-
nische Tempel hatte in reichem Maße an diesen Vorstellungen, besonders bei den
Anhängern der Zionstheologie (vgl. Ps 46; 48; 76), mythisch, architektonisch
und ikonographisch (vgl. 1 Kön 6–8) Anteil. Auch die Heiligtumstheologie der
P[g] ist nur von diesem Ansatz her zu begreifen – doch wie hat sich hier beinahe
alles gewandelt! Ein einfaches, transportables Zelt, das in der Wüste, aber
inmitten des Volkes und von diesem(!) errichtet wird, ist Zeichen und Ort der
Königsherrschaft Jahwes, deren ‚innere Qualität' Jahwe selbst im Exodus geoffenbart hat.

[25] Bau eines ‚Palastes', d. h. Heiligtums, als Zeichen göttlichen Königtums ist auch
ein zentrales Thema der Baalmythen; Texte bei *Beyerlin*, Religionsgeschichtliches Textbuch 211–239; vgl. dazu auch *Kinet*, Ugarit 65–82.

[26] Nachdem die Menschen erschaffen sind, denen die Arbeiten der Götter auferlegt
werden, sprechen die Götter zu Marduk (Ee VI 49–50.55–58; Übersetzung *M.
Dietrich*):

„Jetzt, Herr, der du unsere (Arbeits)Befreiung gesetzt hast, welches Gute
können wir dir erweisen?
Wir wollen ein ‚Heiligtum' bauen, dessen Name (stets mit Hochachtung)
genannt wird;
. . . . . ."
Marduk, als er das hörte,
leuchteten seine Gesichtszüge sehr, wie der Tag.
„Baut Babel – seine Errichtung habt ihr gewünscht,
sein Ziegelwerk werde geformt – und nennt (es) ‚Heiligtum'"

Nach einjähriger(!) Bauzeit ist das Heiligtum, „als das 2. Jahr eintraf" (vgl. Ex
40,17), errichtet.

den Bau des Heiligtums gleichen auffallend den Anweisungen für den Bau der im Chaos der Flut rettenden Arche[27]. Ebenso parallelisiert die doppelte Ausführungsformel am Ende des zweiten Unterabschnitts den *Bau* des Heiligtums mit dem Bau der Arche[28]. Vor allem aber ist es die Wolke, die das Heiligtum als ein im Horizont der Noachberit stehendes ‚Lebensmedium' kennzeichnet[29]. Anders als die tödlichen Chaoswasser, die die Erde und die Ägypter „bedeckt" haben (vgl. Gen 7,19f; Ex 14,28), „bedeckt" die Wolke den Offenbarungsberg (Ex 24,16) und anschließend das Heiligtum (Ex 40,34), um diese als Ort der präsent gewordenen Gottesherrschaft auszuweisen. Das Heiligtum ist ein Instrument, durch das der Schöpfergott seine im ‚Bogen in den Wolken' nach der Flut angekündigte Gottesherrschaft übernimmt und ausübt. Das Heiligtum wird deshalb auch „aufgerichtet" *(QūM)* wie die Noachberit (Gen 6,18; 9,9.11): in ihm ist die Fülle (Ex 40,34) der richtenden und rettenden Herrlichkeit Jahwes definitiv in die Geschichte Israels ‚eingestiftet'[30]. Was dies für Israels ‚Weg durch die Wüste seiner Geschichte' bedeutet, entfaltet der Schlußabschnitt der Priesterschrift abermals durch Rückbezüge und Anspielungen an die Urgeschichte.

---

[27] Auf diese Erzählung weist schon *Jacob,* Das erste Buch der Tora 187 hin: „Die Arche ist nicht zu verstehen, wenn man nicht die sehr zum Schaden der Erklärung gänzlich unbeachtet gebliebene einzige Analogie zu Rate zieht, die die Tora selbst bietet: die Stiftshütte (Ex 25ff)." Es sind vor allem fünf Entsprechungen: (1) Singularische Beauftragung an Mose/Noach mit dem Verbum „machen" (ʿāśāh); vgl. dazu auch Gen 1,6.16.25.26; 2,2.3. (2) Bei den Maßangaben beider ‚Langhausformen' ist die Reihenfolge: Länge – Breite (– Höhe). (3) Die Arche ist zehnmal so lang wie der Holzbau der ‚Wohnung' von Ex 26,15ff (300 Ellen; 30 Ellen). (4) Da die Arche in drei ‚Etagen' (Gen 6,16) eingeteilt werden soll, die dann je 10 Ellen hoch sind, entspricht die Höhe einer Etage der Höhe des Holzbaus der Wohnung (vgl. Ex 26,15: die Bretter werden längs hochgestellt!). (5) Wie immer der (auch in der Textüberlieferung schwierige) Vers 6,16a zu verstehen ist, so ist in jedem Fall gemeint, daß über den ‚Holzkasten' der Arche (es ist kein Schiff, sondern ein ‚Lebenshaus') noch eine zusätzliche ‚Bedeckung' gelegt werden soll, analog den Zeltdecken über dem Holzbau des priesterschriftlichen Heiligtums von Ex 26*.
[28] Vgl. Ex 39,32.43 mit Gen 6,22.
[29] Vgl. den ‚offenen Schluß' des zweiten Unterabschnitts der Sinaigeschichte Ex 39,43b („Und Mose segnete sie") mit der diese Notiz entfaltenden Aussage am Ende des dritten Unterabschnitts in Lev 9,23 („Und sie segneten das Volk und es erschien die Herrlichkeit Jahwes dem ganzen Volk").
[30] Von diesem Ansatz her wäre m. E. erneut die ‚Sühnetheologie' von P^g und (die davon unterschiedene!) von P^s zu untersuchen. Die materialreiche Studie von *Janowski,* Sühne als Heilsgeschehen hat diesbezüglich zwei Defizite: (1) Sie vermischt P^g und P^s. (2) Sie reflektiert zu wenig den literarischen(!) Kontext der besprochenen P-Stellen.

Das Motiv von der Wolke, mit dem dieser abschließende Teil von P^g eingeleitet wird[31], zeigt an: der Weg des suchenden und sündigenden Jahwevolks bleibt unter dem Herrschaftssymbol Gottes, das von P^g als Signal der Noachberit und dann als Signal der ‚Sinai-Zeit' eingesetzt wurde. Durch die Wendung „da erschien die Herrlichkeit Jahwes" (Num 14,10; 20,6) spielt P^g an die Zusage der Noachberit an: „wird erscheinen der Bogen" (= meine Herrlichkeit: Gen 9,14). Auch das Gericht über die Sünder von Num 13–14* bzw. Num 20* erinnert an das Gericht der Flut: sowohl die ‚Verleumder' des Landes wie die Zweifler an der Macht des Schöpferwortes sind dem Tod verfallen, wie „alles Fleisch" in der Flutgeschichte[32]; allerdings steht dieses Gericht unter dem Vorbehalt der Noachberit, die den vom Schöpfergott bewirkten universalen und kosmischen Tod der Schöpfung ausgeschlossen hat. Insofern ist dieser letzte Abschnitt von P^g geradezu eine Demonstration der Gültigkeit der Noachberit.

In der ‚Kundschaftergeschichte' Num 13–14* wird die Ambivalenz der Schöpfungswirklichkeit, die in der Urgeschichte als sukzessive Beurteilung des Schöpfergottes formuliert war[33], im Streit der Kundschafter lebendig. Ihre gegensätzliche Beurteilung, bei der P^g die Polyvalenz von *'æræṣ* = „Erde" *und* „Land" geschickt einsetzt, ist letztlich ein Streit um die Schöpfungswirklichkeit überhaupt. In beiden Stellungnahmen greift P^g sprachlich auf die Urgeschichte und die dort vom Schöpfergott selbst gegebene positive Beurteilung seines Werkes zurück. Er hatte in Gen 1,29–30; 9,2–3 die Erde den Menschen übergeben als Ort, der ihnen ‚Essen' und damit Leben gewähren sollte. Wenn nun die ‚Gutachter' das Land/die Erde qualifizieren als „Land (Erde), das (die) seine (ihre) Bewohner ißt" (Num 13,32), so stellen sie damit die vom Schöpfergott definierte Relation auf den Kopf. Ihre These stellt das in Gen 1,1–2,4 entfaltete Strukturmuster der Schöpfung radikal in Frage. Der dort narrativ proklamierten These, wonach die Erde das für die Lebewesen vom Schöpfergott liebevoll bereitete ‚Lebenshaus' ist, stellen sie die leidvolle geschichtliche Erfahrung entgegen: die Erde frißt (auf gewiß vielfältige Weise!) ihre Lebewesen. Und geradezu emphatisch-dramatisch läßt P^g „die ganze Gemeinde" (Num 14,1) dieser Erfahrung zustimmen!

---

[31] Zur Funktion von Num 10,11f* vgl. oben V.8.

[32] Vgl. das Verbum „umkommen" (*GW^c*) in Gen 6,17.21 und in Num 20,3b.29.

[33] Vgl. die Antithese Gen 1,31 ↔ Gen 6,12.

Lediglich zwei der ‚Gutachter', Josua und Kaleb, wagen es, dieser Erfahrung die Zusage des Schöpfergottes entgegenzusetzen. Sie zitieren Gen 1,31 (Num 14,7) – unter tumultuarischem Protest der ganzen Gemeinde, die sie wegen ihres Bekenntnisses zum Schöpfergott sogar steinigen wollen (Num 14,10). Erst der Fortgang der Erzählung hebt die Bedeutung dieses Bekenntnisses zu Gen 1 hervor: es qualifiziert Josua zum ‚Hirten' des Volkes (Num 27,17b)[34] – eben zu jenem Dienst an der Erde, zu dem Gen 1,26–30 und Gen 9,1–7* die Menschen beauftragt haben. Das Ja zu dieser Erde als ‚gutem, sehr gutem' Lebensraum ist die Voraussetzung dafür, daß das vom Schöpfergott gegebene Land ein ‚Lebenshaus' für Israel, ja für alle Lebewesen ist und bleibt. Dies exemplarisch zu leben und an ‚alles Lebendige' auf der Erde zu vermitteln, ist die Aufgabe Israels – und der Kirche.

---

[34] Zur literarkritischen Problematik vgl. II.3 Anm. 30.

VII. Einige ökologisch-theologische Folgerungen

Gewiß ist P^g ein zeitgeschichtlich bedingter Versuch, in einer leidvoll erfahrenen Krise Israels über das Ja Gottes zur Schöpfung und das darin implizierte Ja zu seinem Volk zu reflektieren. Für Israel war dies eine Krise, aus der es noch einmal davongekommen war. Es war eine Krise, die als politischer Zusammenbruch einsetzte, dann aber auch Israels natürlichen Lebensraum, das Land, verwüstete und beschnitt. Israel erlitt diese Situation als existenzgefährdende Störung der politischen und ökologischen Ordnung und brauchte Perspektiven für die Zukunft. P^g entwarf mit ihrer Geschichtsdarstellung solche Perspektiven, indem sie die Sprache der Schöpfung mit der Sprache der Geschichte zusammenführte. So schuf sie einen theologischen Text, der uns krisengeschüttelte Menschen am Ende des zweiten Jahrtausends zu Nachdenken und Umdenken auffordert. In unserer Studie können die Anstöße der P^g nur thesenhaft zusammengefaßt werden.

1. Gott wirkt kein Heil an der Schöpfung vorbei

P^g sieht die Geschichte des Jahwevolks in einem untrennbaren Zusammenhang mit der Geschichte der Schöpfung. Aus der Sicht Israels bedeutet dies zunächst: In der Katastrophe des sechsten Jahrhunderts darf Israel hoffen, daß Jahwe sein Ja zu seinem Volk nicht zurücknimmt, solange die Schöpfung lebt. In und mit der Schöpfung als einem auf heilvolles Leben angelegten Geschehen hat der Schöpfergott Verantwortung auch für sein Volk als Teil dieser Schöpfung übernommen. Dieser Zusammenhang ist aber auch umkehrbar: Aus der Sicht der Schöpfung bedeutet dies, daß Jahwes Verantwortung für sein Volk diesem Volk seinerseits Verantwortung für das Leben der Schöpfung auferlegt.

Aus diesem Ansatz ergibt sich unsere *erste These:* Der biblische Gott will und wirkt kein Heil an der Schöpfung vorbei. Es gibt keine Erlösung bei gleichzeitiger Vernichtung der Schöpfung. Es gibt keine Heilsgeschichte neben der Schöpfungsgeschichte oder gar gegen sie. Es gibt weder eine Diastase von Seelenheil und Zerstörung des Lebens noch ein unverbundenes Neben- oder gar Gegeneinander von Kirchengeschichte und Erdgeschichte. Die Einsicht, daß der Mensch als integraler Teil der Erde entweder *mit* dieser überlebt, falls er *mit* ihr lebt, oder mit dieser untergeht, falls er *gegen* sie lebt, bedeutet theologisch: Wer das Heil der ihm anvertrauten Schöpfung verwirkt, verwirkt sein eigenes Heil. Die Zerstörung der Schöpfung ist eine Absage an den Schöpfergott und eine Absage an das von ihm in der Schöpfung gewollte Heil. Nicht nur der einzelne Mensch ist eingebettet in den Biotop Erde, sondern die Heilsgeschichte insgesamt ist eingebunden in die Erdgeschichte.

2. ,Gottes Bogen' als Hoffnungszeichen für die seufzende Erde

Mit der Gottebenbildlichkeit und der Befähigung zum gemeinsamen Bau des Heiligtums als Offenbarungsort des Schöpfergottes ist den Menschen, die im Horizont der Bibel leben, ein Dienst aufgegeben, der ernste Verantwortung *für* die Schöpfung und *vor* dem Schöpfergott impliziert. In den altorientalischen Metaphern vom ,Hirten der Tiere' (Gen 1,28) und vom ,Herrn der Tiere' (Gen 9,2) wird den Menschen zugemutet, die Erde als ,Lebenshaus' zu entdecken und zu erschließen, aber sie als solches auch gegen Zerstörung zu sichern und zu schützen. Und in der Metapher vom Heiligtumsbau kommt der Auftrag des Gottesvolks in Sicht, zuallererst selbst eine exemplarische Lebensgemeinschaft zu werden, in deren Mitte der Schöpfergott ,erscheint' – dadurch, daß dieses Gottesvolk selbst aufbricht und sich vom Schöpfergott ,aufbrechen' läßt, um das ihr gegebene ,Stück Erde' als ,Land des Lebens' so anzunehmen, wie es der Schöpfergott nach Gen 1 entworfen und gewollt hat. Nach Meinung der P^g muß die Erde nicht erst durch die Menschen zum Biotop gemacht werden. Nicht die Natur muß den Menschen angepaßt werden, damit Leben in und mit ihr möglich ist. Der Mensch muß sich vielmehr – regional durchaus unterschiedlich – in seinen konkreten Lebensvollzügen den Lebensordnungen und den Lebenszeiten der Natur anpassen, damit die Erde als ,Lebenshaus für alle Lebendigen' erhalten bleibt.

In der Fluchtlinie dieses Auftrags steht unsere *zweite These:* Menschen, die die Erde als ,Lebenshaus' zerstören, verfehlen ihr Menschsein. Eine Menschheit, die die Erde als Material ihrer Bedürfnisbefriedigung betrachtet, die die Tiere als rechtlose Kreaturen benutzt, die das Machbare zum Maßstab ihrer Entscheidungen macht (und erst *danach* über die Moral des Gemachten nachdenkt), die Waffen produziert, die den Biotop Erde insgesamt zerstören können – eine solche Menschheit handelt schöpfungswidrig und schickt sich an, wie „alles Fleisch" zu werden, von dem Gen 6,12 redet. Zwar ist nach Meinung der P^g der Bogen der Königsherrschaft Gottes ein für allemal in die Wolken gegeben. Aber dieser Bogen vertreibt nicht die Wolken des Gerichts, an dem Gen 9,14 festhält. Am

Ende der Flutgeschichte gibt Gott nicht, wie oft gesagt wird, eine Schöpfungsgarantie, die als Freibrief für eine ökologische Tötungskultur oder als barmherzige Nachsicht des Schöpfergottes mit der naturzerstörenden Menschheit verstanden werden könnte. Der Bogen Gottes als Bundeszeichen über der Schöpfung ist nicht eine regenbogenfarbene Gloriole, die der Zerstörung der Erde als Lebensraum die göttliche Weihe gibt, sondern er ist Metapher für die Königsherrschaft des Schöpfergottes, der sich die Verfügungsgewalt über *seine* Erde nicht aus der Hand nehmen lassen will. P[g] demonstriert dies in ihrer Geschichtsdarstellung am Schicksal des Pharao und seines Militärapparates, die von den Fluten bedeckt werden, als sie Israel in die schöpfungswidrige Sklaverei zurückholen wollen, aber auch am Tod der großen Führer des Volkes, Mose und Aaron, die an der Gegenwart des Schöpfergottes in der Wüste zweifeln. ‚Gottes Bogen in den Wolken‘ ist damit ein Zeichen der machtvollgütigen Herrschaft des Schöpfergottes, der die Schöpfung als ‚Lebenshaus‘ schützen und bewahren will – sogar vor seinem eigenen Strafgericht. Der ‚Bogen‘ ist deshalb ein besonderes Hoffnungszeichen für die leidende Erde und für die seufzende Kreatur. Er ist Symbol jener rettenden ‚Selbstbeherrschung‘, die Hos 11,8f als tiefstes Geheimnis des Gotteszorns verkündet. Er erinnert den Schöpfergott daran, daß er mit der Übernahme der Königsherrschaft über das ‚Lebenshaus‘ seiner Schöpfung im Konfliktfall Recht – Gnade, Zorn – Barmherzigkeit immer schon die Option für den Grundwert ‚Leben‘ getroffen hat.

3. Das Zeltheiligtum als ökologische Metapher

Von der priesterschriftlichen Gesamtkomposition her bedeutet die Errichtung des Zeltheiligtums für das von schöpfungswidriger Sklaverei befreite Volk das Ziel der Schöpfung. Im Zelt als Ort der Erscheinung des Schöpfergottes vor dem gemeinsam feiernden Volk wird für Israel der *Sinn* der Schöpfung in dreifacher Hinsicht transparent:
(1) Zur Offenbarung des Zeltheiligtums wird Mose am siebten Tag in die Wolke der Herrlichkeit Gottes gerufen. Am siebten Tag soll er dem Schöpfergott begegnen, der sein Schöpfungswerk am siebten Tag vollendet hatte, „indem er aufhörte von all seiner Arbeit, die er gemacht hatte" (Gen 2,2). Der siebte Tag ist nicht Ausruhen *für* die immer wieder folgenden sechs Tage des Einsammelns der Schöpfungsgaben (Ex 16*), sondern er ist Abschied und Abkehr *von* diesen Tagen, um frei zu sein für die Begegnung mit dem Geber der Gaben und dem Ur-Grund des

Lebens. Der siebte Tag soll die aus dem kontinuierlichen Strom der Zeit herausgeschnittene Zeitspanne sein, die die Erde frei macht von den Sachzwängen der Arbeitstage und der Arbeitsordnungen. Gerade am siebten Tag wird Mose und Israel geoffenbart, daß die Erde als ‚Lebenshaus' noch andere Dimensionen und Möglichkeiten gewährt als Manna und Wachteln. Der siebte Tag ist eine vor- und aufgegebene Unterbrechung der Zeit, die frei macht für ‚Zeit' als sinnstiftende Kategorie des Lebens.

(2) Das Zeltheiligtum soll dem Modell entsprechen, das der Schöpfergott dem Mose zeigt. Dies ist Metapher dafür, daß dieses Zelt dem heilvollen Zusammenleben dienen und es fördern soll, wie es dem Wesen des Schöpfergottes entspricht. Als Zelt im Gegensatz zu einem Steinbau und als Zelt nach himmlischem Modell soll es nicht nach Art des Staatstempels Salomos und nach Art der ägyptischen Reichstempel sein. Diese Heiligtümer dienten der politischen Selbstdarstellung und förderten Unterdrükkung und Klassengesellschaft. Darin waren und sind diese Heiligtümer nicht Symbole des Lebens, sondern der Ausbeutung und des Todes. Am Bau jenes Zeltheiligtums sind nach P^g alle beteiligt. Es ist Ergebnis gemeinsamen Tuns, dessen alleiniger Maßstab das Hören auf Gottes Wort ist.

(3) Auch der an diesem Zeltheiligtum gefeierte Kult (vgl. Lev 9) ist weder nach Art des salomonischen Staatskultes (Sakralisierung der Macht) noch nach Art orgiastischer oder esoterischer Priesterfeste, wie sie in Kanaan oder Ägypten gefeiert wurden. In beiden Formen von Kult ist es ein vom Volk losgelöster Kult: Im Falle des Staatskultes wird das Volk zur Kulisse degradiert, im Falle des Priesterkultes ist das Volk Lieferant der Opfergaben und Financier der Priesterschaft. Dagegen soll der von P^g anvisierte Kult (im Tieropfer dargestellter) Dank für die Gabe des Lebens sein. Der besondere Blutritus unterstreicht gerade dies: dem Schöpfergott als dem Geber des Lebens wird zeichenhaft das Blut des Opfertieres als Träger von Leben zurückgegeben. Die innere Logik dieses Tuns ist nicht „do ut des" (Ich [der Mensch] gebe, damit du [Gott] gibst), sondern „do quod dedisti" (Ich gebe, was du gegeben hast). Der Opferkult am Zelt macht bewußt, daß auch der Ertrag arbeitenden Umgangs mit der Erde letztlich eine Gabe des Schöpfergottes ist.

Von der dreifachen Metaphorik des Zeltheiligtums her ergibt sich unsere *dritte These:* Ziel und damit Maß allen Umgangs mit der Erde ist die Ermöglichung heilvollen Lebens für alle Lebewesen. Die Idee des ‚Zeltes Gottes bei den Menschen' ist, ähnlich wie die neutestamentliche Rede vom Reich Gottes, ein kritisch-utopisches Gegenbild, vor dem sich aktuelle Einzelentscheidungen ebenso legitimieren müssen wie die Gesamtmentalität unserer Kultur. Daß die ökologisch-theologische Idee des Zeltes nur in der Distanz von der Produktion und deren Zwängen aufgeht und wirkt, ja nur in der gemeinsamen Feier von Befreiung erfahren wird, ist eine scharfe Absage an eine Politik, die das ökologische Heil in immer mehr salomonischen Tempeln sucht. Die ökologische Krise, deren gespenstische Realität durch vielfältige und gezielt ansetzende Schutzmaßnahmen allein nicht mehr bewältigt werden kann, fordert eine geistige und ethische Revision unserer Alltagskultur, die statt der üblichen Frage nach dem Nutzen der Erde wieder die Frage der biblischen Menschen nach dem *Sinn der Schöpfung* stellt und zum Maß ihrer Entscheidungen und Wünsche macht.

VIII. Anhang

1. Der Text der priesterschriftlichen Urgeschichte Gen 1,1–11,26*

Die nachstehende Übersetzung ist als Arbeitstext konzipiert. Sie versucht, Eigenart und Struktur des hebräischen Urtextes wiederzugeben. Insofern verzichtet diese Übersetzung bewußt darauf, einen ‚guten' deutschen Text (was immer das heißt) zu schaffen. Gen 1,9 ist mit Blick auf die Textgestalt der griechischen Bibel (Septuaginta) übersetzt.

[Die Toledot von Himmel und Erde]

(1,1) Als Anfang hat Gott den Himmel und die Erde geschaffen.

(1,2a) Und die Erde war Wüste und Leere,
und Finsternis (war) über (der) Urflut.

(1,3) Und Gott sprach:
Es werde Licht!
Und es wurde Licht.

(1,4) Und Gott sah das Licht, wie gut es war (ist).
Und Gott schied zwischen dem Licht und zwischen der Finsternis.

(1,5) Und Gott berief das Licht als Tag,
und die Finsternis berief er als Nacht.
Und (danach) wurde es Abend,
Und es wurde Morgen:
ein Tag.

(1,6) Und Gott sprach:
Es sei eine Ausdehnung inmitten der Wasser,
so daß sie (andauernd) scheidet zwischen Wassern und Wassern.

(1,7) Und Gott machte die Ausdehnung,
so daß sie schied zwischen den Wassern, die unterhalb der Ausdehnung (sind), und zwischen den Wassern, die oberhalb der Ausdehnung (sind).
Und dementsprechend geschah es:

(1,8) Und Gott berief die Ausdehnung als Himmel.
Und (danach) wurde es Abend,
und es wurde Morgen:
zweiter Tag.

(1,9)   Und Gott sprach:
        Es seien gesammelt die Wasser von unter dem Himmel weg
        nach einem Ort (in eine Ansammlung?),
        so daß das Trockene sichtbar werde (erscheine).
        Und die Wasser sammelten sich von unter dem Himmel weg an
        ihre Ansammlungen.
        Und dementsprechend geschah es:
(1,10) Und Gott berief das Trockene als Erde,
        und die Ansammlung der Wasser berief er als Meere.
        Und Gott sah, wie gut es war (ist).
(1,11) Und Gott sprach:
        Es lasse die Erde Grünes grünen:
        Pflanzen, die Samen samen (= bilden),
        Fruchtbäume, die Früchte bringen, in denen ihr Same ist, auf
        der Erde.
        Und dementsprechend geschah es:
(1,12) Und die Erde brachte Grünes heraus:
        Pflanzen, die Samen samen (= bilden),
        und Bäume, die Früchte bringen, in denen ihr Same ist.
        Und Gott sah, wie gut es war (ist).
(1,13) Und (danach) wurde es Abend,
        und es wurde Morgen:
        dritter Tag.

(1,14) Und Gott sprach:
        Es seien Leuchtkörper an der Ausdehnung des Himmels,
        um zu scheiden zwischen dem Tag und zwischen der Nacht,
        und sie seien zu Zeichen, und zwar für Festzeiten und für
        Tage und Jahre,
(1,15) und sie seien zu Leuchtkörpern an der Ausdehnung des
        Himmels, um zu leuchten über die Erde hin.
        Und dementsprechend geschah es:
(1,16*) Und Gott machte die zwei Leuchtkörper:
        den größeren Leuchtkörper zur Herrschaft über den Tag
        und den kleineren Leuchtkörper zur Herrschaft über die Nacht.
(1,17) Und Gott gab sie an die Ausdehnung des Himmels,
        um zu leuchten über die Erde hin,
(1,18) und um zu herrschen über den Tag und über die Nacht,
        und um zu scheiden zwischen dem Licht und zwischen der
        Finsternis.
        Und Gott sah, wie gut es war (ist).

(1,19) Und (danach) wurde es Abend,
und es wurde Morgen:
vierter Tag.

(1,20) Und Gott sprach:
Es sollen die Wasser Gewimmel wimmeln, lebendige Wesen,
und Fluggetier soll fliegen über die Erde hin, an der Vorder-
seite der Ausdehnung des Himmels.

(1,21) Und Gott schuf die großen Meeresungeheuer,
und alle lebendigen Wesen, die sich regen, von denen die Wasser
wimmeln, nach ihren Arten,
und alles geflügelte Fluggetier nach seinen Arten.
Und Gott sah, wie gut es war (ist).

(1,22) Und Gott segnete sie folgendermaßen:
Seid fruchtbar und werdet zahlreich und füllt die Wasser in
den Meeren,
und das Fluggetier soll zahlreich werden auf der Erde.

(1,23) Und (danach) wurde es Abend,
und es wurde Morgen:
fünfter Tag.

(1,24) Und Gott sprach:
Es bringe die Erde heraus lebendige Wesen nach ihren Arten:
Vieh und Kriechgetier und Wildgetier der Erde nach seinen
Arten.
Und dementsprechend geschah es:

(1,25) Und Gott machte das Wildgetier der Erde nach seinen Arten und
das Vieh nach seinen Arten und alles Kriechgetier des Erdbodens
nach seinen Arten.
Und Gott sah, wie gut es war (ist).

(1,26) Und Gott sprach:
Laßt uns Menschen machen als unser Bild, wie unsere Ähnlichkeit, damit sie herrschen über die Fische im Meer und
über das Fluggetier am Himmel und über das Vieh und über
alles Wildgetier auf der Erde und über alles Kriechgetier, das
über die Erde hin kriecht.

(1,27) Und Gott schuf den Menschen als sein Bild,
als Gottesbild schuf er ihn,
männlich und weiblich schuf er sie.

(1,28) Und Gott segnete sie.

Und Gott sprach zu ihnen:
Seid fruchtbar und werdet zahlreich und füllt die Erde.
Und herrscht über die Fische im Meer und über das Fluggetier am Himmel und über jedes Tier, das sich auf der Erde
regt.

(1,29) Und Gott sprach:
Siehe, hiermit (über)gebe ich euch
alle Pflanzen, die Samen samen, die über die ganze Erde hin
sind, und alle Bäume, an denen Baumfrüchte sind, die Samen
samen:
euch sollen sie sein zur Nahrung.

(1,30) Und allem Wildgetier auf der Erde und allem Fluggetier am
Himmel und allem Kriechgetier auf der Erde, in dem lebendiges Wesen ist,
(gebe ich) alles Blattwerk der Pflanzen zur Nahrung.
Und dementsprechend geschah es:

(1,31) Und Gott sah alles, was er gemacht hatte,
und siehe: es war (ist) sehr gut.
Und (danach) wurde es Abend,
und es wurde Morgen:
der sechste Tag.

(2,2) Und Gott vollendete am siebten Tag seine Arbeit, die er gemacht
hatte,
und er hörte am siebten Tag auf mit all seiner Arbeit, die er
gemacht hatte.

(2,3) Und Gott segnete den siebten Tag und er heiligte ihn:
denn an ihm hörte er auf mit all seiner Arbeit, die Gott geschaffen
hat, um zu machen.

(2,4a) Dies ist die Entstehung des Lebens (tōlᵉdōt) des Himmels und der
Erde bei ihrem Geschaffenwerden.

[*Die Toledot Adams*]

(5,1) Dies ist das Buch der Geschlechterfolge (tōlᵉdōt) Adams.

Am Tage, da Gott Menschen schuf, machte er ihn als Ähnlichkeit
Gottes.

(5,3) Und Adam lebte 130 Jahre,
und er zeugte (einen Sohn) als seine Ähnlichkeit, wie sein Bild.
Und er rief seinen Namen Set.

(5,4) Und es waren die Tage Adams, nachdem er Set gezeugt hatte, 800 Jahre, und er zeugte Söhne und Töchter.

(5,5) Und es waren alle Tage Adams, die er lebendig (war), 930 Jahre, und er starb.

(5,6) Und Set lebte 105 Jahre, und er zeugte Enosch.

(5,7) Und Set lebte, nachdem er Enosch gezeugt hatte, 807 Jahre, und er zeugte Söhne und Töchter.

(5,8) Und es waren alle Tage Sets 912 Jahre, und er starb.

(5,9) Und Enosch lebte 90 Jahre, und er zeugte Kenan.

(5,10) Und Enosch lebte, nachdem er Kenan gezeugt hatte, 815 Jahre, und er zeugte Söhne und Töchter.

(5,11) Und es waren alle Tage Enoschs 905 Jahre, und er starb.

(5,12) Und Kenan lebte 70 Jahre, und er zeugte Mahalalel.

(5,13) Und Kenan lebte, nachdem er Mahalalel gezeugt hatte, 840 Jahre, und er zeugte Söhne und Töchter.

(5,14) Und es waren alle Tage Kenans 910 Jahre, und er starb.

(5,15) Und Mahalalel lebte 65 Jahre, und er zeugte Jered.

(5,16) Und Mahalalel lebte, nachdem er Jered gezeugt hatte, 830 Jahre, und er zeugte Söhne und Töchter.

(5,17) Und es waren alle Tage Mahalalels 895 Jahre, und er starb.

(5,18) Und Jered lebte 162 Jahre, und er zeugte Henoch.

(5,19) Und Jered lebte, nachdem er Henoch gezeugt hatte, 800 Jahre, und er zeugte Söhne und Töchter.

(5,20) Und es waren alle Tage Jereds 962 Jahre, und er starb.

(5,21) Und Henoch lebte 65 Jahre, und er zeugte Metuschelach.

(5,22) Und Henoch wandelte mit Gott, nachdem er Metuschelach
gezeugt hatte, 300 Jahre,
und er zeugte Söhne und Töchter.
(5,23) Und es waren alle Tage Henochs 365 Jahre.
(5,24) Und Henoch wandelte mit Gott,
und (dann) war er nicht mehr (da),
denn Gott hatte ihn (weg)genommen.
(5,25) Und Metuschelach lebte 187 Jahre,
und er zeugte Lamech.
(5,26) Und Metuschelach lebte, nachdem er Lamech gezeugt hatte, 782
Jahre,
und er zeugte Söhne und Töchter.
(5,27) Und es waren alle Tage Metuschelachs 969 Jahre,
und er starb.
(5,28) Und Lamech lebte 182 Jahre,
und er zeugte (Noach).
(5,30) Und Lamech lebte, nachdem er Noach gezeugt hatte, 595 Jahre,
und er zeugte Söhne und Töchter.
(5,31) Und es waren alle Tage Lamechs 777 Jahre,
und er starb.

(5,32) Und Noach lebte 500 Jahre,
und Noach zeugte Sem, Ham und Jafet.

[*Die Toledot Noachs*]

(6,9) Dies ist die Lebensgeschichte (*tōlᵉdōt*) Noachs

Noach, ein gerechter Mann,
vollkommen war er unter seinen Zeitgenossen,
mit Gott wandelte er,
(6,10) und Noach zeugte drei Söhne, Sem, Ham und Jafet.
(6,11) Und es verderbte die Erde vor Gott,
und voll wurde die Erde von Gewalttat,
(6,12) und Gott sah die Erde,
und siehe: sie verderbte sich, denn alles Fleisch verderbte seinen
Weg über die Erde hin.

(6,13) Und Gott sprach zu Noach:
Das Ende allen Fleisches ist vor mich gekommen,
denn die Erde ist voll von Gewalttat von ihnen her.

Und siehe, ich verderbe sie zusammen mit der Erde.

(6,14) Mache dir eine Arche aus Gopher-Stämmen,
aus Kammern sollst du die Arche machen,
und du sollst sie verpichen von innen und außen mit Pech.

(6,15) Und dies ist es, wie du sie machen sollst:
300 Ellen die Länge der Arche, 50 Ellen ihre Breite und 30 Ellen ihre Höhe.

(6,16*) Eine Bedeckung sollst du der Arche von oben her machen,
und die Türe der Arche sollst du in ihre Seite setzen,
ein unteres, ein zweites und ein drittes sollst du machen.

(6,17) Ich aber, siehe ich bringe die Flut, Wasser, über die Erde,
um zu verderben alles Fleisch, in dem Lebenskraft ist, von unter dem Himmel weg.
Alles, was auf der Erde ist, wird umkommen.

(6,18) Aber ich werde meinen Bund (meine Berit) aufrichten mit dir.

Geh hinein in die Arche, du und deine Söhne und deine Frau und die Frauen deiner Söhne mit dir.

(6,19) Und von allem Lebendigen, von allem Fleisch, sollst du zwei von allem in die Arche hineingehen lassen, um sie mit dir am Leben zu erhalten.
Männlich und weiblich sollen sie sein.

(6,20) Von dem Fluggetier nach seinen Arten, von dem Vieh nach seinen Arten, von allem Kriechgetier des Erdbodens nach seinen Arten, zwei von allem sollen hineingehen zu dir, um sie am Leben zu erhalten.

(6,21) Und du nimm dir von aller Nahrung, die gegessen wird, und sammle zu dir ein:
und es soll dir und ihnen sein zur Nahrung.

(6,22) Und Noach machte entsprechend allem, was Gott ihm geboten hatte:
so machte er es.

(7,6) Und Noach war 600 Jahre alt,
und die Flut, Wasser, war über der Erde.

(7,11) Im 600. Jahr des Lebens Noachs, im 2. Monat, am 17. Tag des Monats, an eben diesem Tag, spalteten sich alle Quellen der großen Urflut und die Schleusen des Himmels öffneten sich.

(7,13) An eben diesem Tag gingen Noach und Sem und Ham und Jafet, die Söhne Noachs, und die Frau Noachs, und die drei Frauen seiner Söhne mit ihnen, in die Arche.

(7,14) Sie und alles Wildgetier nach seinen Arten und alles Vieh nach seinen Arten und alles Kriechgetier, das über die Erde kriecht, nach seinen Arten, und alles Fluggetier nach seinen Arten, alle Vögel und alle Flügeltiere,

(7,15) sie gingen zu Noach in die Arche, je zwei von allem Fleisch, in dem Lebenskraft ist.

(7,16a) Und die hineingingen, männlich und weiblich waren sie, von allem Fleisch gingen sie hinein,
wie Gott es ihm geboten hatte.

(7,17*) Und die Flut war über die Erde hin,

(7,18) und die Wasser schwollen an und sie wurden sehr zahlreich über die Erde hin,
und die Arche fuhr über die Wasser hin,

(7,19) und die Wasser schwollen an sehr, gar sehr über die Erde hin, und alle hohen Berge wurden zugedeckt, die unter allem Himmel sind.

(7,21) Und es kam um alles Fleisch, das sich regt über die Erde hin, an Fluggetier und an Vieh und an Wildgetier und an allem Gewimmel, das wimmelt über die Erde hin, und alle Menschen.

(7,24) Und die Wasser schwollen an über die Erde hin 150 Tage.

(8,1)   Und Gott gedachte des Noach und allen Wildgetieres und allen Viehs, das mit ihm in der Arche war.

Und Gott ließ einen Wind wehen über die Erde hin, so daß die Wasser sanken.

(8,2a) Und es schlossen sich die Quellen der Urflut und die Schleusen des Himmels.
Und die Wasser wurden weniger nach Ablauf von 150 Tagen.

(8,4)   Und die Arche fand einen Ruheplatz im 7. Monat, am 17. Tag des Monats, auf einem der Berge von Ararat.

(8,5)   Und die Wasser nahmen fortgesetzt ab bis zum 10. Monat, im 10. (Monat), am 1. Tag des Monats, wurden die Spitzen der Berge sichtbar.

(8,13a) Und es war im 601. Jahr, am 1. Tag des 1. Monats, da waren die Wasser weggetrocknet von der Erde.

(8,14) Und im 2. Monat, am 27. Tag des Monats, da war die Erde trocken.

(8,15) Und Gott redete zu Noach folgendermaßen:

(8,16) Geh heraus aus der Arche, du und deine Frau und deine Söhne und die Frauen deiner Söhne mit dir.

(8,17) Alles Getier, das mit dir ist von allem Fleisch, an Fluggetier und an Vieh und an allem Kriechgetier, das über die Erde hin kriecht, laß herausgehen zusammen mit dir,
daß sie wimmeln auf der Erde und daß sie fruchtbar sind und zahlreich werden über die Erde hin.

(8,18) Und Noach ging heraus und seine Söhne und seine Frau und die Frauen seiner Söhne mit ihm.

(8,19) Alles Getier, alles Kriechgetier und alles Fluggetier, alles was sich regt über die Erde hin, nach ihren Geschlechtern gingen sie heraus aus der Arche.

(9,1) Und Gott segnete den Noach und seine Söhne. Und er sprach zu ihnen:
Seid fruchtbar und werdet zahlreich und füllt die Erde.

(9,2) Und Furcht vor euch und Schrecken vor euch soll sein über allem Getier der Erde und über allem Fluggetier am Himmel, über allem Kriechgetier des Erdbodens und über allen Fischen im Meer. In eure Hand sind sie gegeben.

(9,3) Alles, was sich regt und das lebendig ist, soll euch zur Nahrung sein. Wie das Blattwerk der Pflanzen gebe ich euch alles.

(9,7) Ihr aber seid fruchtbar und werdet zahlreich, wimmelt auf der Erde und werdet zahlreich auf ihr.

(9,8) Und Gott sprach zu Noach und zu seinen Söhnen mit ihm folgendermaßen:

(9,9) Ich aber bin dabei, meinen Bund (meine Berit) aufzurichten mit euch und mit eurem Samen nach euch

(9,10) und mit allen lebendigen Wesen, die mit euch sind an Fluggetier,
an Vieh und an allem Wildgetier der Erde bei euch aus allen, die aus der Arche herausgegangen sind.

(9,11) Ich werde also meinen Bund (meine Berit) aufrichten mit euch (des Inhalts):
Nie mehr soll alles Fleisch ausgerottet werden von den Wassern der Flut,
und nie mehr soll eine Flut sein, um zu verderben die Erde.

(9,12a) Und Gott sprach:
        Dies ist das Zeichen des Bundes (der Berit),
        den ich hiermit gebe zwischen mir und zwischen euch und
        zwischen allen lebendigen Wesen, die mit euch sind:

(9,13)   Meinen Bogen habe ich in die Wolken gegeben
        und er soll sein zu einem Zeichen des Bundes (der Berit)
        zwischen mir und zwischen der Erde.

(9,14)   Und es soll sein: Wenn ich (in Zukunft) Wolken wölke über
        der Erde, dann wird der Bogen in den Wolken erscheinen,

(9,15)   und ich werde meines Bundes (meiner Berit) gedenken, der
        zwischen mir und zwischen euch und zwischen allen leben-
        digen Wesen an allem Fleisch (?) ist (des Inhalts):
        Nie mehr sollen die Wasser zur Flut werden, um zu verder-
        ben alles Fleisch.

(9,28) Und Noach lebte nach der Flut 350 Jahre.
(9,29) Und es waren alle Tage Noachs 950 Jahre,
        und er starb.

[*Die Toledot der Söhne Noachs*]

(10,1) Und dies ist die Geschlechterfolge (*tōl^edōt*) der Söhne Noachs:
        Sems, Hams und Jafets.
        Und es wurden ihnen Söhne geboren
        nach der Flut.

(10,2) Die Söhne Jafets:
        Gomer und Magog und Madai und Jawan und Tubal und
        Meschech und Tiras.

(10,3) Und die Söhne Gomers:
        Aschkenas und Rifat und Togarma.

(10,4*) Und die Söhne Jawans:
        Elischa und Tarschisch.

(10,5) Von diesen haben sich abgezweigt die Inselvölker
        in ihren Ländern,
        ein jedes nach seiner Sprache,
        nach ihren Sippen,
        in ihren Völkern.

(10,6) Und die Söhne Hams:
        Kusch und Misrajim (Ägypten) und Put und Kanaan.
(10,7) Und die Söhne Kuschs:

Seba und Hawila und Sabta und Ragma und Sabtecha.
Und die Söhne Ragmas:
Saba und Dedan.
(10,20) Dies sind die Söhne Hams
nach ihren Sippen,
nach ihren Sprachen,
in ihren Ländern,
in ihren Völkern.

(10,22) Die Söhne Sems:
Elam und Assur und Arpachschad und Lud und Aram.
(10,23) Und die Söhne Arams:
Uz und Hul und Geter und Masch.
(10,31) Dies sind die Söhne Sems
nach ihren Sippen,
nach ihren Sprachen,
in ihren Ländern,
in ihren Völkern.

(10,32) Dies sind die Sippen der Söhne Noachs
nach ihren Geschlechtern (toledot),
in ihren Völkern.
Und von diesen haben sich abgezweigt die Völker auf der Erde
nach der Flut.

[Die Toledot Sems]

(11,10) Dies ist die Geschlechterfolge (*tōlᵉdōt*) Sems.

Sem war 100 Jahre alt,
und er zeugte Arpachschad,
zwei Jahre nach der Flut.
(11,11) Und Sem lebte, nachdem er Arpachschad gezeugt hatte, 500
Jahre, und er zeugte Söhne und Töchter.
(11,12) Und Arpachschad war lebendig 35 Jahre,
und er zeugte Schelach.
(11,13) Und Arpachschad lebte, nachdem er Schelach gezeugt hatte, 403
Jahre,
und er zeugte Söhne und Töchter.

(11,14) Und Schelach war lebendig 30 Jahre,
und er zeugte Eber.

(11,15) Und Schelach lebte, nachdem er Eber gezeugt hatte, 403 Jahre,
und er zeugte Söhne und Töchter.

(11,16) Und Eber lebte 34 Jahre,
und er zeugte Peleg.
(11,17) Und Eber lebte, nachdem er Peleg gezeugt hatte, 430 Jahre,
und er zeugte Söhne und Töchter.

(11,18) Und Peleg lebte 30 Jahre,
und er zeugte Regu.
(11,19) Und Peleg lebte, nachdem er Regu gezeugt hatte, 209 Jahre,
und er zeugte Söhne und Töchter.

(11,20) Und Regu lebte 32 Jahre,
und er zeugte Serug.
(11,21) Und Regu lebte, nachdem er Serug gezeugt hatte, 207 Jahre,
und er zeugte Söhne und Töchter.

(11,22) Und Serug lebte 30 Jahre,
und er zeugte Nahor.
(11,23) Und Serug lebte, nachdem er Nahor gezeugt hatte, 200 Jahre,
und er zeugte Söhne und Töchter.

(11,24) Und Nahor lebte 29 Jahre,
und er zeugte Terach.
(11,25) Und Nahor lebte, nachdem er Terach gezeugt hatte, 119 Jahre,
und er zeugte Söhne und Töchter.

(11,26) Und Terach lebte 70 Jahre,
und er zeugte Abram, Nahor und Haran.

2. Skizzen zum Aufbau von Gen 1,1–11,26*

2.1 Aufbauschema der Gesamtkomposition

Schöpfung (1,1–2,4*)

> Erstellung der Erde als Lebenshaus und
> Übergabe an die geschaffenen Lebewesen

> „Gott schuf Menschen als . . ."

Genealogie (5,1–32*)   „Gott schuf Menschen als . . ."

> Von Adam bis zu Sems Geburt
> (lebte – zeugte – lebte – zeugte – starb)

> „Und Noach zeugte Sem, Ham und Jafet"

Flut (6,9–9,29*)   „Und Noach zeugte Sem, Ham und Jafet"

> Wiederherstellung der Erde als Lebenshaus
> und Übergabe an die geretteten Lebewesen

> „. . . nach der Flut"

Völkertafel (10,1–32*)   „. . . nach der Flut"

> Inbesitznahme der Erde durch die Völker

> „. . . nach der Flut"

Genealogie (11,10–26*)   „. . . nach der Flut"

> Von Sem bis zu Abrahams Geburt
> (lebte – zeugte – lebte – zeugte)

2.2 Abfolge der Strukturelemente von Gen 1,3–2,3*

1. *Werk: Tag und Nacht*
   Redeeinleitungsformel
   Anordnung der Ersterschaffung durch Wort Gottes
   Ersterschaffung durch Wort Gottes
   Billigungsformel
   Trennung
   Benennung im Blick auf die dauernde Daseinsgestalt
   Tagesformel
2. *Werk: Himmel*
   Redeeinleitungsformel
   Anordnung der dauernden Daseinsgestalt + Funktion
   Ersterschaffung durch Tun Gottes
   Entsprechungsformel
   Benennung im Blick auf die dauernde Daseinsgestalt
   Tagesformel
3. *Werk: Vom Meer getrennte Erde*
   Redeeinleitungsformel
   Anordnung der dauernden Daseinsgestalt + Funktion
   Ersterschaffung durch Tun der Wasser (?)
   Entsprechungsformel
   Benennung im Blick auf die dauernde Daseinsgestalt
   Billigungsformel
4. *Werk: Pflanzen tragende Erde*
   Redeeinleitungsformel
   Anordnung der dauernden Daseinsgestalt + Funktion
   Entsprechungsformel
   Ersterschaffung durch Tun der Erde
   Billigungsformel
   Tagesformel
5. *Werk: Sonne und Mond*
   Redeeinleitungsformel
   Anordnung der dauernden Daseinsgestalt + Funktion
   Entsprechungsformel
   Ersterschaffung durch Tun Gottes
   Billigungsformel
   Tagesformel

6. *Werk: Wassertiere und Flugtiere*
    Redeeinleitungsformel
    Anordnung der dauernden Daseinsgestalt
    Ersterschaffung durch Tun Gottes
    Billigungsformel
    Segnung im Blick auf die dauernde Daseinsgestalt
    Tagesformel
7. *Werk: Landtiere*
    Redeeinleitungsformel
    Anordnung der dauernden Daseinsgestalt
    Entsprechungsformel
    Ersterschaffung durch Tun Gottes
    Billigungsformel
8. *Werk: Menschen*
    Redeeinleitungsformel
    Selbstaufforderung zur Ersterschaffung durch Tun Gottes
    Ersterschaffung durch Tun Gottes
    Segnung im Blick auf die dauernde Daseinsgestalt
    Redeeinleitungsformel
    Nahrungszuweisung an Menschen und Landtiere und Vögel
    Entsprechungsformel
    Billigungsformel
    Tagesformel
Vollendung der Werke
    Ersterschaffung des siebten Tages durch Tun Gottes
    Segnung und Heiligung im Blick auf die künftige Daseinsgestalt

2.3 Struktur der Schöpfungsgeschichte

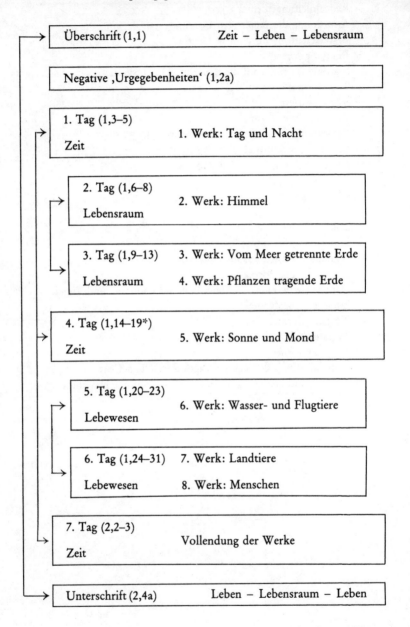

Überschrift (1,1)   Zeit – Leben – Lebensraum

Negative ‚Urgegebenheiten' (1,2a)

1. Tag (1,3–5)
Zeit   1. Werk: Tag und Nacht

2. Tag (1,6–8)
Lebensraum   2. Werk: Himmel

3. Tag (1,9–13)   3. Werk: Vom Meer getrennte Erde
Lebensraum   4. Werk: Pflanzen tragende Erde

4. Tag (1,14–19*)
Zeit   5. Werk: Sonne und Mond

5. Tag (1,20–23)
Lebewesen   6. Werk: Wasser- und Flugtiere

6. Tag (1,24–31)   7. Werk: Landtiere
Lebewesen   8. Werk: Menschen

7. Tag (2,2–3)
Zeit   Vollendung der Werke

Unterschrift (2,4a)   Leben – Lebensraum – Leben

2.4 Struktur der Flutgeschichte

Genealogischer Rahmen 1. Teil (6,9–10)

Negative ‚Urgegebenheiten': Auslöser der Flut (6,11–12)

Gottesrede vor der Flut (6,13–7,6*)

„um zu verderben alles Fleisch"

Ankündigung der Flut und
Auftrag zum Bau der Arche

„ich werde aufrichten
meine Berit mit dir"

Auftrag zum Besteigen der Arche und
Beauftragung zum ‚Hirten der Tiere'

Handlung während der Flut (7,11–8,14*)

Chronologische Angabe

Hereinbrechen der Flut
Resultat: Wasser als ‚Todeshaus'

„und Gott gedachte
des Noach und . . ."

Abtrocknen der Flut
Resultat: Erde als ‚Lebenshaus'

Chronologische Angabe

Gottesrede nach der Flut (8,15–9,15*)

Auftrag zum Verlassen der Arche und
Einsetzung zum ‚Herrn der Tiere'

„ich werde aufrichten
meine Berit mit dir"

Ankündigung der Berit und
Setzung der Berit durch den Bogen

„um zu verderben alles Fleisch"

Genealogischer Rahmen 2. Teil (9,28–29)

3. Verzeichnis der zitierten Literatur

Albertz, R., Schalom und Versöhnung. Alttestamentliche Kriegs- und Friedenstraditionen: ThPr 18 (1983) 16–29.

Amery, C., Das Ende der Vorsehung. Die gnadenlosen Folgen des Christentums, Reinbek 1972.

Anderson, B. W., A Stylistic Study of the Priestly Creation Story, in: G. W. Coats – B. O. Long (Hrsg.), Canon and Authority. Essays in Old Testament Religion and Theology (FS W. Zimmerli) Philadelphia 1977, 148–162.

Angerstorfer, A., Der Schöpfergott des Alten Testaments. Herkunft und Bedeutung des hebräischen Terminus bara „schaffen" (Regensburger Studien zur Theologie 20), Frankfurt 1979.

Assmann, J., Die Zeugung des Sohnes. Bild, Spiel, Erzählung und das Problem des ägyptischen Mythos, in: J. Assmann – W. Burkert – F. Stolz, Funktionen und Leistungen des Mythos. Drei altorientalische Beispiele (OBO 48) Freiburg–Göttingen 1982, 13–61.

Auld, G., Creation and Land: Sources and Exegesis, in: Proceedings of the Eighth World Congress of Jewish Studies, Jerusalem 1982, 7–13.

Auffret, P., Note sur la structure littéraire du psaume 104 et ses indices pour une comparaison avec l'hymne à Aton et Genèse 1: RScRel 56 (1982) 73–82.

Bach, R., „... Der Bogen zerbricht, Spieße zerschlägt und Wagen mit Feuer verbrennt", in: H. W. Wolff (Hrsg.), Probleme biblischer Theologie (FS G. von Rad) München 1971, 13–26.

Bergmann, U., Rettung und Befreiung. Erzählungen und Berichte aus Exodus bis 2. Könige, Diss. Heidelberg 1969.

Bertholet, A., Zum Schöpfungsbericht in Genesis 1: JBL 53 (1934) 237–240.

Bettenzoli, G., Lessemi ebraici di radice – ŠBT –: Henoch 4 (1982) 129–162.

–, La tradizione del *šabbāt:* Henoch 4 (1982) 265–293.

Beyer, K., Althebräische Syntax in Prosa und Posie, in: G. Jeremias – H. W. Kuhn – H. Stegemann (Hrsg.), Tradition und Glaube. Das frühe Christentum in seiner Umwelt (FS K. G. Kuhn) Göttingen 1972, 76–96.

Beyerlin, W. (Hrsg.), Religionsgeschichtliches Textbuch zum Alten Testament (ATD E 1) Göttingen 1975.

Blenkinsopp, J., Prophecy and Canon. A Contribution to the Study of Jewish Origins, Notre Dame–London 1977.

de Boer, P. A. H., Quelques remarques sur l'Arc dans la Nuée (Genèse 9,8–17), in: C. Brekelmans (Hrsg.), Questions disputées d'Ancien Testament. Méthode et Théologie (BEThL 33) Gembloux 1974, 105–114.

Bohrer, K. H. (Hrsg.), Mythos und Moderne. Begriff und Bild einer Rekonstruktion (edition suhrkamp 1144), Frankfurt 1983.

Borchert, R., Stil und Aufbau der priesterschriftlichen Erzählung, Diss. Heidelberg 1957.

Brueggemann, W., The Kerygma of the Priestly Writers: ZAW 84 (1972) 397–414.

Buber, M. – Rosenzweig, F., Die Schrift und ihre Verdeutschung, Berlin 1936.

Cassin, E., Le roi et le lion: RHR 198 (1981) 355–401.

Clifford, R. J., The Cosmic Mountain in Canaan and the Old Testament (HSM 4) Cambridge 1972.

Cortese, E., La Terra di Canaan nello strato sacerdotale del Pentateuco, Brescia 1972.
–, La teologia del documento sacerdotale: RivBib 26 (1978) 113–137.
Cross, F. M., The Priestly Work, in: *ders.*, Canaanite Myth and Hebrew Epic, Cambridge/Mass. 1973, 293–325.

Decker, W., Die physische Leistung Pharaos. Untersuchungen zu Heldentum, Jagd und Leibesübungen der ägyptischen Könige, Köln 1971.
Dequeker, L., Noah and Israel. The everlasting divine covenant with mankind, in: C. *Brekelmans* (Hrsg.), Questions disputées d'Ancien Testament. Méthode et Théologie (BEThL 33) Gembloux 1974, 115–129.
–, ‚Green Herbage and Trees Bearing Fruit‘ (Gen 1,28–30; 9,1–3). Vegetarianism or Predominance of Man over the Animals?: Bijdr 38 (1977) 118–127.
Dillmann, A., Die Genesis (KEH 1) Leipzig ⁶1892.
Donner, H. – Röllig, W., Kanaanäische und aramäische Inschriften, I–III, Wiesbaden ²1966–1969.
Donner, H., Der Redaktor. Überlegungen zum vorkritischen Umgang mit der Heiligen Schrift: Henoch 2 (1980) 1–30.
Draffkorn – Kilmer, A., The Mesopotamian Concept of Overpopulation and Its Solution as Reflected in Mythology: Or 41 (1972) 160–177.

Eitz, A., Studien zum Verhältnis von Priesterschrift und Deuterojesaja, Diss. Heidelberg 1969.
Eliade, M., u.a., Die Schöpfungsmythen. Ägypter, Sumerer, Hurriter, Hethiter, Kanaaniter und Israeliten, Darmstadt 1980.
Elliger, K., Sinn und Ursprung der priesterlichen Geschichtserzählung, in: *ders.*, Kleine Schriften zum Alten Testament (ThB 32) München 1966, 174–198.
Engnell, I., Gamla Testament. En traditionshistorisk inledning, I, Stockholm 1945.

Falkenstein, A. – von Soden, W., Sumerische und Akkadische Hymnen und Gebete (BAW) Zürich–Stuttgart 1953.
Fox, M. V., The Sign of Covenant. Circumcision in the Light of the Priestly ’ôt Etiologies: RB 81 (1974) 557–596.
Fretheim, T. E., The Priestly Document: Antitemple?: VT 18 (1968) 313–329.
Friedman, R. E., The Exile and Biblical Narrative. The Formation of the Deuteronomistic and Priestly Work (HSM 22) Chico 1981.
Fritz, V., Tempel und Zelt. Studien zum Tempelbau in Israel und zu dem Zeltheiligtum der Priesterschrift (WMANT 47) Neukirchen 1977.
–, „Solange die Erde steht“ – Vom Sinn der jahwistischen Fluterzählung in Gen 6–8: ZAW 94 (1982) 599–614.

Gilbert, M., Soyez féconds et multipliez (Gn 1,28): NRTh 106 (1974) 729–742.
Girard, R., La violence et le sacré, Paris 1972.
–, Des choses cachées depuis la fondation du monde, Paris 1978.
Görg, M., Religionsgeschichtliche Beobachtungen zur Rede vom „Geist Gottes“: WiWei 43 (1980) 129–148.
Groß, H., Die Idee des ewigen und allgemeinen Weltfriedens im alten Orient und im Alten Testament (TThSt 7) Trier 1956.

–, Die Gottebenbildlichkeit des Menschen, in: Lex tua Veritas (FS H. Junker) Trier 1961, 89–100.

Groß, W., Jakob, der Mann des Segens. Zu Traditionsgeschichte und Theologie der priesterschriftlichen Jakobsüberlieferungen: Bib 49 (1968) 321–344.

–, Bundeszeichen und Bundesschluß in der Priesterschrift: TThZ 87 (1978) 98–115.

–, Die Gottebenbildlichkeit des Menschen im Kontext der Priesterschrift: ThQ 161 (1981) 244–264.

–, Syntaktische Erscheinungen am Anfang althebräischer Erzählungen: Hintergrund und Vordergrund, in: Congress Volume Vienna 1980 (VTS 32) Leiden 1981, 131–145.

Gunkel, H., Genesis, Göttingen ⁶1964 [= HK ³1910].

Hanson, R. S., The Serpent was wiser. A new Look at Gen 1–11, Minneapolis 1972.

Haran, M., Behind the Scenes of History: Determining the Date of Priestly Source: JBL 100 (1981) 321–333.

Hartman, T., Some Thoughts on the Sumerian List and Gen 5 and 11b: JBL 91 (1972) 25–32.

Helck, W., Jagd und Wild im alten Vorderasien, Hamburg–Berlin 1968.

Hornung, E., Der Mensch als „Bild Gottes" in Ägypten: in: O. Loretz, Die Gottebenbildlichkeit des Menschen, München 1967, 123–156.

–, Der Eine und die Vielen. Ägyptische Gottesvorstellungen, Darmstadt 1971.

–, Die Tragweite der Bilder: ErJb 48 (1979) 183–237.

–, Der ägyptische Mythos von der Himmelskuh. Eine Ätiologie des Unvollkommenen (OBO 46) Freiburg–Göttingen 1982.

Hornung, E. – Staehlin, E., Skarabäen und andere Siegelamulette aus Basler Sammlungen, Mainz 1981.

Hossfeld, F.-L., Der Dekalog. Seine späten Fassungen, die originale Komposition und seine Vorstufen (OBO 45) Freiburg–Göttingen 1982.

Hulst, A., KOL BASAR in der priesterschriftlichen Fluterzählung: OTS 12 (1958) 28–68.

Hurvitz, A., A Linguistic Study of the Relationship Between the Priestly Source and the Book of Ezekiel. A New Approach to an Old Problem (CRB 20) Paris 1982.

Jacob, B., Das erste Buch der Tora, Berlin 1934.

Jacobsen, Th., The Eridu Genesis: JBL 100 (1981) 513–529.

Janowski, B., Sühne als Heilsgeschehen. Studien zur Sühnetheologie der Priesterschrift und zur Wurzel KPR im Alten Orient und im Alten Testament (WMANT 55) Neukirchen 1982.

Junker, H., Das Buch Genesis (EB) Würzburg ⁴1965.

–, Die Götterlehre von Memphis (APAW. PH 23) Berlin 1940.

Kaiser, O., Einleitung in das Alte Testament. Eine Einführung in ihre Ergebnisse und Probleme, Gütersloh ³1975.

Kasper, W., Die Schöpfungslehre in der gegenwärtigen Diskussion, in: G. Bitter – G. Miller (Hrsg.), Konturen heutiger Theologie, München 1976, 92–107.

Kaufmann, Y., The Religion of Israel from its Beginning to the Babylonian Exile, trsl. M. Greenberg, Chicago 1969.

Kearney, P. J., Creation and Liturgy: The P Redaction of Ex 25–40: ZAW 89 (1977) 375–387.

Keel, O., Die Welt der altorientalischen Bildsymbolik und das Alte Testament. Am Beispiel der Psalmen, Zürich–Neukirchen ²1977.

–, Jahwe-Visionen und Siegelkunst. Eine neue Deutung der Majestätsschilderungen in Jes 6, Ez 1 und 10 und Sach 4 (SBS 84/85) Stuttgart 1977.

–, Der Bogen als Herrschaftssymbol. Einige unveröffentlichte Skarabäen aus Ägypten und Israel zum Thema „Jagd und Krieg": ZDPV 93 (1977) 141–177.

–, Jahwes Entgegnung an Ijob. Eine Deutung von Ijob 38–41 vor dem Hintergrund der zeitgenössischen Bildkunst (FRLANT 121) Göttingen 1978.

–, Tiere als Gefährten und Feinde des biblischen Menschen: Heiliges Land 7 (1979) 51–59; 8 (1980) 19–26.

Kellermann, D., Die Priesterschrift von Num 1,1 bis 10,10 (BZAW 120) Berlin 1970.

Kinet, D., Ugarit – Geschichte und Kultur einer Stadt in der Umwelt des Alten Testaments (SBS 104) Stuttgart 1981.

Klein, R. W., The Message of P, in: L. Perlitt – J. Jeremias (Hrsg.), Die Botschaft und die Boten (FS H. W. Wolff) Neukirchen 1981, 57–66.

Kloos, C. J. L., The Flood on Speaking Terms with God: ZAW 94 (1982) 639–642.

Krecher, J. – Müller, H.-P., Vergangenheitsinteresse in Mesopotamien und Israel: Saec 26 (1975) 13–44.

Kselman, J. S., The Recovery of Poetic Fragments from the Pentateuchal Priestly Source: JBL 97 (1978) 161–173.

Kugel, J. L., The adverbial use of *kî ṭôb:* JBL 99 (1980) 433–435.

Kuschke, A., Die Lagervorstellung der priesterschriftlichen Erzählung. Eine überlieferungsgeschichtliche Studie: ZAW 63 (1951) 74–105.

Kutsch, E., „Ich will euer Gott sein". bᵉrît in der Priesterschrift: ZThK 71 (1974) 361–388.

Levin, Ch., Der Sturz der Königin Atalja. Ein Kapitel zur Geschichte Judas im 9. Jahrhundert v. Chr. (SBS 105) Stuttgart 1982.

Liedke, G., Im Bauch des Fisches. Ökologische Theologie, Stuttgart–Berlin 1979.

Loader, J. A., Onqelos Genesis 1 and the Structure of the Hebrew Text: JSJ 9 (1977) 198–204.

Lohfink, N., Die priesterschriftliche Abwertung der Tradition von der Offenbarung des Jahwenamens an Mose: Bib 49 (1968) 1–8.

–, Die Ursünden in der priesterlichen Geschichtserzählung, in: G. Bornkamm – K. Rahner (Hrsg.), Die Zeit Jesu (FS H. Schlier) Freiburg 1970, 38–57.

–, „Macht euch die Erde untertan"?: Orien 38 (1974) 137–142.

–, Unsere großen Wörter. Das Alte Testament zu Themen dieser Jahre, Freiburg 1977.

–, Die Priesterschrift und die Geschichte, in: Congress Volume Göttingen 1977 (VTS 29) Leiden 1978, 183–225.

–, „Ich bin Jahwe, dein Arzt" (Ex 15,26), in: *ders. u.a.*, „Ich will euer Gott werden". Beispiele biblischen Redens von Gott (SBS 100) Stuttgart ²1982, 11–73.

– (Hrsg.), Gewalt und Gewaltlosigkeit im Alten Testament (QD 96) Freiburg 1983.

Loretz, O., Der Mensch als Ebenbild Gottes (Gen 1,26ff), in: *L. Scheffczyk* (Hrsg.), Der Mensch als Bild Gottes (WdF 124) Darmstadt 1969, 114–130.
–, Wortbericht-Vorlage und Tatbericht-Interpretation im Schöpfungsbericht Gen 1,1–2,4a: UF (1975) 279–287.
Luzarraga, J., Las tradiciones de la nube en la Biblia y en el Judaismo primitivo (AnBib 54) Rom 1973.

Maag, V., Kultur, Kulturkontakt und Religion. Gesammelte Studien zur allgemeinen und alttestamentlichen Religionsgeschichte. Zum 70. Geburtstag herausgegeben von *H. H. Schmid* und *O. H. Steck*, Göttingen–Zürich 1980.
Malamat, A., King Lists of the Old Babylonian period and biblical genealogies: JAOS 88 (1968) 163–173.
Marböck, J., Orientierungen zur Biblischen Urgeschichte (Gen 1–11): ThPQ 126 (1978) 3–14.
McEvenue, S. E., The Narrative Style of the Priestly Writer (AnBib 50) Rom 1971.
Mettinger, T., Abbild oder Urbild? „Imago Dei" in traditionsgeschichtlicher Sicht: ZAW 86 (1974) 403–424.
–, The Dethronement of Sabaoth. Studies in the Shem and Kabod Theologies (CB OTS 18) Lund 1982.
Mittmann, S., Deuteronomium 1,1–6,3. Literarkritisch und traditionsgeschichtlich untersucht (BZAW 139) Berlin 1975.
Monsengwo Pasinya, L., Le cadre littéraire de Genèse 1: Bib 57 (1976) 225–241.
Moran, W. L., Atrahasis: The Babylonian Story of the Flood: Bib 52 (1971) 51–61.
Mosis, R., Alttestamentliches Reden von Schöpfer und Schöpfung und naturwissenschaftliche Methodenproblematik, in: *Ph. Kaiser – D. S. Peters* (Hrsg.), (Eichstätter Beiträge. Band 2 Abteilung Philosophie und Theologie) Regensburg 1981, 189–229.
Müller, D., Der gute Hirte. Ein Beitrag zur Geschichte ägyptischer Bildrede: ZÄS 86 (1961) 126–144.
Müller, H. P., Mythische Elemente in der jahwistischen Schöpfungserzählung: ZThK 69 (1972) 259–289.
–, Erkenntnis und Verfehlung. Prototypen und Antitypen zu Gen 2–3 in der altorientalischen Literatur, in: *T. Rendtorff* (Hrsg.), Glaube und Toleranz. Das theologische Erbe der Aufklärung, Gütersloh 1982, 191–210.
–, Mythos – Anpassung – Wahrheit. Vom Recht mythischer Rede und deren Aufhebung: ZThK 80 (1983) 1–25.

Nöldeke, Th., Untersuchungen zur Kritik des Alten Testaments, Kiel 1869.
Noth, M., Überlieferungsgeschichtliche Studien I. Die sammelnden und bearbeitenden Geschichtswerke im Alten Testament, Halle 1943.
–, Überlieferungsgeschichte des Pentateuch, Stuttgart 1948.
–, Das zweite Buch Mose. Exodus (ATD 5) Göttingen 1965.

Oberforcher, R., Die Flutprologe als Kompositionsschlüssel der biblischen Urgeschichte. Ein Beitrag zur Redaktionskritik (Innsbrucker Theologische Studien 6), Innsbruck 1981.
Ohler, A., Mythologische Elemente im Alten Testament. Eine motivgeschichtliche Untersuchung, Düsseldorf 1969.

Oliva, M., Interpretación teológica del culto en la perícopa del Sinaí de la Historia Sacerdotal: Bib 49 (1968) 345–354.

Otto, E., Der Mensch als Geschöpf und Bild Gottes in Ägypten, in: *H. W. Wolff* (Hrsg.), Probleme biblischer Theologie (FS G. von Rad) München 1971, 335–348.

Pettinato, G., Die Bestrafung des Menschengeschlechts durch die Sintflut: Or 37 (1968) 165–200.

–, Das altorientalische Menschenbild und die sumerischen und akkadischen Schöpfungsmythen (AHAW. PH 1971, 1) Heidelberg 1971.

Polzin, R., Late Biblical Hebrew. Toward an Historical Typology of Biblical Hebrew Prose, Missoula 1976.

Preuss, H. D., Biblisch-theologische Erwägungen eines Alttestamentlers zum Problemkreis Ökologie: ThZ 39 (1983) 68–101.

Procksch, O., Die Genesis (KAT I), Leipzig–Erlangen 1924.

von Rad, G., Die Priesterschrift im Hexateuch. Literarisch untersucht und theologisch gewertet (BWANT IV/13) Stuttgart 1934.

–, Weisheit in Israel, Neukirchen 1970.

–, Das erste Buch Mose. Genesis (ATD 2–4), Göttingen ⁹1972.

Renaud, B., Note sur le psaume 104. Reponse à P. Auffret: RScRel 56 (1982) 83–89.

Rendsburg, G., Late Biblical Hebrew and the Date of P: JANESCU 12 (1980) 65–80.

Rendtorff, R., Literarkritik und Traditionsgeschichte: EvTh 27 (1967) 138–153.

–, Das überlieferungsgeschichtliche Problem des Pentateuch (BZAW 147) Berlin 1976.

–, Das Alte Testament. Eine Einführung, Neukirchen 1983.

Roeder, G., Urkunden zur Religion des alten Ägypten, Jena 1923.

–, Die ägyptische Götterwelt (BAW) Zürich–Stuttgart 1959.

–, Kulte, Orakel und Naturverehrung im alten Ägypten (BAW) Zürich–Stuttgart 1960.

Ruppert, L., Das Buch Genesis (Geistliche Schriftlesung AT 6/1) Düsseldorf 1976.

–, Die Ruhe Gottes im priesterschriftlichen Schöpfungsbericht (Gen 1) und die „zufriedene Ruhe" des Ptaḥ im Denkmal memphitischer Theologie. Zu Leistung und Grenze des religionsgeschichtlichen Vergleichs, in: *F. Steppat* (Hrsg.), XXI. Deutscher Orientalistentag. Ausgewählte Vorträge (ZDMG Supplement V) Wiesbaden 1982, 121–131.

Saebø, M., Priestertheologie und Priesterschrift. Zur Eigenart der priesterlichen Schicht im Pentateuch, in: Congress Volume Vienna 1980 (VTS 32) Leiden 1981, 189–197.

San Nicolò, M., Die Schlußklauseln der altbabylonischen Kauf- und Tauschverträge (MBPF 4) München 1922.

Schäfer, P., Tempel und Schöpfung. Zur Interpretation einiger Heiligtumstraditionen in der rabbinischen Literatur: Kairos 16 (1974) 122–133.

Scharbert, J., Fleisch, Geist und Seele im Pentateuch (SBS 19) Stuttgart ²1967.

–, Das „Schilfmeerwunder" in den Texten des Alten Testaments, in: *A. Caquot* –

M. Delcor (Hrsg.), Melanges bibliques et orientaux en l'honneur de M. Henri Cazelles (AOAT 212) Neukirchen-Kevelaer 1981, 395–417.

–, Genesis 1–11 (NEB), Würzburg 1983.

Scheffczyk, L. (Hrsg.), Der Mensch als Bild Gottes (WdF 124) Darmstadt 1969.

Schlögl, H. A., Der Gott Tatenen. Nach Texten und Bildern des Neuen Reiches (OBO 29) Freiburg–Göttingen 1980.

Schmidt, W. H., Die Schöpfungsgeschichte der Priesterschrift. Zur Überlieferungsgeschichte von Genesis 1,1–2,4a und 2,4b–3,24 (WMANT 17) Neukirchen ³1973.

–, Einführung in das Alte Testament, Berlin–New York ²1982.

Schmitt, H.-Chr., „Priesterliches" und „Prophetisches" Geschichtsverständnis in der Meerwundererzählung von Ex 13,17–14,31. Beobachtungen zur Endredaktion des Pentateuch, in: *A. H. J. Gunneweg – O. Kaiser* (Hrsg.), Textgemäß. Aufsätze und Beiträge zur Hermeneutik des Alten Testaments (FS E. Würthwein) Göttingen 1980, 139–155.

Schott, A. – von Soden, W., Das Gilgamesch-Epos (Reclam 7235[2]) Stuttgart 1982.

Schottroff, W., Psalm 23. Zur Methode sozialgeschichtlicher Auslegung, in: *W. Schottroff – W. Stegemann* (Hrsg.), Traditionen der Befreiung 1. Methodische Zugänge, München–Gelnhausen 1980, 78–113.

Simoons-Vermeer, R. E., The Mesopotamian Floodstories: A Comparison and Interpretation: Numen 21 (1974) 17–34.

Ska, J.-L., Les plaies d'Égypte dans le récit sacerdotal (P^g): Bib 60 (1979) 23–35.

–, La sortie d'Égypte (Ex 7–14) dans le récit sacerdotal (P^g) et la tradition prophétique: Bib 60 (1979) 191–215.

–, Séparation des eaux et de la terre ferme dans le récit sacerdotal: NRTh 113 (1981) 512–532.

–, La place d'Ex 6,2–8 dans la narration de l'exode: ZAW 94 (1982) 530–548.

Smend, R., Die Entstehung des Alten Testaments, Stuttgart 1978.

–, „Das Ende ist gekommen." Ein Amoswort in der Priesterschrift, in: *L. Perlitt – J. Jeremias* (Hrsg.), Die Botschaft und die Boten (FS H. W. Wolff) Neukirchen 1981, 67–72.

–, Wellhausen in Greifswald: ZThK 78 (1981) 141–176.

Smith, P. J., A Semotactical Approach to the Meaning of the Term rûaḥ ëlōhîm in Genesis 1: 2: JNWSL 8 (1980) 99–104.

von Soden, W., Konflikte und ihre Bewältigung in babylonischen Schöpfungs- und Fluterzählungen: MDOG 111 (1979) 1–33.

–, Mottoverse zu Beginn babylonischer und antiker Epen. Mottosätze in der Bibel: UF 14 (1982) 235–239.

Spieckermann, H., Juda unter Assur in der Sargonidenzeit (FRLANT 129) Göttingen 1982.

Splett, J., „Macht euch die Erde untertan?" Zur ethisch-religiösen Begrenzung technischen Zugriffs: ThPh 57 (1982) 260–274.

Stamm, J. J., Die Gottebenbildlichkeit des Menschen im Alten Testament (ThSt 54) Zollikon 1959.

–, Die Imago-Lehre von Karl Barth und die alttestamentliche Wissenschaft, in: *L. Scheffczyk* (Hrsg.), Der Mensch als Bild Gottes (WdF 124) Darmstadt 1969, 49–68.

Steck, O. H., Welt und Umwelt (Biblische Konfrontationen) Stuttgart 1978.

–, Der Schöpfungsbericht der Priesterschrift. Studien zur literarkritischen und überlieferungsgeschichtlichen Problematik von Genesis 1,1–2,4a (FRLANT 115) Göttingen ²1981.

Tengström, S., Die Toledotformel und die literarische Struktur der priesterlichen Erweiterungsschicht im Pentateuch (CB OTS 17) Uppsala 1981.

Wakeman, M. K., God's Battle with the Monster. A Study in Biblical Imagery, Leiden 1973.

Waltke, B. K., The Creation Account in Genesis 1,1–3: BS 132 (1975) 25–36.136–144.216–228.327–342; 133 (1976) 28–41.

Weimar, P., Hoffnung auf Zukunft. Studien zu Tradition und Redaktion im priesterschriftlichen Exodus-Bericht in Ex 1–12, Diss. Freiburg 1971/72.

–, Untersuchungen zur priesterschriftlichen Exodusgeschichte (fzb 9) Würzburg 1973.

–, Die Toledot-Formel in der priesterschriftlichen Geschichtsdarstellung: BZ NF 18 (1974) 65–93.

–, Aufbau und Struktur der priesterschriftlichen Jakobsgeschichte: ZAW 86 (1974) 174–203.

–, Untersuchungen zur Redaktionsgeschichte des Pentateuch (BZAW 146) Berlin 1977.

Weinfeld, M., Sabbath, Temple and the Enthronement of the Lord – The Problem of the Sitz im Leben of Genesis 1:1 – 2:3, in: A. Caquot – M. Delcor (Hrsg.), Melanges bibliques et orientaux en l'honneur de M. Henri Cazelles (AOAT 212) 501–512 Neukirchen–Kevelaer 1981.

Weippert, H., Schöpfer des Himmels und der Erde. Ein Beitrag zur Theologie des Jeremiabuches (SBS 102) Stuttgart 1981.

von Weizsäcker, C. F., Die Tragweite der Wissenschaft, I: Schöpfung und Weltentstehung. Die Geschichte zweier Begriffe, Stuttgart 1964.

Wellhausen, J., Prolegomena zur Geschichte Israels, Berlin ⁵1899.

Wenham, G. J., The Coherence of the Flood Narrative: VT 28 (1978) 336–348.

Wenning, R. – Zenger, E., Der siebenlockige Held Simson. Literarische und ikonographische Beobachtungen zu Ri 13–16: BN 17 (1982) 43–55.

Westendorf, W., Die Menschen als Ebenbilder Pharaos. Bemerkungen zur „Lehre des Amenemhet" (Abschnitt V): GöMisz 46 (1981) 33–42.

Westermann, C., Genesis (BK I) Neukirchen 1966–1982.

–, Genesis 1–11 (Erträge der Forschung 7) Darmstadt 1972.

–, Genesis 17 und die Bedeutung von berit: ThLZ 101 (1976) 161–170.

Wifall, W., God's Accession Year According to P: Bib 62 (1981) 527–534.

van den Wijngaert, L., Die Sünde in der priesterlichen Urgeschichte: ThPh 43 (1968) 35–50.

Zenger, E., Wo steht die Pentateuchforschung heute?: BZ 24 (1980) 101–116.

–, „Was ist das Menschlein, daß du seiner gedenkst . . .?" (Ps 8,5), in: R. M. Hübner – B. Mayer – E. Reiter (Hrsg.), Der Dienst für den Menschen in Theologie und Verkündigung. FS A. Brems (ESt NF 13) Regensburg 1981, 127–145.

–, Hoffnung für die Erde. Die Menschen als Sachwalter des Lebens: Christ in der Gegenwart 33 (1981) 213f.

–, Der Gott der Bibel. Sachbuch zu den Anfängen des alttestamentlichen Gottes-glaubens, Stuttgart ²1981.

–, Alttestamentlich-jüdischer Sabbat und neutestamentlich-christlicher Sonntag: LS 33 (1982) 249–253.

–, Das Buch Exodus (Geistliche Schriftlesung AT 7) Düsseldorf ²1982.

–, Auf der Suche nach einem Weg aus der Pentateuchkrise: ThRv 78 (1982) 353–362.

–, Israel am Sinai. Analysen und Interpretationen zu Exodus 17–34, Altenberge 1982.

–, Beobachtungen zu Komposition und Theologie der jahwistischen Urgeschichte, in: Kath. Bibelwerk e.V. (Hrsg.), Dynamik im Wort (FS Kath. Bibelwerk) Stuttgart 1983, 35–54.

Zevit, Z., Converging Lines of Evidence Bearing on the Date of P: ZAW 94 (1982) 481–511.

Zimmerli, W., Sinaibund und Abrahambund, in: *ders.,* Gottes Offenbarung. Gesammelte Aufsätze zum Alten Testament (ThB 19) München 1963, 205–216.

–, 1. Mose 1–11. Die Urgeschichte (ZBK) Zürich ³1967.

–, Der Mensch im Rahmen der Natur nach den Aussagen des ersten biblischen Schöpfungsberichtes: ZThK 76 (1979) 139–158.

4. Abkürzungsverzeichnis

AHAW.PH	Abhandlungen der Heidelberger Akademie der Wissenschaften Philosophisch-historische Klasse
AnBib	Analecta biblica
AOAT	Alter Orient und Altes Testament
APAW.PH	Abhandlungen der (k.)peußischen Akademie der Wissenschaften Philosophisch-historische Klasse
ATD	Das Alte Testament Deutsch
ATD E	Das Alte Testament Deutsch Ergänzungsreihe
BAW	Bibliothek der alten Welt
BEThL	Bibliotheca ephemeridum theologicarum Lovaniensium
Bib	Biblica
Bijdr	Bijdragen. Tijdschrift voor philosophie en theologie
BK	Biblischer Kommentar
BN	Biblische Notizen
BS	Bibliotheca sacra
BWANT	Beiträge zur Wissenschaft vom Alten und Neuen Testament
BZAW	Beihefte zur Zeitschrift für die alttestamentliche Wissenschaft
BZ	Biblische Zeitschrift
CB OTS	Coniectanea Biblica Old Testament Series
CRB	Cahiers de la Revue biblique
EB	Die Heilige Schrift in deutscher Übersetzung. ‚Echter Bibel‘. Würzburg
ErJb	Eranos-Jahrbuch
ESt	Eichstätter Studien
EÜ	Die Heilige Schrift. Einheitsübersetzung
EvTh	Evangelische Theologie
FRLANT	Forschungen zur Religion und Literatur des Alten und Neuen Testaments
fzb	Forschung zur Bibel
GöMisz	Göttinger Miszellen
HSM	Harvard Semitic Monographs
JANESCU	Journal of the Ancient Near Eastern Society of Columbia University
JAOS	Journal of the American Oriental Society
JBL	Journal of biblical literature
JNWSL	Journal of Northwest Semitic Languages
JSJ	Journal of the study of Judaism in the Persian, Hellenistic and Roman period
KAT	Kommentar zum Alten Testament
KEH	Kurzgefaßtes exegetisches Handbuch
LS	Lebendige Seelsorge
MDOG	Mitteilungen der deutschen Orientgesellschaft
NEB	Die neue Echter Bibel. Kommentar zum Alten Testament mit der Einheitsübersetzung
NRTh	Nouvelle revue théologique
OBO	Orbis biblicus et orientalis
Or	Orientalia

Orien	Orientierung
OTS	Oudtestamentische studien
QD	Quaestiones disputatae
RB	Revue biblique
RHR	Revue de l'histoire des religions
RivBib	Rivista biblica
RScRel	Revue des Sciences Religieuses
Saec	Saeculum
SBS	Stuttgarter Bibelstudien
ThB	Theologische Bücherei
ThHAT	Theologisches Handwörterbuch zum Alten Testament
ThLZ	Theologische Literaturzeitung
ThPh	Theologie und Philosophie
ThPr	Theologia practica
ThPQ	Theologisch-praktische Quartalschrift
ThQ	Theologische Quartalschrift (Tübingen)
ThRv	Theologische Revue
ThSt	Theologische Studien
ThZ	Theologische Zeitschrift (Basel)
TThSt	Trierer theologische Studien
TThZ	Trierer theologische Zeitschrift
UF	Ugarit-Forschungen
VT	Vetus Testamentum
VTS	Supplements zu Vetus Testamentum
WdF	Wege der Forschung
WiWei	Wissenschaft und Weisheit
WMANT	Wissenschaftliche Monographien zum Alten und Neuen Testament
ZÄS	Zeitschrift für ägyptische Sprache und Altertumskunde
ZAW	Zeitschrift für die alttestamtliche Wissenschaft
ZBK	Zürcher Bibelkommentar
ZDMG	Zeitschrift der deutschen morgenländischen Gesellschaft
ZDPV	Zeitschrift des deutschen Palästina-Vereins
ZThK	Zeitschrift für Theologie und Kirche